Outlook 2013

Verlag:
BILDNER Verlag GmbH
Bahnhofstraße 8
94032 Passau

http://www.bildner-verlag.de
info@bildner-verlag.de

Tel.: +49 851-6700
Fax: +49 851-6624

ISBN: 978-3-8328-0058-1

Covergestaltung: Christian Dadlhuber
Autorin: Anja Schmid
Herausgeber: Christian Bildner
Bild Cover: © Kurhan - Fotolia.com

© 2015 BILDNER Verlag GmbH Passau, 2. Auflage

Das FSC®-Label auf einem Holz- oder Papierprodukt ist ein eindeutiger Indikator dafür, dass das Produkt aus verantwortungsvoller Waldwirtschaft stammt. Und auf seinem Weg zum Konsumenten über die gesamte Verarbeitungs- und Handelskette nicht mit nicht-zertifiziertem, also nicht kontrolliertem, Holz oder Papier vermischt wurde. Produkte mit FSC®-Label sichern die Nutzung der Wälder gemäß den sozialen, ökonomischen und ökologischen Bedürfnissen heutiger und zukünftiger Generationen.

Vorwort

Outlook bietet neben der Verwaltung Ihres E-Mail-Verkehrs zahlreiche zusätzlich Möglich-keiten rund um die Planung und Organisation Ihrer täglichen Aufgaben. Speichern Sie E-Mail-Adressen, Telefonnummern oder postalische Adressen, koordinieren Sie Termine oder laden Sie andere Personen zu Besprechungen ein, planen Sie, wann was zu erledi-gen ist und notieren Sie kurze Informationen.

Tipps und Hinweise, die die Autorin in jahrelanger Lehrtätigkeit gesammelt hat, helfen Anfängerfehler und typische Missverständnisse zu vermeiden. Besonderen Wert wurde darauf gelegt, nicht jede Kleinigkeit zu erklären, sondern Inhalte zu vermitteln, die in der täglichen Arbeitspraxis nützlich sind. Diese Auswahl befähigt Sie, schnell Outlook 2013 zu beherrschen.

Welche Kenntnisse sollten Sie mitbringen?
Es werden allgemeine Kenntnisse im Umgang mit Maus und Tastatur vorausgesetzt. Sie arbeiten mit einem Windows-Betriebssystems und beherrschen den Umgang mit Dateien und Ordnern, können Programme starten und beenden und mit Fenstern arbeiten. Dar-über hinaus verfügen Sie über grundlegende Erfahrung mit einem Textverarbeitungspro-gramm, z. B. Microsoft Office Word.

Über das Arbeiten mit diesem Buch
Am Anfang der Kapitel erhalten Sie eine kurze Übersicht der vermittelten Inhalte und des vorausgesetzten Wissenstands, um das Kapitel zu bearbeiten.

Befehle, Bezeichnungen von Schaltflächen sowie Beschriftungen von Dialogfenstern sind zur besseren Unterscheidung blau und kursiv hervorgehoben: Register *START*, Grup-pe *Schriftart*. Auf den Registerkarten sind die Schaltflächen in Gruppen angeordnet. Die Gruppennamen finden Sie am unteren Rand der Registerkarten. Diese werden im Buch ebenfalls genannt, um das Auffinden der Schaltfläche zu erleichtern. *START* ▸ Gruppe *Schriftart* ▸ *Fett*.

Beachten Sie bitte auch, dass die Größe und Anzeige der Schaltflächen im Menüband dynamisch an die Bildschirm- bzw. Fenstergröße angepasst wird. Daher kann die Darstel-lung im Buch von der Anzeige an Ihrem Computer abweichen. Darüber hinaus ist Outlook ein Verwandlungskünstler. Viele Bereich können zusätzlich eingeblendet, minimiert oder deaktiviert werden.

Geringfügige Abweichungen, besonders farblicher Natur, zwischen der Darstellung der Programmoberfläche an Ihrem PC und den Abbildungen in diesem Buch entstehen aus folgenden Gründen:

■ Die individuelle Wahl des Desktophintergrunds bzw. der Fensterfarbe bestimmt das Aussehen der Dialogfenster. Wir haben uns in diesem Buch für ein dunkles Blau als Fensterfarbe entschieden.

■ Für das Outlook-Fenster legen Sie im Register *DATEI* ▸ *Office-Konto* ein *Office-Design* (Weiß, Hellgrau oder Dunkelgrau) fest. Für dieses Buch wurde *Weiß* gewählt.

■ Darüber hinaus können Sie unter Umständen für das Menüband weitere Verzierungen unter *DATEI* ▸ *Office-Konto* ▸ *Office-Hintergrund* auswählen; diese erscheinen rechts oben. In diesem Buch wurde darauf verzichtet.

■ Das verwendete Betriebssystem (Windows 7 oder Windows 8.1) beeinflusst ebenfalls das Aussehen der Dialogfenster. Die Abbildungen in diesem Buch wurden auf einem PC mit Windows 8.1 erstellt. Aber auch wenn Sie Windows 7 verwenden, werden Sie sich problemlos zurecht finden, da die Dialogfenster zwar ein wenig anders aussehen, aber inhaltlich identisch sind.

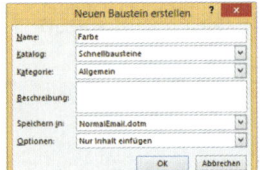 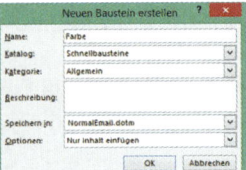 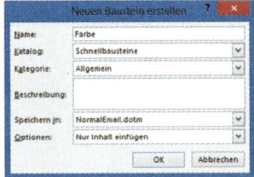 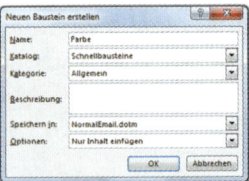

Farblich abweichende Dialogfenster / Windows 8.1   Darstellung im Buch   Windows 7

Verwendete Symbole

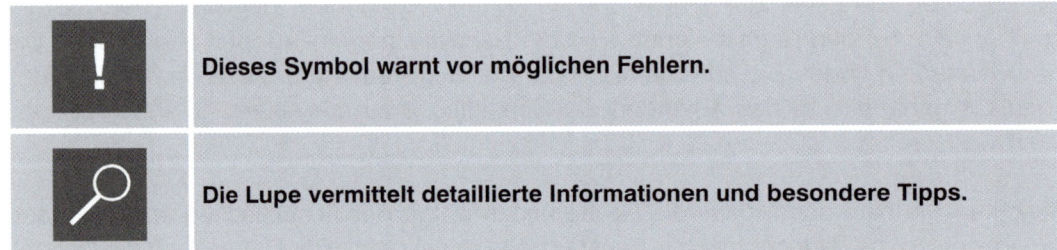

Dieses Symbol warnt vor möglichen Fehlern.

Die Lupe vermittelt detaillierte Informationen und besondere Tipps.

Inhalt

Inhaltsverzeichnis

1 Die Outlook Arbeitsumgebung

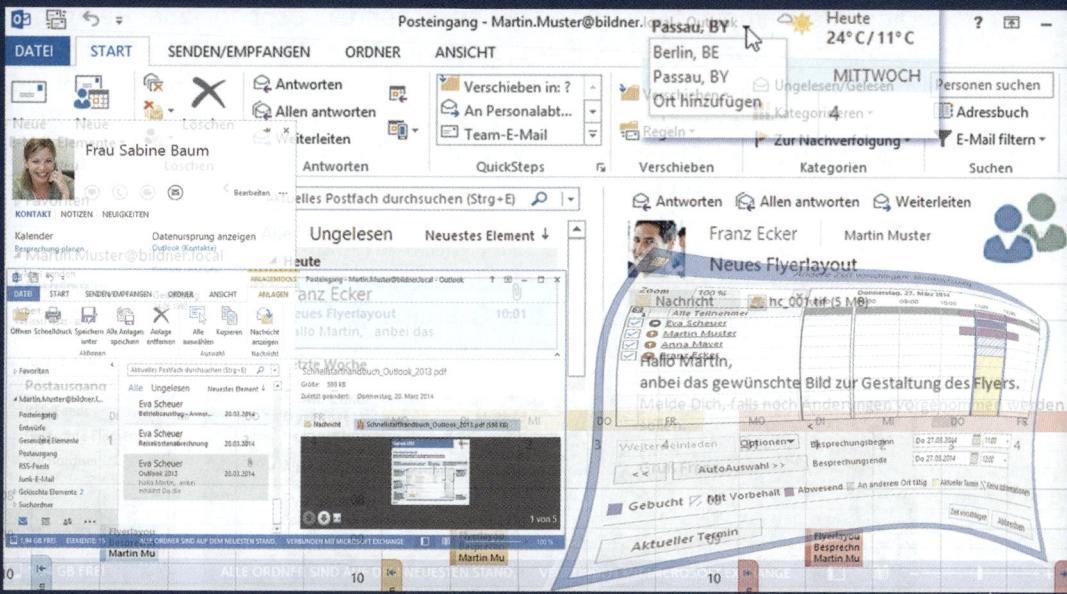

In dieser Lektion lernen Sie...

- wie man ein E Mail-Konto einrichtet
- die Programmoberfläche von Outlook und
- die wichtigsten Elemente von Outlook kennen

Diese Kenntnisse sollten Sie bereits mitbringen...

- Grundlagen des Betriebssystems Windows

1.1   E-Mail-Konto einrichten

Die Übertragung von E-Mails erfolgt über Mailserver. Der Mailserver versendet E-Mails, nimmt gesendete Nachrichten entgegen und speichert diese in einem Postfach, bis sie vom Benutzer mittels eines E-Mail-Programms abgeholt werden. Auf dem Mailserver erledigen verschieden Dienste die einzelnen Aufgaben. Für den Transport von E-Mails kommt meist das Protokoll SMTP zum Einsatz. Das Abrufen der Mails mittels eines E-Mail-Programms erfolgt über die Protokolle POP3 oder IMAP.

Um E-Mails empfangen und versenden zu können, benötigt jeder Benutzer ein Postfach mit dazugehöriger E-Mail-Adresse, einem Benutzernamen und einem Kennwort. Diese Informationen sowie die Adressen der einzelnen Server, müssen in Outlook in Form eines E-Mail-Kontos hinterlegt werden. Arbeiten Sie mit Outlook in einem Firmennetzwerk, wird das E-Mail-Konto meist vom Administrator eingerichtet und verwaltet.

1   Starten Sie Outlook 2013 über die Startseite von Windows 8 bzw. Windows 8.1. Dort sehen Sie die Desktop-App *Outlook 2013* bereits (siehe Bild 1.1). Falls nicht, blenden Sie mit dem Pfeil unten die weiteren Apps ein und wählen dort *Outlook 2013* aus (siehe Bild 1.2).

Desktop-App
Outlook 2013 Startseite

Outlook 2013
App-Ansicht

Wechsel zur App-
Ansicht:
Anzeige aller installierten Apps und
Desktop-Apps

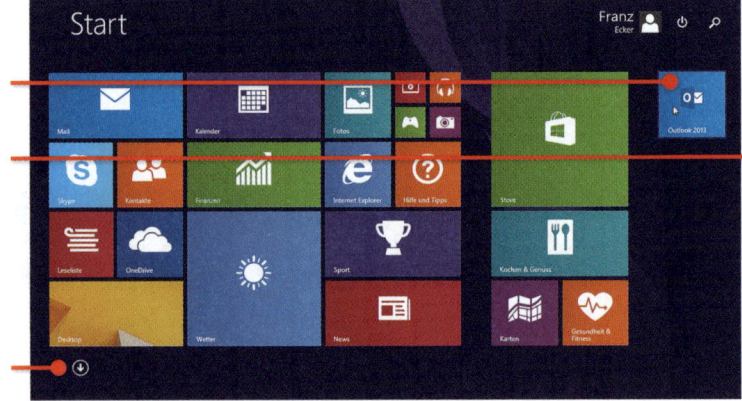

Bild 1.1 Startseite Windows 8.1   *Bild 1.2 App-Ansicht*

2   Beim ersten Starten von Outlook öffnet sich der Start-Assistent. Dieser hilft Ihnen, ein E-Mail-Konto einzurichten. Unter Umständen müssen Sie hierbei den 25 stelligen Produkt-Key eingeben. Folgen Sie den Anweisungen des Assistenten und wechseln Sie zur nächsten Seite über die Schaltfläche *Weiter* (siehe Bild 1.3).

3   Im Fenster *Konfiguration des Microsoft Outlook-Kontos* aktivieren Sie die Option *Ja*, um fortzufahren (siehe Bild 1.4).

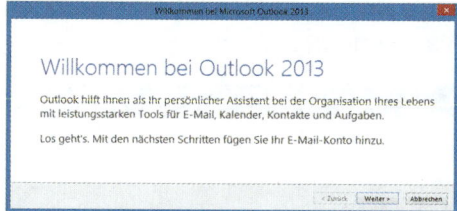

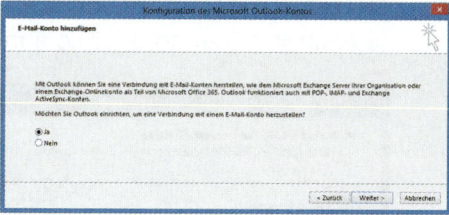

Bild 1.3 Start-Assistent

Bild 1.4 Konfiguration des Outlook-Kontos

4 Im Fenster *Konto hinzufügen*, tragen Sie Ihren Namen, Ihre E-Mail-Adresse und das Kennwort ein. Alle Informationen haben Sie von Ihrem Provider erhalten. Arbeiten Sie in einem Firmennetzwerk mit einem Exchange Server, werden die notwendigen Informationen automatisch eingetragen.

Bild 1.5 Outlook holt sich die Daten für ein Exchange-Konto in der Regel selbständig

5 Nachdem Sie über die Schaltfläche *Weiter* zum nächsten Fenster gewechselt sind, werden die Servereinstellungen automatisch ermittelt und Sie können über die Schaltfläche *Fertig stellen* die Einrichtung des E-Mail-Kontos beenden. Outlook öffnet sich.

6 Falls bei der Konfiguration Probleme aufgetreten sind, können Sie durch Aktivierung des Kontrollkästchens vor *Kontoeinstellungen ändern* eigene Einstellungen vornehmen.

Servereinstellungen manuell konfigurieren

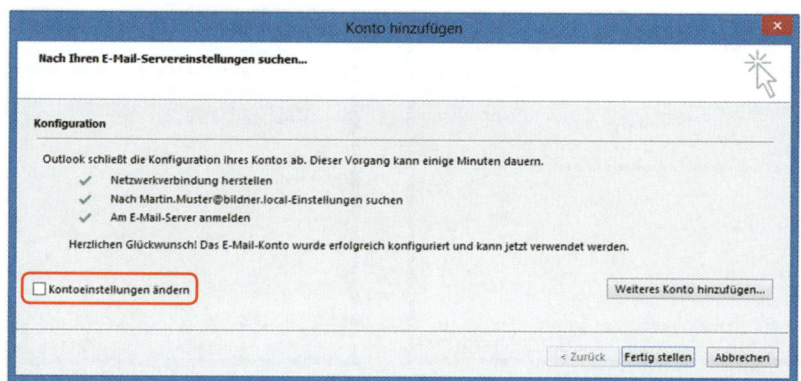

Bild 1.6 Die Einrichtung ist fertig, Sie können aber noch manuelle Änderungen vornehmen.

7 Bei einem E-Mail-Konto ohne Exchange Server, würden die Einstellungen je nach Provider so oder so ähnlich aussehen:

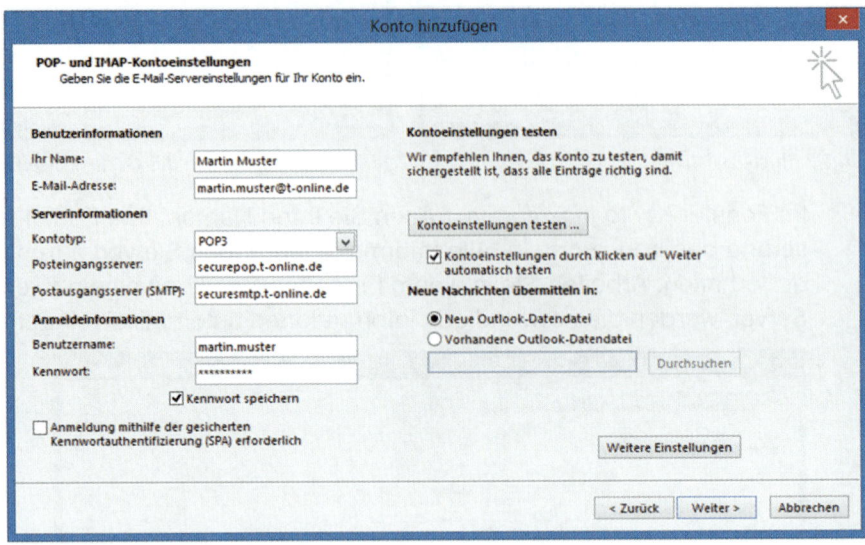

Bild 1.7 Die Einstellung für ein POP3-Konto

- Wählen Sie den Kontotyp aus, in der Regel POP3 oder IMAP und tragen Sie die Servernamen ein. Die notwendigen Informationen erhalten Sie von Ihrem Provider.

- Über die Schaltfläche *Weitere Einstellungen* werden Informationen für den Postausgangsserver hinzugefügt. Klicken Sie auf das Register *Postausgangsserver* und aktivieren Sie das Kontrollkästchen vor *Der Postausgangsserver (SMTP) erfordert Authentifizierung*. Meist gelten für ihn die gleichen Anmeldeinformationen wie für den Posteingangsserver.

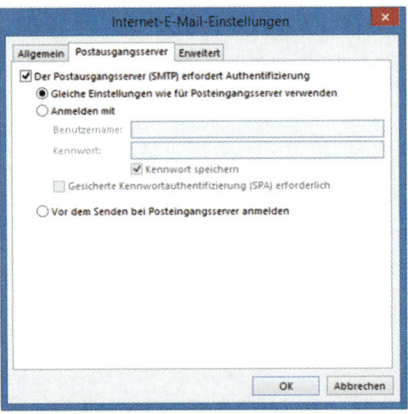

Bild 1.8 Einstellungen Postausgangsserver

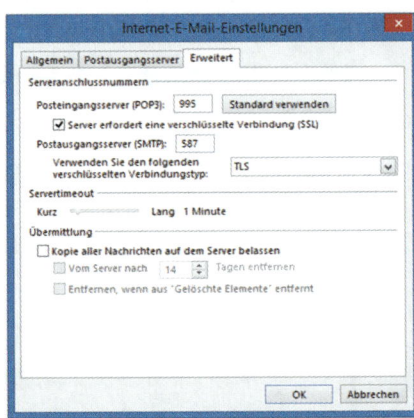

Bild 1.9 Sicherheits-Einstellung

■ Wechseln Sie dann zum Register *Erweitert*. Heute arbeiten die meisten Provider mit verschlüsselter E-Mail-Übertragung. Hier prüfen Sie die Einstellungen und ändern sie gegebenenfalls gemäß den Vorgaben Ihres Providers ab.

■ Bestätigen Sie das Fenster über die Schaltfläche *OK* und schließen Sie den Prozess über die Schaltfläche *Weiter* und *Fertig stellen* ab.

8   Darauf folgt noch unter Umständen das Fenster *Das Wichtigste zuerst*. Hier entscheiden Sie, ob Sie bei bestehender Internetverbindung automatisch Updates herunterladen möchten. Sofern Sie diesen Punkt bestätigen, werden Sie auf verfügbare Updates hingewiesen und diese installiert.

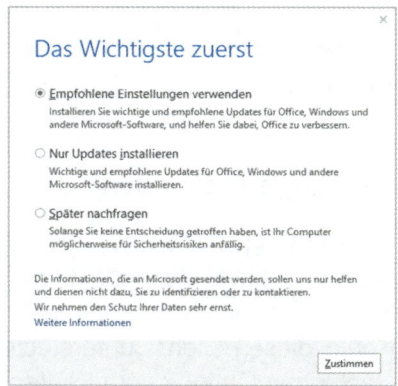

Bild 1.10 Updates für Microsoft Office

9   Wurden in Outlook sogenannte Benutzerprofile angelegt, müssen Sie im folgenden Fenster Ihren Namen und Ihre Initialen über die Schaltfläche *OK* bestätigen. Benutzerprofile werden in der Regel vom Administrator angelegt und verwaltet.

1.2   Dienste für E-Mail Konten

Die Verbindung zu einem E-Mail-Konto kann mit verschiedenen Diensten hergestellt werden. Seit Outlook 2013 steht neben POP-, IMAP- und Exchange-Konten auch das Protokoll Exchange ActiveSync zur Verfügung.

POP3 und IMAP

Mit POP3 rufen Sie Nachrichten vom Mailserver Ihres Providers ab und speichern die E-Mail lokal. So kann auf diese auch offline zugegriffen werden. Bei Verbindung von Outlook mit einem IMAP-Konto wurde bislang nur die E-Mail-Kopfzeile heruntergeladen. Die Mails wurden auf dem Server des Providers belassen. Outlook 2013 unterstützt dies nicht mehr, sondern lädt die E-Mail nun vollständig herunter. Bei fehlender Bandbreite kann beim Anlegen eines IMAP-Kontos vereinbart werden, dass nur E-Mails eines bestimmten Zeitraums, z. B. des letzten Monats, heruntergeladen werden. Nachteilig ist, dass für IMAP-Konten die Outlookfunktion *Kategorisieren* nicht unterstützt wird.

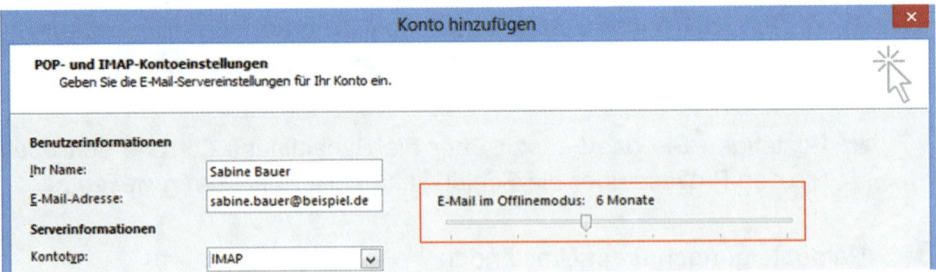

Bild 1.11 IMAP Konto: Zeitraum für Download E-Mails

Exchange Active Sync

Vor Exchange ActiveSync war mit POP- und IMAP-Konten nur die Synchronisa-
tion von E-Mails möglich. Mit dem neuen Dienst werden jetzt auch automatisch
Kalendertermine und Kontaktdaten synchronisiert. Allerdings muss das E-Mail
Konto diesen Dienst unterstützen. Problemlos ist das für Hotmail- bzw. den
Nachfolger Outlook.com-Konten. Nachteilig ist, dass bei Verbindung mit einem
Exchange ActiveSync-Konto in Outlook keine Kontaktgruppen (Verteilerlisten)
erstellt werden können.

Microsoft Exchange Server

Die Funktionalität von Outlook kann erweitert werden, wenn Ihr Computer mit
Microsoft Exchange verbunden wird. Microsoft Exchange bezeichnet eine Soft-
ware, die auf Ihrem Mailserver installiert ist und Funktionen, wie z. B. zentrale
Adressverwaltung, gemeinsame Termin- und Aufgabenplanung, gemeinsame
Nutzung von Kalendern, Abwesenheitsmeldungen etc. bereitstellt. Außerdem
steht Ihnen mit einem Exchange Server die Möglichkeit zur Nutzung von Outlook Web Access bzw. Outlook Web App zur Verfügung. Damit erhalten Sie
über das Internet Zugriff auf Ihre Outlookdaten wie E-Mails, Termine etc. Exchange Server kommen in Firmennetzwerken zum Einsatz, da die Kommunika-
tionsanforderungen eines Unternehmens meist weitaus höher sind als die einer
Privatperson. Außerdem ist der Betrieb eines Exchange Servers für kleinere
Unternehmen oder gar Privatpersonen zu kostenintensiv. Unter dem Schlag-
wort Hosted Exchange findet man Dienstleister, die die Anbindung an einen Exchange Server zur Verfügung stellen. Welche Funktionalitäten enthalten sind,
ist von Angebot zu Angebot verschieden.

1.3   Die Programmoberfläche

Nach Öffnen von Outlook wird standardmäßig das Modul *E-Mail* und hier der Ordner Posteingang angezeigt. Das Erscheinungsbild von Outlook ist veränderbar. Viele Bereiche können ein- bzw. ausgeblendet oder minimiert werden. Deshalb ist es möglich, dass Ihr Outlook von der unteren Darstellung abweicht. Auf den folgenden Seiten lernen Sie, wie Sie die Outlookoberfläche anpassen.

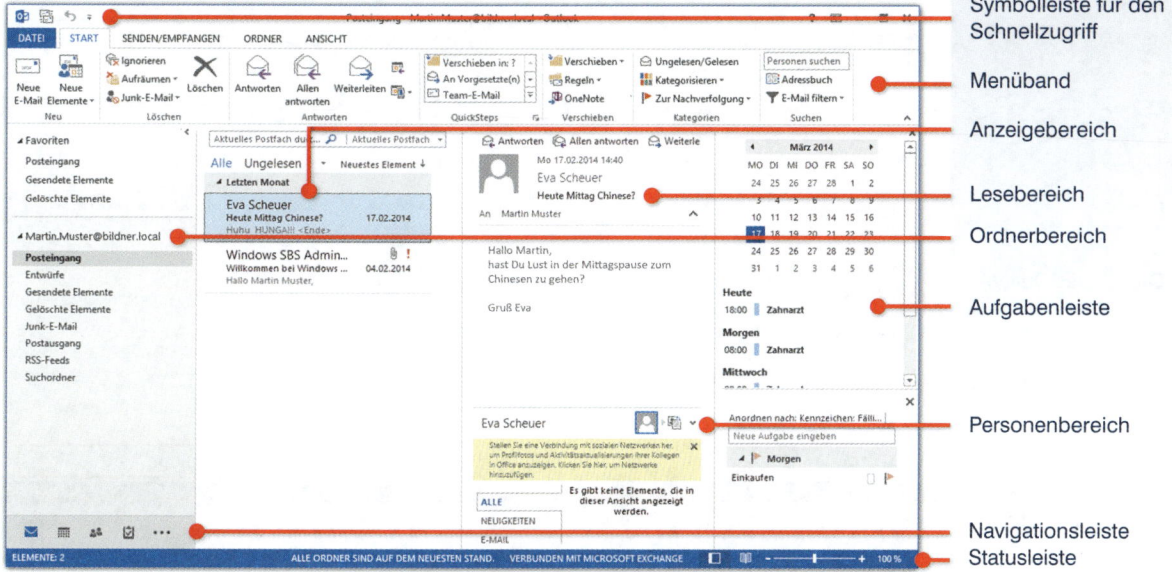

Symbolleiste für den Schnellzugriff

Menüband

Anzeigebereich

Lesebereich

Ordnerbereich

Aufgabenleiste

Personenbereich

Navigationsleiste
Statusleiste

Bild 1.12 Das Anwendungsfenster von Outlook 2013

Die Arbeitsbereiche von Outlook

Outlook verwaltet und speichert alle Inhalte in Ordnern, welche verschiedenen Arbeitsbereichen zugeordnet sind. Man bezeichnet diese als Outlook-Module.

Outlook-Module:
E-Mail, Kalender, Personen etc.

Outlook-Module	Verwendung
E-Mail	Versenden und Empfangen von E-Mails
Kalender	Termine festlegen und koordinieren
Personen	Organisation von Kontaktinformationen, z. B. E-Mail-Adresse, Telefonnummern, Anschrift etc. W
Aufgaben	Planung der zu erledigenden Arbeiten
Notizen	Vermerken von kurzen Hinweisen

Zwischen Outlook-Modulen und Ordnern wechseln:

Der Wechsel zwischen Outlook-Modulen erfolgt über die Navigationsleiste unterhalb des Ordnerbereiches. Hier werden die Outlook-Module entweder als Symbole (siehe Bild 1.13) oder als Text (siehe Bild 1.14) zur Auswahl angezeigt. Durch Anklicken mit der Maus wird in ein Outlook-Modul gewechselt und dessen Inhalt angezeigt. Wie viele Outlook-Module in der Navigationsleiste sichtbar sind, kann von Ihnen festgelegt werden.

Ordner des Outlook-Moduls *E-Mail*

Outlook-Module

Aufrufen weiterer Outlook-Module und Navigationsoptionen

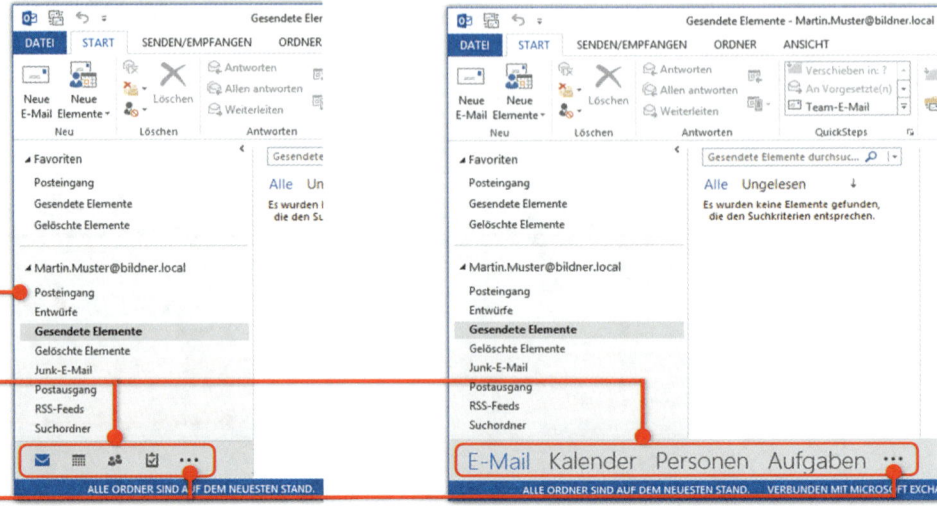

Bild 1.13 Navigationsleiste im Ordnerbereich   Bild 1.14 Navigationsleiste eigenständig

Lösung siehe
Seite 25

Falls Sie den Ordnerbereich am linken Rand des Outlook-Fensters oder die Navigationsleiste nicht finden, so sind diese entweder minimiert oder ausgeblendet.

Der Inhalt des Outlook-Moduls *E-Mail* ist auf mehrere Ordner verteilt: *Posteingang*, *Postausgang*, *Gesendete Elemente* etc. Der Ordner *Gelöschte Elemente* steht als „Papierkorb" allen Outlook-Modulen zur Verfügung.

Mit der Schaltfläche ••• in der Navigationsleiste können Sie weitere Outlook-Module aufrufen sowie die Darstellung der Navigationsleiste ändern.

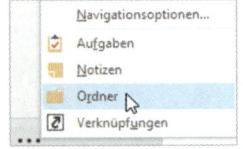

Mit der Option *Ordner*, welche in der Regel erst durch Anklicken der Schaltfläche ••• ausgewählt werden kann, zeigen Sie die Ordnerliste an. Diese enthält alle in Outlook verfügbaren Ordner, die gemeinsam im Ordnerbereich eingeblendet werden.

Neben den schon erwähnten Ordnern können noch weitere zur Verfügung stehen. Sind Sie beispielsweise mit einem Exchange Server verbunden, wurden unter Umständen vom Administrator Öffentliche Ordner bereitgestellt, in denen Daten ausgetauscht und gemeinsam genutzt werden.

Das Menüband und seine Elemente

Die Befehlseingabe erfolgt über das Menüband (engl. ribbon) im oberen Bereich des Anwendungsfensters. Die Befehle sind nach Aufgaben zusammengefasst auf die einzelnen Registerkarten verteilt. Durch Anklicken des Reiters eines Registers zeigen Sie dessen Inhalte an. Die gängigsten Befehle befinden sich auf der Registerkarte *START*, deren Inhalt standardmäßig angezeigt wird.

Menüband ist in Registerkarten unterteilt

Der Inhalt der Registerkarten ist abhängig von dem gewählten Outlook-Modul. Zwar werden in allen Outlook-Modulen die Register *DATEI*, *START*, *SENDEN/EMPFANGEN*, *ORDNER* und *ANSICHT* angezeigt, jedoch weisen sie unterschiedliche Funktionen auf:

Bild 1.15 Register START des Outlook-Moduls E-Mail

Bild 1.16 Register START des Outlook-Moduls Kalender

Kontextbezogene Registerkarten

Neben den Standardregistern verfügt Outlook über weitere kontextbezogene Registerkarten. Diese werden hinter den Standardregistern angezeigt, wenn entsprechende Elemente markiert wurden, z. B. das Foto in einer E-Mail oder wenn Sie in ein Suchfeld klicken.

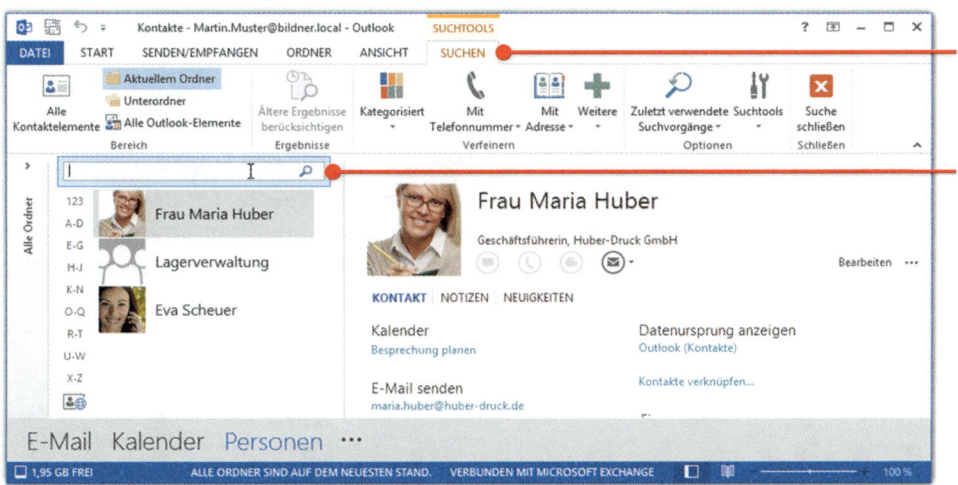

Kontextbezogene Registerkarte SUCHEN

Erscheint durch Anklicken des Felds Sofortsuche

Bild 1.17 Kontextbezogene Registerkarte

Register DATEI

Das Register *DATEI* steht in allen Modulen mit nahezu demselben Inhalt zur Verfügung. Der Bereich, welchen Sie über die Registerkarte *DATEI* erreichen, wird auch als Backstage bezeichnet. Hier befinden sich z. B. Ihre Kontoeinstellungen, Optionen für alle Outlook-Module und Drucken. Durch Anklicken des Pfeils oder Drücken der Esc-Taste, verlassen Sie die Backstage-Ansicht wieder.

Pfeil anklicken

Kontoeinstellungen

Drucken

Optionen

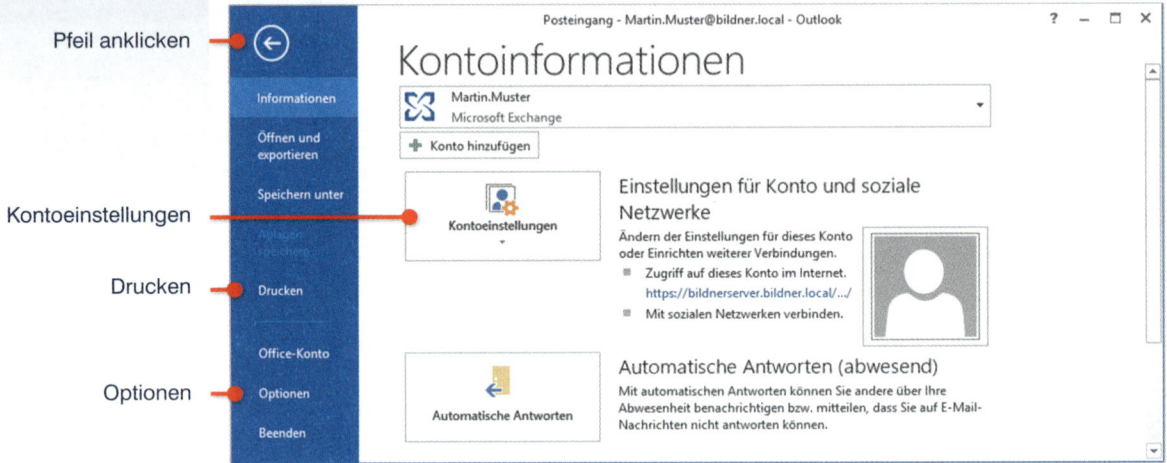

Bild 1.18 Register DATEI

Tasten statt Schaltflächen verwenden

Als Alternative zur Maus können die Registerkarten und Befehlsschaltflächen auch über die Tastatur aufgerufen werden. Durch Drücken der Alt-Taste werden im Menüband zunächst die Tasten angezeigt, die zum Aufrufen der einzelnen Register verwendet werden.

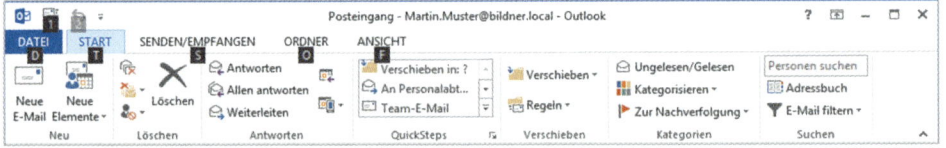

Bild 1.19 Tastenkombination für Registerkarten

Nach dem Drücken einer Taste, beispielsweise „T" für das Register *START*, erscheinen die Tasten zu den Schaltflächen der Registerkarte. Drücken Sie nochmals „T", um im Outlook-Modul E-Mail ein neues Nachrichtenformular zum Verfassen einer E-Mail zu öffnen. Mit dem Aufruf eines Befehls oder Drücken der ESC-Taste verschwindet die Tastenanzeige wieder.

Alt + T + T öffnet ein Nachrichtenformular

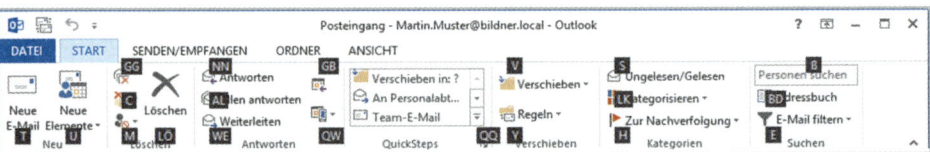

Bild 1.20 Tastenkombination für Befehle

Gruppen

Die Befehle der einzelnen Registerkarten sind in Gruppen eingeteilt. Unter den Schaltflächen jeweils in der Mitte einer Gruppe stehen die Gruppenbezeichnungen. In einigen Gruppenbezeichnungen finden Sie eine kleine Schaltfläche mit dem Symbol ⌐. Durch Anklicken öffnen Sie ein Dialogfenster, welches alle Einstellmöglichkeiten dieser Gruppe anzeigt.

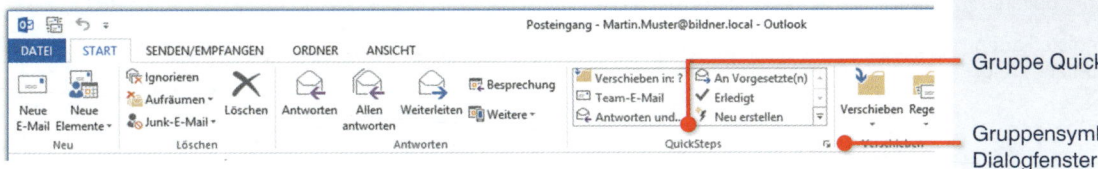

Gruppe QuickSteps

Gruppensymbol, öffnet Dialogfenster

Bild 1.21 Die funktionale Gliederung des Menübandes

Schaltflächen

■ Informationen (QuickInfo) zur Funktionalität der Schaltfläche und ggf. die zugehörige Tastenkombination wird angezeigt, wenn Sie mit der Maus auf die Schaltfläche zeigen (siehe Bild 1.22).

■ Einige Schaltflächen sind mit einem Dropdown-Pfeil versehen. Ein Mausklick auf die Schaltfäche öffnet eine Liste mit mehreren Auswahlmöglichkeiten (siehe Bild 1.23).

■ Manche Schaltflächen sind zweigeteilt. Mit einem Mausklick direkt auf die Schaltfläche erhalten Sie die Standardeinstellung. Zur Anzeige weiterer Optionen klicken Sie auf den Dropdown-Pfeil (siehe Bild 1.24).

Bild 1.22 QuickInfo   *Bild 1.23 Dropdown-Pfeil*   *Bild 1.24 Zweigeteilte Schaltfläche*

Die Anzeige der einzelnen Schaltflächen auf dem Menüband passt sich der Größe des Outlookfensters an. Schaltflächen werden mit oder ohne Beschriftung angezeigt. Unter Umständen ist auch nur der Gruppenname sichtbar. Dann erscheinen die einzelnen Befehle erst, wenn Sie auf den Dropdown-Pfeil klicken. Folgend sehen Sie die veränderte Anzeige der Schaltflächen am Beispiel des Moduls E-Mail, Register *START* ▸ Gruppe *Antworten*:

Bild 1.25 Darstellung der Gruppe im maximierten, verkleinerten und im stark verkleinerten Fenster

Menüband reduzieren und ausblenden

Bei Bedarf kann das Menüband reduziert oder ganz ausgeblendet werden, um mehr Platz für den Arbeitsbereich zu schaffen. Ist das Medüband reduziert, sind nur noch die Namen der Registerkarten sichtbar, die dazugehörigen Schaltflächen erscheinen erst, wenn Sie auf einen Reiter klicken.

Menüband-Anzeige-
optionen

Nur die Registerkarten
werden angezeigt

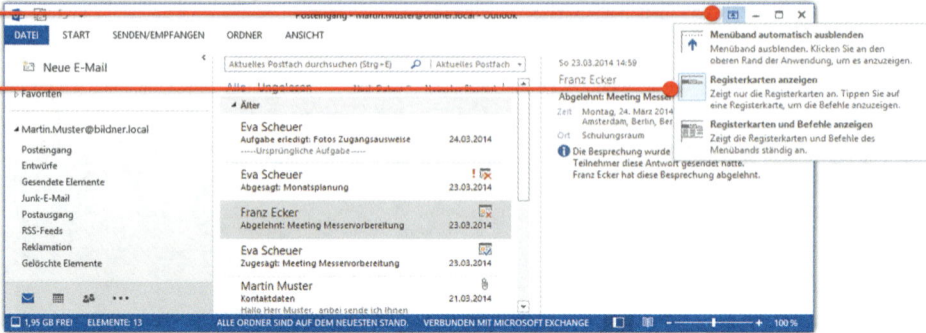

Bild 1.26 Reduziertes Menüband

■ Zum Reduzieren des Menübands wählen Sie in der Titelleiste *Menüband-Anzeigeoptionen* ▸ *Registerkarten anzeigen* oder klicken Sie doppelt auf eine Registerkartenbezeichnung.

■ Soll das Menüband wieder dauerhaft eingeblendet werden, so genügt ein erneuter Doppelklick auf eine beliebige Registerkarte oder ein Mausklick auf *Menüband-Anzeigeoption* ▸ *Registerkarten und Befehle anzeigen*. Eine weitere Methode: Sie können auch mit der rechten Maustaste auf einen Reiter klicken und im Kontextmenü das Häkchen bei *Menüband reduzieren* entfernen.

■ Mit *Menüband-Anzeigeoption* ▸ *Menüband automatisch ausblenden* verschwindet das Menüband und alle anderen Bedienelemente der Anwendung. Die Registerkarten erscheinen erst, wenn Sie an den oberen Rand des Fensters oder oben rechts auf die drei Punkte klicken.

Bereiche vergrößern bzw. verkleinern

Alle Bereiche können mit der Maus in Höhe und/oder Breite vergrößert oder verkleinert werden: Zeigen Sie dazu mit der Maus auf die Trennlinie. Sobald anstelle des Mauszeigers ein Doppelpfeil sichtbar wird, ziehen Sie die Trennlinie bei gedrückter Maustaste auf die gewünschte Position.

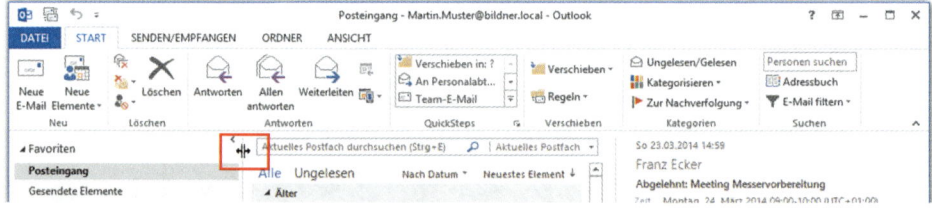

Bild 1.27 Bereiche vergrößern bzw. verkleinern

Ordnerbereich

Der Ordnerbereich am linken Rand des Outlook-Fensters zeigt alle Ordner an, die Ihnen zur Verfügung stehen und ermöglicht es, deren Inhalte aufzurufen.

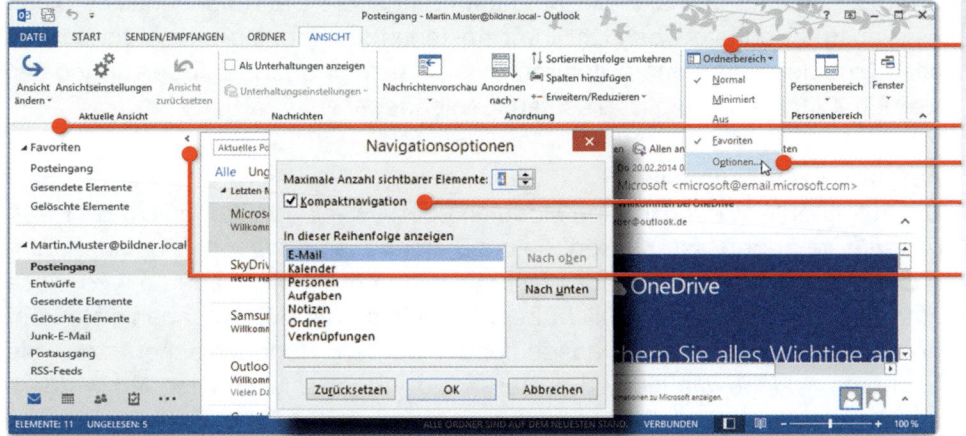

Bild 1.28 Ordnerbereich anpassen

Register ANSICHT: Ordnerbereich anzeigen, minimieren oder ausschalten

Favoriten

Optionen

Kompaktnavigation aktiviert

Ordnerbereich minimieren / erweitern

Ordnerbereich einblenden, ausblenden und anpassen

Der Ordnerbereich kann per Mausklick minimiert werden, um mehr Platz für die Ansicht der weiteren Bearbeitungsbereiche zu erhalten (siehe Bild 1.28) oder Sie benutzen die Tastenkombination Alt + F1 zum Minimieren, Maximieren bzw. Ausblenden. In allen Outlook-Modulen (*E-Mail*, *Kalender*, etc.) kann über *ANSICHT* ▶ Gruppe *Layout* ▶ *Ordnerbereich* die Darstellung des Ordnerbereichs verändert werden.

Optionen

Über *Optionen* (*ANSICHT* ▶ Gruppe *Layout* ▶ *Ordnerbereich*) können Sie die Reihenfolge der Outlook-Module E-Mail, Kontakte, Kalender etc. in der Navigationsleiste und die Anzahl der sichtbaren Elemente verändern. Außerdem können Sie festlegen, ob die Navigationsleiste mit Symbolen als Teil des Ordnerbereichs dargestellt (Kompaktnavigation), oder am Fuße des Outlookfensters unabhängig vom Ordnerbereich (siehe Bild 1.29) angezeigt wird.

Bild 1.29 Eigenständige Navigationsleiste

Favoriten

Favoriten stehen nur im Outlook-Modul E-Mail zur Verfügung. Hier werden wichtige E-Mail Ordner angezeigt, die allerdings nochmals weiter unten aufgeführt sind. Durch Anklicken von *ANSICHT* ▶ Gruppe *Layout* ▶ *Ordnerbereich* ▶ *Favoriten* deaktivieren bzw. aktivieren Sie diese Gruppe.

Tipp! Blenden Sie *Favoriten* aus, wenn Sie im Ordnerbereich Platz zur Anzeige mehrererer Postfächer oder eigener Unterordner benötigen.

Die Aufgabenleiste

Die Aufgabenleiste wird am rechten Rand des Outlook-Fensters eingeblendet und kann Kalenderelemente (Datumsnavigator und Termine), eine Liste favorisierter Kontakte und aktuelle Aufgaben enthalten. Die Aufgabenleiste bietet eine ausgezeichnete Übersicht Ihrer anstehenden Termine und Aufgaben. In allen Modulen kann eine Aufgabenleiste angezeigt und individuell angepasst werden. Standardmäßig ist diese ausgeblendet.

Aufgabenleiste anpassen

Die Aufgabenleiste wird in allen Modulen über *ANSICHT* ▶ Gruppe *Layout* ▶ *Aufgabenleiste* angepasst. Klicken Sie die Elemente an (*Kalender*, *Personen*, *Aufgaben*), die Sie in der Aufgabenleiste anzeigen möchten. Dadurch wird diese automatisch eingeblendet. Nicht benötigte Elemente der Aufgabenleiste können auf dem gleichen Weg ausgeblendet werden. Noch einfacher ist es, die Elemente, welche wie kleine Fenster in die Aufgabenleiste integriert werden, mit der jeweiligen Schließen-Schaltfläche zu schließen.

Aufgabenleiste

Register ANSICHT: Aufgabenleiste Elemente hinzufügen / entfernen

Element schließen

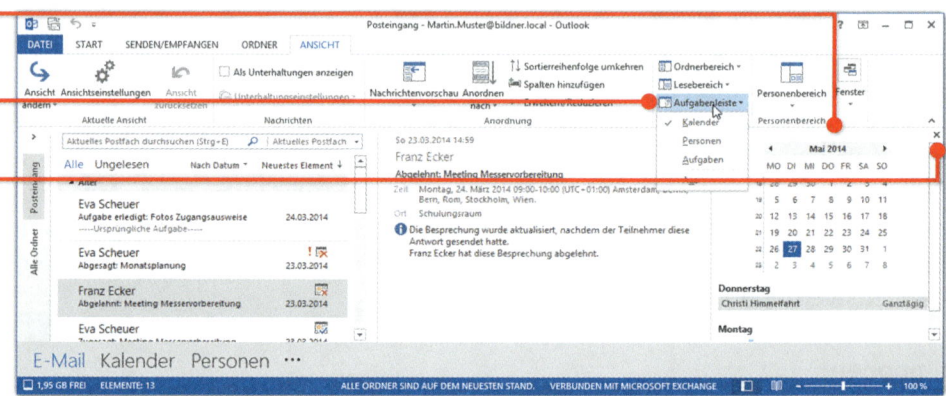

Bild 1.30 Aufgabenleiste einblenden

Mit Popups arbeiten

Beim Aufrufen eines Outlook-Moduls über die Navigationsleiste werden, wenn Sie auf einer Schaltfläche kurz mit der Maus verweilen, sogenannte Popups angezeigt. Popups sind Bildschirmelemente, die in der Regel nur temporär erscheinen. Sie sind sehr viel einfacher aufgebaut als Fenster und damit für die schnelle Anzeige von Informationen geeignet. Für das Outlook-Modul E-Mail steht kein Popup zur Verfügung.

Zu den Inhalten der Popups und deren Bearbeitung erhalten Sie in den Lektionen der einzelnen Outlook-Module genauere Informationen.

Die Inhalte der Popups können in der Aufgabenleiste auch dauerhaft angezeigt werden. Letztendlich erhalten Sie dasselbe Ergebnis, wie beim Hinzufügen zur Aufgabenleiste beschrieben. Klicken Sie auf die kleine Schaltfläche *Popup anheften* oben rechts.

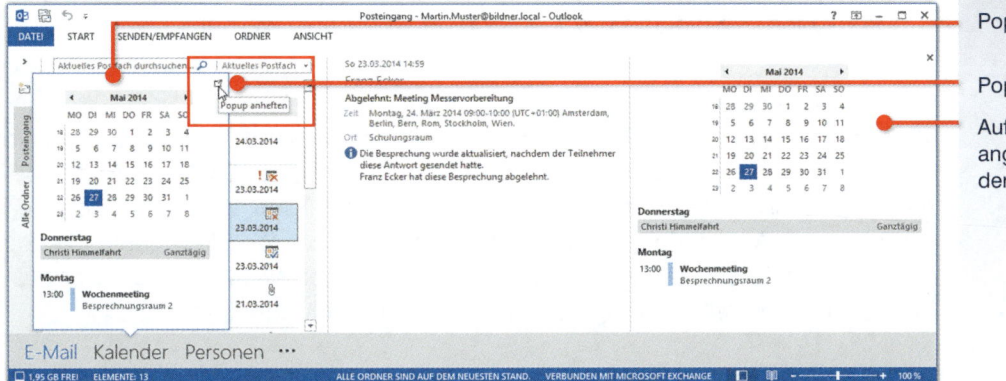

Popup Kalender

Popup anheften

Aufgabenleiste mit angehefetem Kalenderpopup

Bild 1.31 Popup anzeigen

Die Statusleiste

Zoomregler

Kontingentinformationen

Am unteren Rand des Fensters befindet sich die Statusleiste. Die angezeigten Elemente sind zum Teil abhängig vom Typ Ihres E-Mail-Kontos. Sofern Sie mit Microsoft Exchange arbeiten, werden in der Statusleiste Kontingentinformationen angezeigt. Dabei handelt es sich um den zur Verfügung stehenden Speicherplatz. Immer sichtbar ist der Zoomregler. In Outlook kann nur ein Teil des Fensters gezoomt werden, z. B. der Lesebereich des Outlook-Moduls E-Mail.

Um die Anzeige von Elementen zu deaktivieren bzw. zu aktivieren, klicken Sie mit der rechten Maustaste auf die Statusleiste.

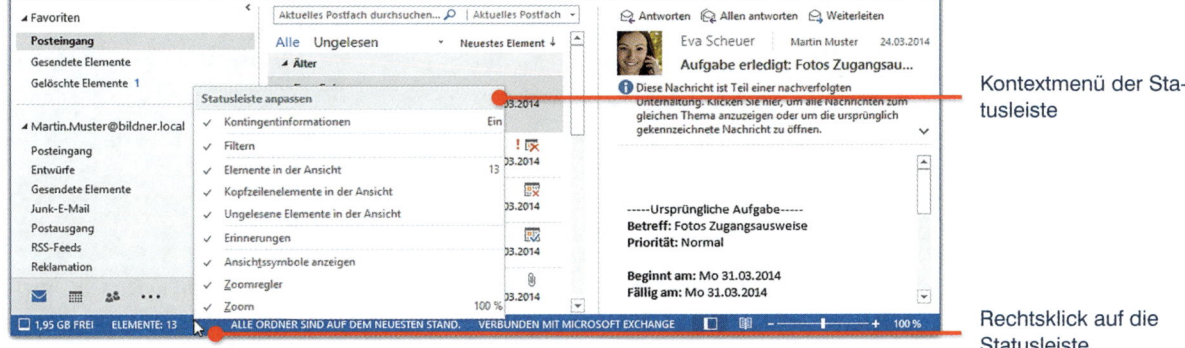

Kontextmenü der Statusleiste

Rechtsklick auf die Statusleiste

Bild 1.32 Inhalte der Statusleiste auswählen

Symbolleiste für den Schnellzugriff

Zum schnellen Aufrufen häufig benötigter Befehle steht in der linken oberen Ecke des Outlook-Fensters die Symbolleiste für den Schnellzugriff zur Verfügung. Standardmäßig enthält Sie die Befehle *Alle Ordner senden/empfangen* und *Rückgängig*. Sie kann um weitere Befehle ergänzt werden.

Symbolleiste anpassen

Klicken Sie am Ende der Symbolleiste auf die Schaltfläche ⏷ . Alle Befehle, die in der Liste mit einem Häkchen versehen sind, werden im Schnellzugriff angezeigt (siehe Bild 1.33). Um weitere Befehle hinzuzufügen, aktivieren Sie einen Eintrag durch Anklicken. Auf demselben Weg deaktivieren Sie Befehle, die Sie nicht mehr im Schnellzugriff anzeigen möchten. Über *Weitere Befehle* wird ein Dialogfenster mit allen verfügbaren Befehlen eingeblendet.

Position der Symbolleiste

Standardmäßig befindet sich die Symbolleiste für den Schnellzugriff über dem Menüband innerhalb der Titelleiste. Mit dem Befehl *Unter dem Menüband anzeigen* können Sie die Symbolleiste versetzen (siehe Bild 1.34). Auf demselben Weg setzen Sie die Symbolleiste für den Schnellzugriff wieder über das Menüband: Klicken Sie am Ende der Symbolleiste auf die Schaltfläche ⏷ und verwenden den Befehl *Über dem Menüband anzeigen*.

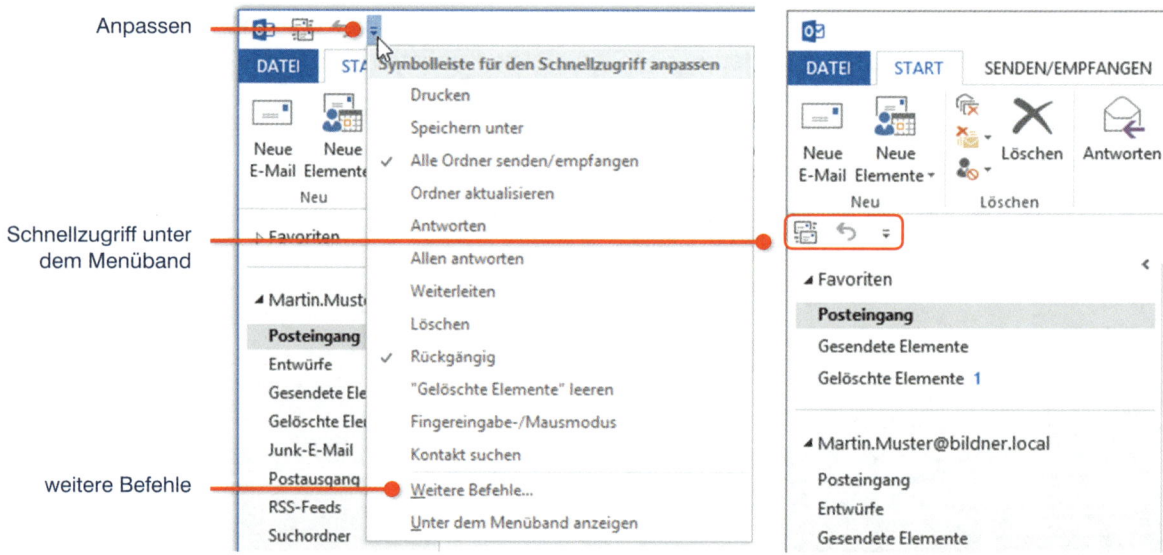

Bild 1.33 Anpassung der Symbolleiste Schnellzugriff

Bild 1.34 Schnellzugriff unter dem Menüband

Outlook Heute

Outlook Heute ist sozusagen die Startseite Ihres Outlook-Postfaches und bietet eine übersichtliche Darstellung Ihrer Termine, Aufgaben und neuer Mails im Posteingang. Sie erhalten diese Anzeige, wenn Sie im Modul E-Mail oder in der Ordnerliste auf Ihr Postfach (Persönlicher Ordner bzw. angezeigte E-Mail-Adresse) klicken.

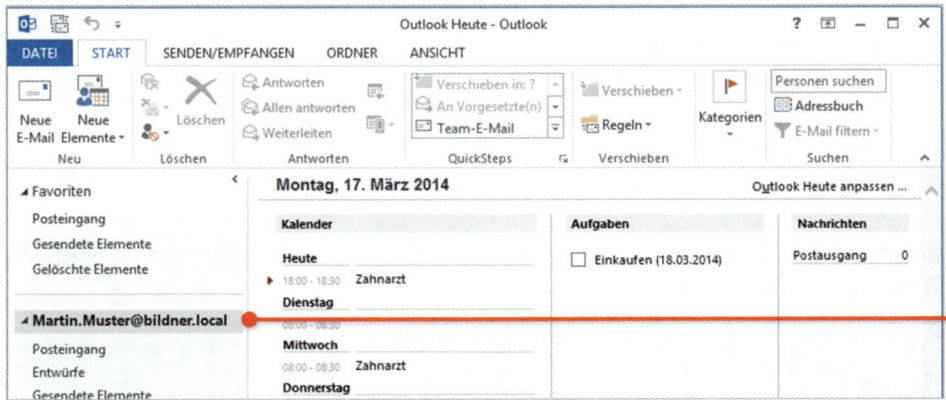

Anklicken, um Outlook Heute anzuzeigen

Bild 1.35 Outlook Heute

1.4   Fingersteuerung

In Verbindung mit Windows 8.1 unterstützt Outlook 2013 auch die Bedienung mit Fingern oder Stift über einen Touchscreen, zum Beispiel auf einem Tablet-PC. Anstelle des Mausklicks tippen Sie zur Befehlseingabe mit dem Finger.

Das Kontextmenü (rechte Maustaste) rufen Sie auf, indem Sie einen Bereich nicht nur antippen, sondern mit dem Finger auf dieser Stelle kurz verweilen.

Sie können auch mit den Fingern zoomen. Auf einem Touchscreen berühren Sie den Bildschirm mit mindestens zwei Fingern und spreizen diese bzw. führen sie zusammen.

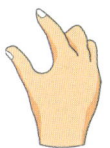

Menüband für Fingersteuerung anpassen

Zur besseren Befehlsauswahl lässt sich das Menüband für Fingereingabe optimieren. Im Fingereingabemodus werden Auswahlbereiche und Abstände zwischen den Schaltflächen vergrößert. Der Wechsel zwischen Maus- und Fingereingabemodus erfolgt über ein Symbol 👆 in der *Symbolleiste für den Schnellzugriff*. Da diese das Symbol nicht standardmäßig anzeigt, tippen Sie am rechten Ende der Leiste auf *Symbolleiste für den Schnellzugriff anpassen*

und aktivieren das Symbol *Fingereingabe-/Mausmodus*. Die Schaltfläche ermöglicht Ihnen den Wechsel der Modi durch Auswahl von *Fingereingabe*.

Quick Action Tab

Durch Auswahl des Modus *Fingereingabe* wird im Outlook-Modul *E-Mail* am rechten Rand das *Quick Actions Tab* eingeblendet. Dieses enthält die Befehle *Antworten*, *Löschen*, *Verschieben*, *Zur Nachverfolgung* kennzeichnen und *Als ungelesen markieren*, welche auf die markierte E-Mail durch Berührung angewendet werden können. Selbstverständlich kann im Fingereingabemodus auch mit der Maus gearbeitet werden.

Bildschirmtastatur

Beim Arbeiten mit einem Touchscreen können Sie, sofern keine externe Tastatur angeschlossen ist, zum Schreiben die Bildschirmtastatur benutzen, die mit einem Klick auf das Symbol im Infobereich der Taskleiste am unteren Rand des Desktops einbelendet wird.

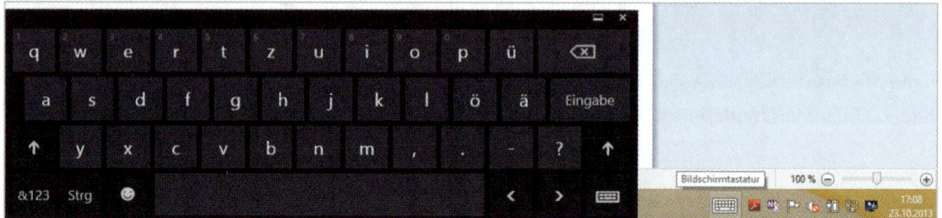

Bild 1.36 Bildschirmtastatur

Für die Eingabe von Zahlen und Sonderzeichen müssen Sie mit der Taste *&123* das Tastaturlayout ändern bzw. wieder zurück zur Texteingabe wechseln. Zum Ausblenden der Bildschirmtastatur tippen Sie auf das *Schließen*-Symbol in der rechten oberen Ecke oder tippen erneut auf das Tastatursymbol in der Taskleiste.

Bild 1.37 Zahlen und Sonderzeichen

1.5   Zusammenfassung

■ Outlook ist ein Kommunikations- und Organisationsprogramm, das Sie bei der Planung Ihres täglichen Arbeitspensums unterstützt. Das Programm erhält durch die Einbindung in eine Microsoft Exchange Server Umgebung weitere Funktionalitäten.

■ Ein E-Mail-Konto ist die wichtigste Voraussetzung für das Arbeiten in Outlook. Es speichert E-Mail-Adressen, Benutzername, Kennwort und Serveradressen zur Übermittlung von Nachrichten. Beim Einrichten eines E-Mail-Kontos unterstützt Sie der Assistent.

■ Outlook bietet Ihnen in den Outlook-Modulen E-Mail, Personen, Kalender und Aufgaben alle Funktionalitäten, die Sie im Arbeitsalltag benötigen.

■ E-Mails, Termine, Aufgaben und Adressinformationen werden von Outlook in Ordnern verwaltet. Die Ordnerliste stellt alle Ordner in übersichtlicher Form dar.

■ Befehle werden über das Menüband, welches in Register eingeteilt ist, ausgewählt. Die Befehle des Menübands variieren je nach gewähltem Outlook-Modul.

■ Über die Navigationsleiste wechseln Sie zwischen den einzelnen Outlook-Modulen und rufen die Ordnerliste auf.

■ Die Aufgabenleiste zeigt Ihnen in übersichtlicher Form anstehende Termine und Aufgaben an. Sie muss in der Regel zunächst für das aktuelle Outlook-Modul aktiviert werden.

■ Popups werden temporär angezeigt, wenn Sie in der Navigationsleiste auf ein Outlook-Modul zeigen.

■ Outlook 2013 in Verbindung mit Windows 8.1 und einem touchfähigem Bildschirm kann auch mit den Fingern bedient werden. Zur optimalen Steuerung wechseln Sie über die Symbolleiste für den Schnellzugriff zum Modus Fingereingabe.

Notizen:

2 E-Mail Kommunikation im Griff

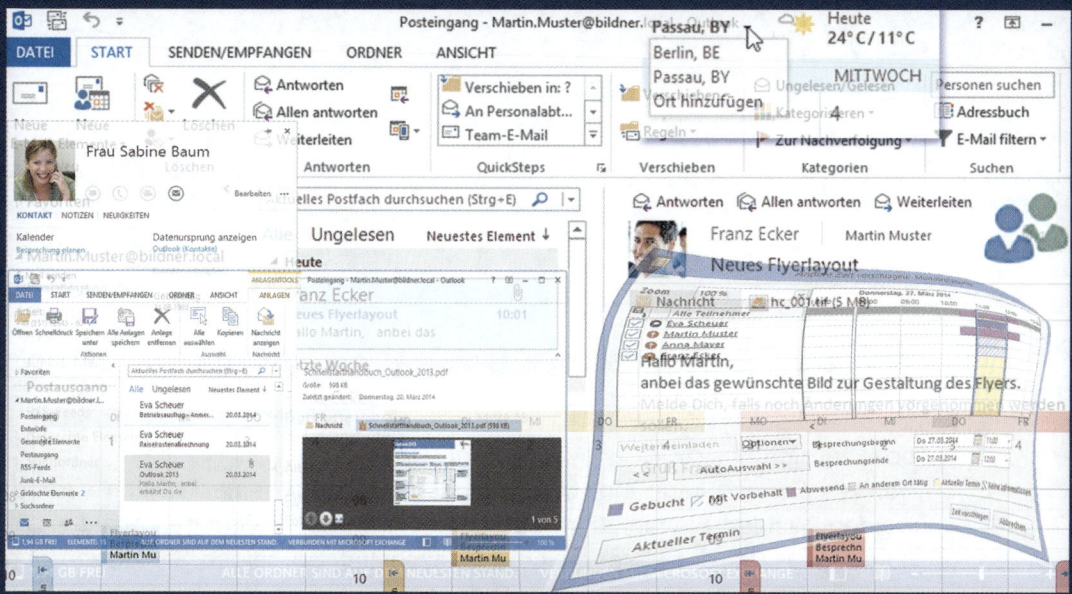

In dieser Lektion lernen Sie...

- ◼ wie Sie E-Mails versenden, beantworten und weiterleiten
- ◼ wie Sie Dateianhänge verschicken und öffnen
- ◼ die Nachverfolgung kennen
- ◼ die E-Mail mit einer Signatur zu versehen
- ◼ wie Sie QuickSteps einsetzen
- ◼ wie Sie eigene Ordner erstellen

Diese Kenntnisse sollten Sie bereits mitbringen...

- ◼ Grundlagen der Texteingabe

2.1 Elemente und Anordnung des Moduls E-Mail

Sie wechseln in das Outlook-Modul *E-Mail* über die Schaltfläche *E-Mail* in der Navigationsleiste. Nach dem Öffnen von Outlook wird standardmäßig der Inhalt des E-Mail-Ordners Posteingang angezeigt.

Übersicht Modul E-Mail

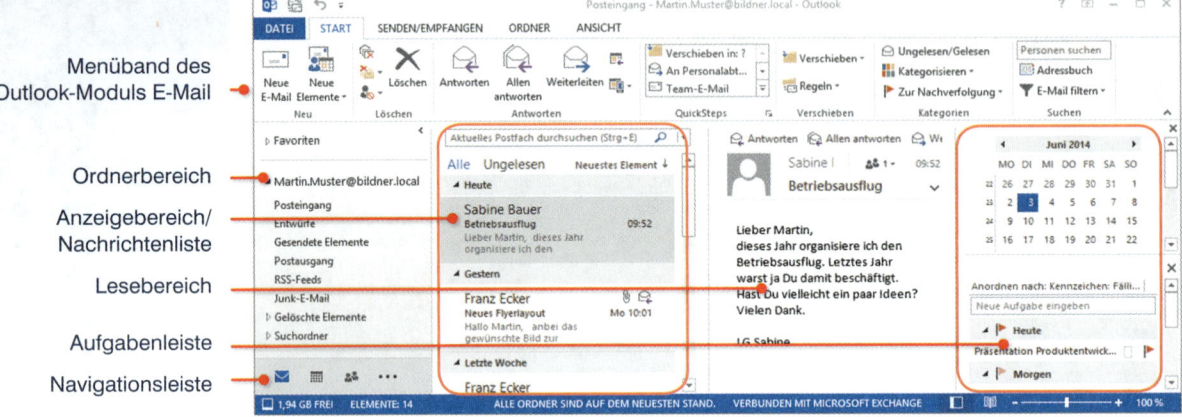

Menüband des Outlook-Moduls E-Mail

Ordnerbereich

Anzeigebereich/ Nachrichtenliste

Lesebereich

Aufgabenleiste

Navigationsleiste

Bild 2.1 Das Outlook-Modul E-Mail

Lesebereich
Der Lesebereich kann ein- bzw. ausgeschaltet und seine Position verändert werden. Wählen Sie hierzu im Menüband *ANSICHT* ▸ Gruppe *Layout* ▸ *Lesebereich* aus. Ist der Lesebereich ausgeschaltet, so zeigen Sie diesen durch Anklicken von *unten* oder *rechts* wieder an.

E-Mail-Ordner = Unterordner des Outlook-Moduls *E-Mail*
Um einen E-Mail-Ordner auszuwählen, klicken Sie diesen im Ordnerbereich an. Alle E-Mails des markierten Ordners werden im *Anzeigebereich* angezeigt. Wenn Sie im Anzeigebereich eine E-Mail anklicken, wird ihr Inhalt im *Lesebereich* abgebildet.

- Im *Posteingang* sind alle E-Mails gespeichert, die Sie erhalten haben.

- Der Ordner *Postausgang* speichert vorübergehend alle noch nicht gesendeten E-Mails. Eine E-Mail wird nicht gesendet, wenn Sie offline arbeiten, d. h. ohne Verbindung zum Internet.

- Beim Senden werden alle E-Mails automatisch als Kopie im Ordner *Gesendete Elemente* gespeichert.

- Im Ordner *Entwürfe* speichern Sie E-Mails für eine spätere Versendung.

- Unerwünschte E-Mails werden beim Empfangen automatisch in den Ordner *Junk-E-Mail* verschoben, z. B. Werbe-E-Mails.

Modul E-Mail - Andere Darstellung

Aufgrund der verschiedensten Möglichkeiten, Elemente der Programmoberfläche auszuschalten, zu minimieren oder die Größe durch Ziehen mit der Maus zu verändern, ergeben sich zahlreiche Darstellungsvarianten. Um die folgende Darstellung des Moduls E-Mail zu erhalten, wurde der Ordnerbereich minimiert, die Navigationsleiste ohne Kompaktnavigation separat angezeigt und der Lesebereich sowie die Aufgabenleiste ausgeblendet. Wie das geht, erfahren Sie auf den folgenden Seiten.

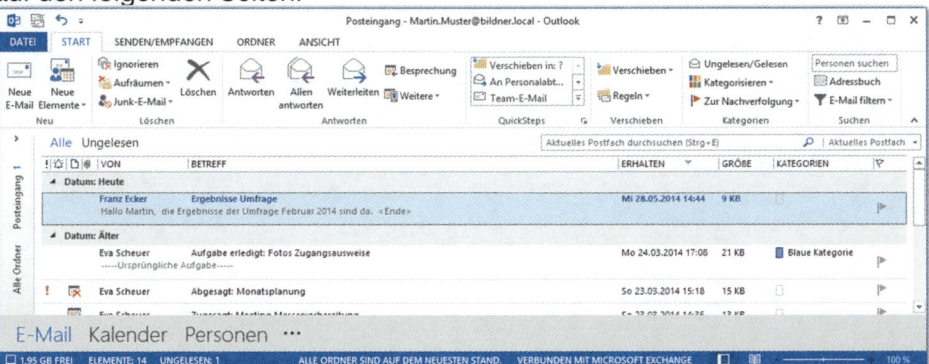

Bild 2.2 Modul E-Mail, andere Darstellung

Reihenfolge der E-Mail Ordner

Die Abfolge der E-Mail Ordner Posteingang, Entwürfe, Gesendete Elemente etc. kann individuell festgelegt werden. Ziehen Sie den Ordner im Ordnerbereich mit der Maus einfach an die gewünschte Position. Der Ordner wird an der schwarzen Linie eingefügt.

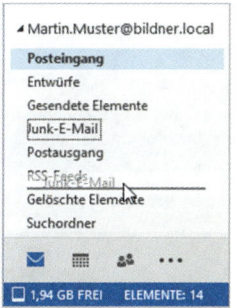

Anordnung der E-Mails im Ordner

Standardmäßig werden E-Mails im Anzeigebereich nach Datum sortiert angeordnet und zwar von neu nach alt. E-Mails, die heute eingegangen sind, werden so zuerst angezeigt. Um die Übersichtlichkeit zu erhöhen, erfolgt die Ansicht in Gruppen, z. B. *Heute*, *Gestern* etc. Das Sortieren und Gruppieren wird als Anordnung bezeichnet.

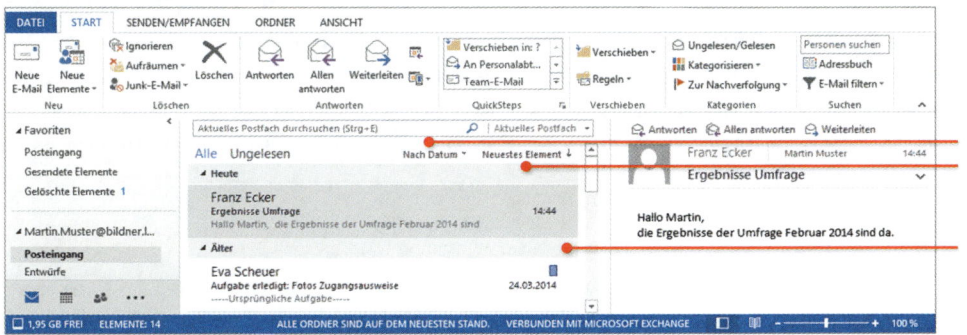

nach Datum sortiert von neu nach alt

Gruppe, Heute, Gestern, etc.

Bild 2.3 Standardanordnung nach Datum

Anderes Kriterium für die Anordnung wählen

■ Durch Anklicken der Spaltenüberschrift *Nach Datum* erhalten Sie andere Sortiermöglichkeiten. Alternativ können Sie die Anordnung auch ändern. Wählen Sie dafür *ANSICHT* ▸ Gruppe *Anordnung* ▸ *Anordnen nach*.

■ Um die ältesten Nachrichten des Ordners zuerst anzuzeigen, klicken Sie auf *Neuestes Element*. Dadurch wechseln Sie zu *Ältestes Element*.

■ Eine Änderung der Anordnung ist meist nützlich bei der Suche nach bestimmten Nachrichten. So werden E-Mails bei der Auswahl *Von* nach Absender sortiert, bei Anklicken von *Anlagen* werden zuerst alle Nachrichten angezeigt, die eine Anlage erhalten, dann alle ohne.

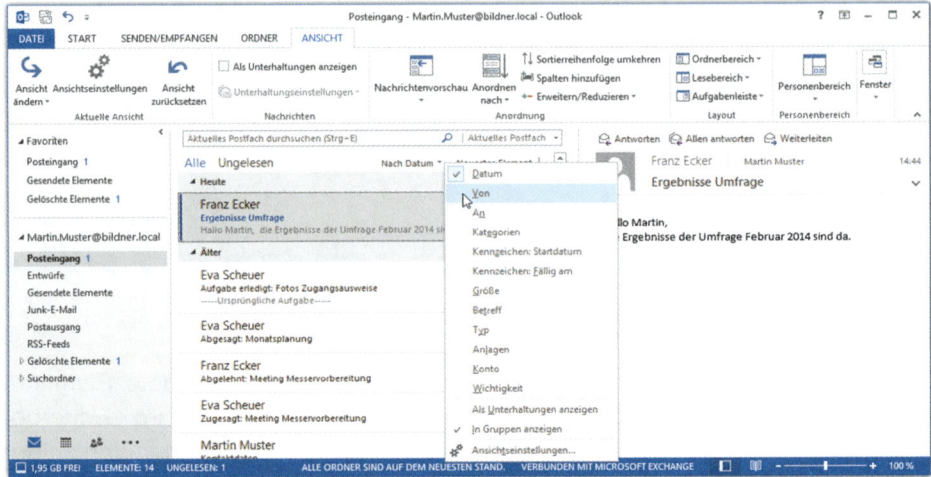

Bild 2.4 Andere Anordnung auswählen

Die Änderung der Anordnung gilt für den ausgewählten Ordner und wird beim Beenden von Outlook gespeichert. Bei Auswahl einer anderen Anordnung als *Datum – Neuestes Element*, erscheinen die neuen E-Mails nicht mehr zwingend oben in der Liste. Es ist daher sinnvoll zu dieser Anordnung zurückzukehren.

Spezialfall: Anordnung Nach Datum (Unterhaltungen)

Unterhaltungsansicht
siehe Seite 70

Enthält die aktuelle Anordnung *Datum* den Zusatz *Unterhaltungen*, so wurde die Unterhaltungsansicht aktiviert. Auf der Registerkarte *ANSICHT* ▸ Gruppe *Unterhaltung* können Sie die Unterhaltungsansicht aktivieren bzw. deaktivieren. In der Unterhaltungsansicht werden bestimmte E-Mails zusammengefasst. Arbeiten Sie zunächst nicht mit dieser Ansicht. Wenn Sie Outlook etwas besser kennengelernt haben, entscheiden Sie, ob diese Ansicht für Sie von Vorteil ist.

Unterhaltungsansicht
aktivieren, deaktivieren

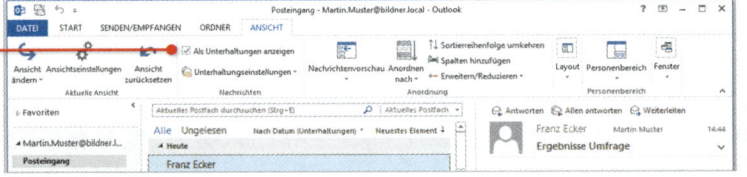

Bild 2.5 Unterhaltungsansicht aktivieren

Ungelesene E-Mails anzeigen

Ungelesene E-Mails erkennen Sie im Anzeigebereich am senkrechten blauen Balken und der Formatierung des Betreffs in fett und blau. Mit den Schaltflächen Alle und Ungelesen können Sie bequem nur die ungelesenen E-Mails herausfiltern und später wieder zur Ansicht aller zurückschalten. Um eine gelesene E-Mail nachträglich wieder als ungelesen zu markieren, zeigen Sie im Anzeigebereich an den Beginn der Zeile und klicken einmal mit der Maus.

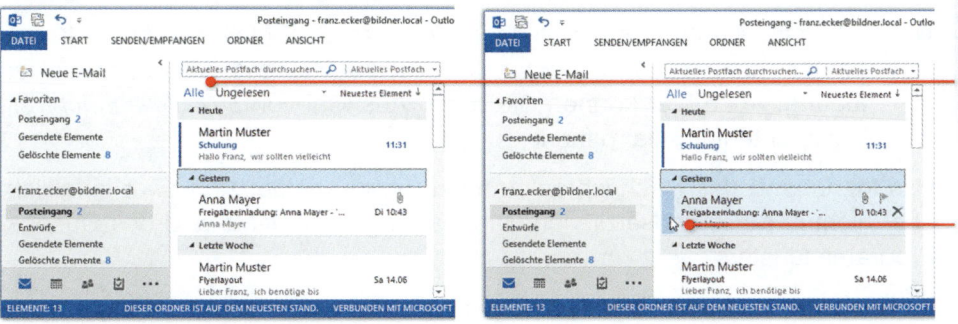

Alle / Ungelesen

Anklicken, um E-Mail wieder als ungelesen zu markieren

Bild 2.6 ungelesene E-Mail im Posteingang   *Bild 2.7 E-Mail als ungelesen markieren*

Nachrichtenvorschau

Outlook 2013 enthält eine Nachrichtenvorschau, die im Anzeigebereich für jede E-Mail unter dem Absender (bzw. Empfänger) und Betreff die ersten Zeilen des Nachrichtentexts anzeigt. Ob und wie viel Nachrichtentext angezeigt wird, entscheiden Sie im Register *ANSICHT* ▸ Gruppe *Anordnung* ▸ *Nachrichtenvorschau*. Standardmäßig wird eine Zeile des Nachrichtentexts im Anzeigebereich abgebildet. Ob eine Nachricht ungelesen ist oder nicht, hat keinen Einfluss auf die Nachrichtenvorschau. Ist sie eingeschalten, gilt sie für alle in der Ansicht dargestellten E-Mails in gleicher Weise.

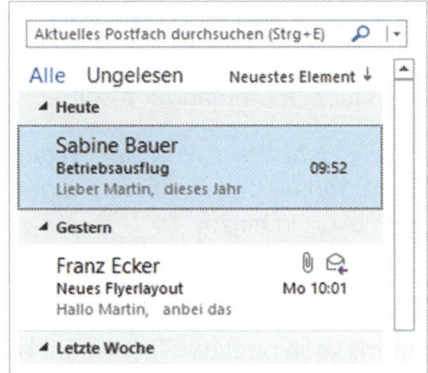

Bild 2.8 Nachrichtenvorschau 1 Zeile   *Bild 2.9 Nachrichtenvorschau 2 Zeilen*

2.2   E-Mails versenden

Neue E-Mail erstellen und versenden

■ Outlook verwendet für die Erstellung von E-Mails ein spezielles **Nachrichtenformular.** Über den Befehl *START* ▸ Gruppe *Neu* ▸ *Neue E-Mail* öffnen Sie ein Nachrichtenformular in einem eigenen Fenster.

■ Alternativ steht in jedem Outlook-Modul (z. B. E-Mail, Personen, Kalender etc.) über *START* ▸ Gruppe *Neu* ▸ *Neue Elemente* eine Liste zur Verfügung. Auch hier können Sie durch Auswahl von *E-Mail-Nachricht* ein Nachrichtenformular öffnen.

Das Menüband des Nachrichtenformulars unterscheidet sich zwar inhaltlich, aber nicht in der grundsätzlichen Handhabung vom Menüband des Outlook-Programmfensters.

Im Nachrichtenformular bewegen Sie mit der Tabulator-Taste zur Eingabe den Cursor schnell von Feld zu Feld.

3 Formatierung
1 Empfänger
2 Betreff
3 Nachrichtentext
4 Senden

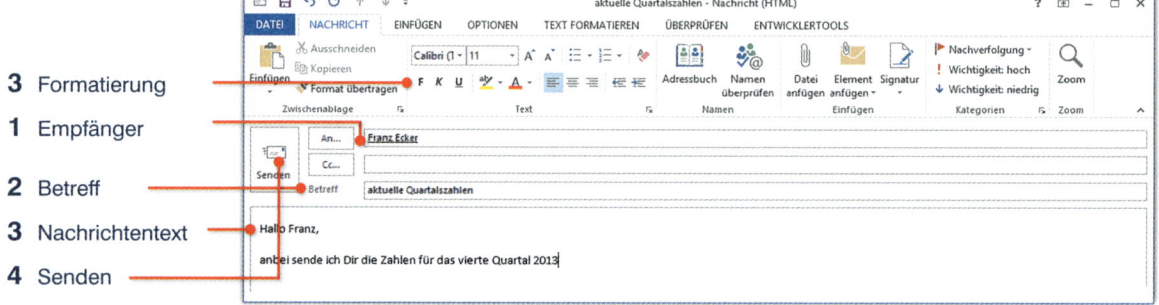

Bild 2.10 Nachrichtenformular für neue E-Mail-Nachricht

E-Mail-Adresse des Empfängers manuell eintragen

1 **Empfänger eintragen:** Im Feld *An* wird die E-Mail-Adresse des Empfängers eingetragen. Weitere Empfänger-Adressen fügen Sie im gleichen Feld getrennt durch ein Semikolon (;) ein. Versenden Sie eine E-Mail an mehrere Personen, sind die Mail-Adressen für alle Empfänger sichtbar.

2 **Nachrichtenbetreff:** Geben Sie in die Zeile *Betreff* ein Wort oder einen kurzen Text ein, der den Inhalt Ihrer E-Mail prägnant beschreibt und fügen Sie im unteren Feld die eigentlichen Informationen hinzu.

ABC ✓ Rechtschreibung und Grammatik

Rechtschreibprüfung

3 **Nachrichtentext** (E-Mail-Body): Der Text wird von der Rechtschreibprüfung kontrolliert und zeigt fehlerhafte Wörter durch eine rote Unterstreichung an. Sie können die Wörter selbst korrigieren oder die Rechtschreibprüfung über *ÜBERPRÜFEN* ▸ Gruppe *Dokumentprüfung* benutzen.

Der Nachrichtentext kann, wie Sie es aus Microsoft Word gewohnt sind, auch in Outlook formatiert werden. Hierzu stehen Ihnen auf der Register- karte *NACHRICHT* in der Gruppe *Text* die gängigsten Formatierungsmög- lichkeiten zur Verfügung. Ein Nachrichtentext kann allerdings nur forma- tiert werden, wenn die E-Mail im Format *HTML* oder *Rich-Text* erstellt ist. Das Format können Sie prüfen und gegebenenfalls ändern *TEXT FORMA- TIEREN* ▸ Gruppe *Format*.

Mehr dazu finden Sie auf Seite 90

4 **E-Mail senden**: Zum Versenden der E-Mail klicken Sie im Nachrichten- formular auf die Schaltfläche *Senden*. Alle gesendeten E-Mails werden zunächst in den Ordner Postausgang verschoben und bei bestehender Internet-Verbindung (Online-Modus) sofort weiterversendet.

Sobald eine E-Mail aus dem Ordner *Postausgang* versendet wurde, wird automatisch eine Kopie der Nachricht im Ordner *Gesendete Elemente* gespeichert. Durch Anklicken des Ordners *Gesendete Elemente* erhalten Sie einen Überblick über alle versendeten E-Mails.

Befinden sich beim Schließen von Outlook noch E-Mails im Ordner *Postaus- gang*, erhalten Sie eine Meldung:

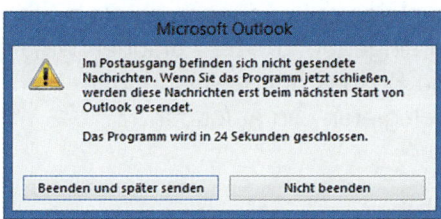

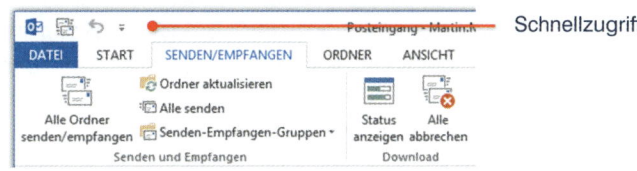

Schnellzugriff

Bild 2.11 Hinweis beim Schließen   *Bild 2.12 E-Mail verschicken erzwingen*

Über die Schaltfläche *Alle senden* (*SENDEN/EMPFANGEN* ▸ Gruppe *Senden und Empfangen*) können noch nicht gesendete E-Mail-Nachrichten verschickt werden. Alternativ verwenden Sie die Schaltfläche *Alle Ordner senden/empfan- gen* auf der Registerkarte *SENDEN/EMPFANGEN* oder im Schnellzugriff.

In früheren Versionen von Outlook wurde der Ordner *Gesendete Elemente* als *Gesendete Objekte* bezeichnet. Bei einem Upgrade von einer alten Version auf Outlook 2013 wurde in Ihrem Postfach dieser Name unter Umständen beibe- halten.

Info!

Methoden zur Eingabe der Empfängeradressen

Für das Eingeben einer Empfänger-Adresse in die Felder *An*, *Cc* oder *Bcc* einer E-Mail stehen Ihnen mehrere Möglichkeiten zur Verfügung. Bevor diese besprochen werden, erhalten Sie eine kurze Übersicht zur Verwendung der einzelnen Adressfelder:

Feld	Verwendung
An	Tragen Sie einen oder mehrere Empfänger der E-Mail ein.
Cc (Carbon Copy)	Geben Sie die E-Mail Adressen von Personen ein, die die E-Mail "als Kopie" erhalten sollen.
Bcc (Blind Carbon Copy)	Die E-Mail Adressen der eingetragenen Empfänger werden an die anderen Adressaten der Nachricht nicht übermittelt.

Tipp!

Falls im Nachrichtenformular das Feld *Bcc* nicht angezeigt wird, können Sie es dauerhaft mit *OPTIONEN* ▸ *Felder anzeigen* ▸ *Bcc* einblenden.

Alle im Folgenden erwähnten Methoden funktionieren übrigens an allen Stellen in Outlook, an denen E-Mail-Adressen eingegeben oder Personennamen ausgewählt werden: Beim Adressieren von Besprechungseinladungen, beim Öffnen der Kalender von Kollegen, beim Delegieren von Aufgaben.

Freie Eingabe

Die E-Mail Adresse kann direkt in eines der Felder *An*, *Cc* oder *Bcc* eingeben werden. Wollen Sie mehrere Adressen in ein Feld eingeben, trennen Sie diese durch ein Semikolon (;). Wenige Sekunden nach der Eingabe prüft Outlook die Adressen auf Gültigkeit. Wenn es sich um eine technisch gültige E-Mail-Adresse handelt, wird diese unterstrichen dargestellt.

Bild 2.13 Überprüfung auf technische Gültigkeit

Adressbücher

Sofern die E-Mail Adressen der gewünschten Empfänger in Outlook gespeichert wurden, können diese durch Verwendung von Adressbüchern in eine E-Mail eingefügt werden. Durch Anklicken der Schaltflächen *An*, *Cc* oder *Bcc* erhalten Sie Zugriff. Die genaue Vorgehensweise wird auf Seite 42 beschrieben.

Namen überprüfen

Das Adressbuch bezieht die E-Mail Adressen aus dem Modul *Personen* oder aus der *Globalen Adressliste* (siehe nächste Seite). Bei Speicherung der Kontaktinformationen wurde in der Regel neben der E-Mail Adresse zumindest ein Name eingegeben. Im Grunde reicht es aus, wenn Sie in das Adressfeld des Nachrichtenformulars diesen Vor- oder Nachnamen des Kontakts eingeben. Outlook prüft, ob eine Person mit diesem Namen im Adressbuch vorhanden ist und ergänzt die E-Mail Adresse entsprechend. Sie können diese Funktion auch manuell anstoßen mit *NACHRICHT ▸ Namen ▸ Namen überprüfen*.

Falls keine übereinstimmenden Adressinformationen gefunden wurden, erhalten Sie eine Meldung wie in Bild 2.14. Es kann aber auch vorkommen, dass aufgrund Ihrer Eingabe mehrere Personen gefunden werden oder, dass für eine Person mehrere E-Mail-Adressen eingetragen sind. In dem Fall bekommen Sie eine Auswahlmöglichkeit wie in Bild 2.15.

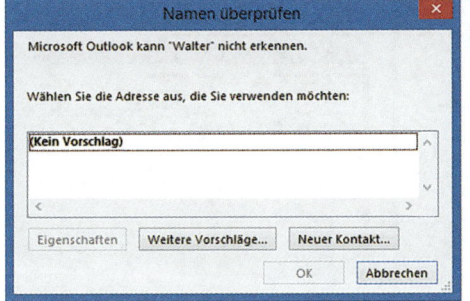

Bild 2.14 Namensprüfung - keine Adresse

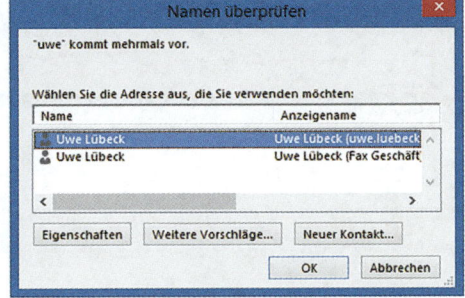

Bild 2.15 Namensprüfung - mehrere Adressen

AutoVervollständigung

Wenn Sie einmal eine E-Mail-Adresse verwendet haben, hat sich Outlook diese gemerkt und schlägt sie bei der nächsten Eingabe der Adresse vor. Man nennt dieses Feature AutoVervollständigung. Sie können diesen Vorschlag annehmen, oder einfach weiterschreiben, wenn Sie eine andere Person mit ähnlichem Namen anschreiben möchten. Werden mehrere Vorschläge angeboten, wechseln Sie mit den Pfeiltasten auf der Tastatur zu einem anderen Eintrag in der Liste.

Hin und wieder kommt es vor, dass sich in dieser Liste fehlerhafte E-Mail-Adressen einschleichen. Wenn Sie eine solche einmal manuell eingegeben haben, merkt sich Outlook diese und schlägt sie beim nächsten Mal vor. Sie entfernen einen Eintrag aus der AutoVervollständigung-Liste, indem Sie auf den vorgeschlagenen Eintrag mit der Maus zeigen und auf das Kreuz klicken.

Tipp!

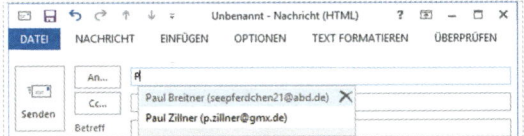

Bild 2.16 AutoVervollständigung von E-Mail-Adressen

Bild 2.17 Eintrag aus der Liste entfernen

Adressbücher verwenden

Modul Personen
siehe Lektion 3

In Outlook steht Ihnen das Adressbuch *Kontakte* zum schnellen Einfügen von E-Mail-Adressen in eine Nachricht zur Verfügung. Das Adressbuch *Kontakte* zeigt alle E-Mail-Adressen an, die im Modul *Personen* gespeichert wurden.

Arbeiten Sie mit einem Exchange Server-Postfach, so verfügen Sie zusätzlich über eine *Globale Adressliste*. Die dort befindlichen Adressen werden vom Administrator eingepflegt und enthalten neben den Adressen Ihrer Kolleginnen und Kollegen unter Umständen noch weitere Adressen von Kunden und Lieferanten oder z. B. von Teams, Räumen oder Geräten. Die Handhabung aller Arten von Adressbüchern ist dieselbe.

Empfänger aus einem Adressbuch auswählen

2 gewünschtes
Adressbuch

3 Empfänger
markieren

Schaltfläche
anklicken

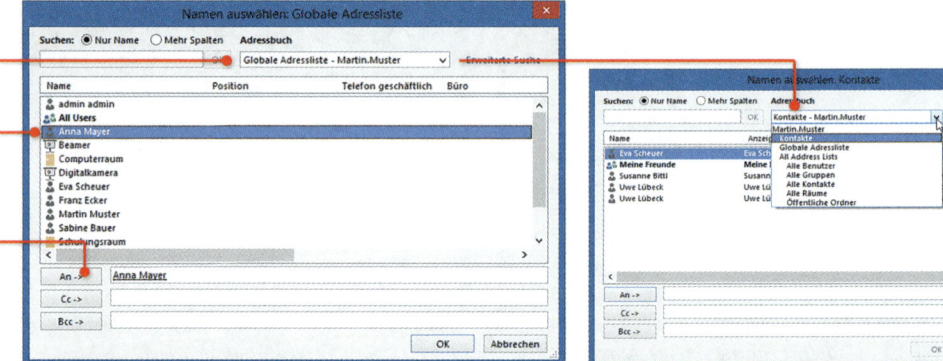

Bild 2.18 Globale Adresslisten   Bild 2.19 verschiedene Adressbücher

1   Zum Einfügen einer Adresse, klicken Sie im Nachrichtenformular auf die Schaltfläche *An* (bzw. *Cc* oder *Bcc*). Outlook öffnet das Dialogfenster *Namen auswählen*.

2   Adressbuch auswählen: Unter Umständen muss über das Dropdown-Feld bei *Adressbuch* das gewünschte Adressbuch angeklickt werden.

3   Markieren Sie den Empfänger Ihrer Nachricht und klicken Sie auf die Schaltfläche *An* bzw. *Cc* oder *Bcc* und dann auf die Schaltfläche *OK*. Alternativ hierzu reicht auch ein Doppelklick auf den Namen des Empfängers. Dieser wird im Feld *An* eingefügt bzw. in das Feld, welches Sie zuletzt benutzt haben.

Empfänger im Adressbuch suchen

Die Adressbücher in Outlook sind standardmäßig nach Vornamen sortiert. Wenn Sie im Dialogfenster *Namen auswählen* den gewünschten Empfänger nicht finden, können Sie im selben Fenster nach diesem suchen.

Adressbuch nach Nachnamen sortieren siehe Seite 89

Geben Sie im Feld *Suchen* den Vornamen der Person ein. Achten Sie darauf, das richtige Adressbuch auszuwählen. Der erste Treffer wird markiert.

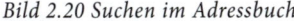

Eingabe des Vornamens

Eingabe des Nachnamens

Gefundener Name

Gesuchter Name

Bild 2.20 Suchen im Adressbuch   *Bild 2.21 Suche nach Nachnamen*

Nachnamen suchen: Eine Suche mit der Option *Nur Name* erbringt bei der Eingabe eines Nachnamens kein korrektes Ergebnis, wie im Beispiel (Bild 2.21) zu sehen ist. Wenn Sie nach einem Nachnamen suchen, dann wählen Sie die Option *Mehr Spalten* aus und tragen den gesuchten Nachnamen ein. Danach starten Sie die Suche mit *OK*. Sie erhalten eine Liste aller Einträge zu diesem Nachnamen und können diesen wie gewohnt auswählen.

Die Auswahl der Option *Mehr Spalten* bleibt erhalten. Beim nächsten Öffnen des Adressbuchs muss auf die Option *Nur Name* gewechselt werden, damit die einzelnen Einträge angezeigt werden.

An eine Kontaktgruppe mailen

Mailen Sie oft an einen bestimmten Personenkreis, ist es von Vorteil, die E-Mail-Adressen der einzelnen Empfänger in einer Kontaktgruppe zusammenzufassen. Kontaktgruppen werden im Modul *Personen* erstellt und gespeichert bzw. stehen in der *Globalen Adressliste* zur Verfügung.

Erstellen eine Kontaktgruppe siehe Seite 117

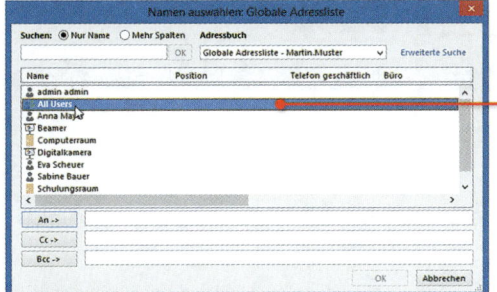

Kontaktgruppe auswählen

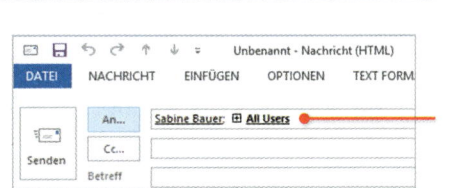

Kontaktgruppe im Nachrichtenformular: + anklicken, um Mitglieder anzuzeigen

Bild 2.22 Kontaktgruppe im Adressbuch   *Bild 2.23 Nachrichtenformular*

Die Kontaktgruppen können wie einzelne E-Mail-Adressen im Adressbuch ausgewählt werden. Im Nachrichtenformular erscheint der Name der Kontaktgruppe. Die E-Mail wird an alle Mitglieder der Kontaktgruppe versandt. Bei den Empfängern der Nachricht werden die E-Mail-Adressen der anderen Mitglieder der Kontaktgruppe angezeigt und nicht der Name der Kontaktgruppe. Falls Sie im Feld *An* des Nachrichtenformulars die einzelnen E-Mail-Adressen der Kontaktgruppe anzeigen möchten, klicken Sie auf das Plus-Zeichen.

Nachricht als Entwurf speichern

Nachrichten, die zu einem späteren Zeitpunkt versendet werden sollen, können als Entwurf gespeichert werden. Klicken Sie dazu in der Symbolleiste für den Schnellzugriff des Nachrichtenformulars auf die Schaltfläche *Speichern* und schließen Sie dann das Nachrichtenformular. Die E-Mail wird im Ordner *Entwürfe* gespeichert.

Zum Bearbeiten und Versenden der Nachricht, wählen Sie den Ordner *Entwürfe* im Ordnerbereich aus und markieren im Anzeigebereich die gewünschte E-Mail. Im Lesebereich ergänzen Sie den Text, fügen E-Mail Adressen hinzu oder ändern den Betreff. Alternativ können Sie die E-Mail mit einem Doppelklick öffnen und die Änderungen in einem gesonderten Fenster vornehmen. Klicken Sie auf Senden, um die E-Mail abzuschicken. Nachdem Sie die Nachricht versandt haben, wird Sie nicht mehr im Ordner *Entwürfe* angezeigt.

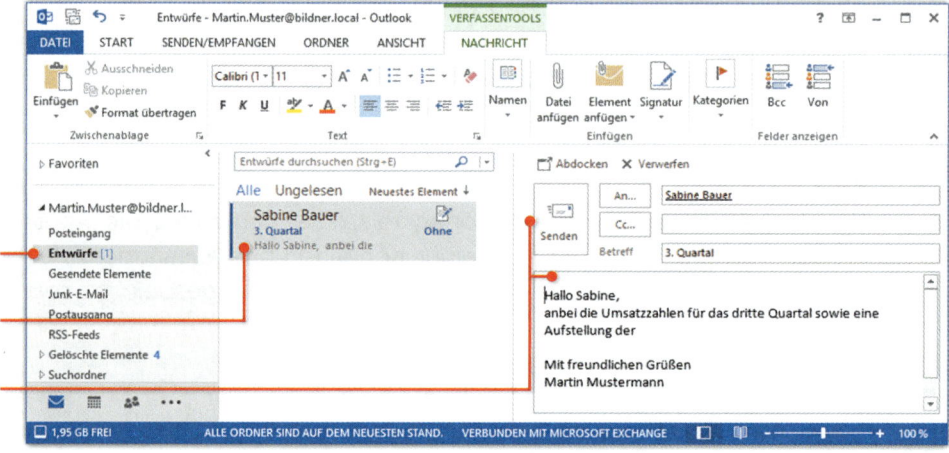

1 Ordner Entwürfe anklicken

2 gewünschte E-Mail markieren

3 Text hinzufügen und auf Senden klicken

Bild 2.24 E-Mail-Ordner Entwürfe mit Inhalt

Info!   E-Mails, die sich im Ordner *Entwürfe* befinden, wurden noch nicht verschickt.

2.3 E-Mails lesen, beantworten und löschen

E-Mails empfangen

Meist werden Nachrichten bei bestehender Internetverbindung in festgelegten Intervallen vom Server abgerufen. Hierzu muss Outlook allerdings geöffnet sein.

Um sicherzustellen, dass alle Ordner die aktuellen Inhalte anzeigen, klicken Sie in der Symbolleiste für den Schnellzugriff auf die Schaltfläche 🖳 oder drücken Sie die Funktionstaste F9.

Haben Sie neue Nachrichten erhalten, also ungelesene, erscheint eine Zahl hinter dem Ordner *Posteingang* im Ordnerbereich. Diese gibt die Anzahl der ungelesenen E-Mails an. Außerdem werden Sie im Infobereich der Taskleiste am rechten unteren Bildschirmrand durch ein Briefsymbol auf neue ungelesene E-Mails aufmerksam gemacht. Jede ungelesene E-Mail wird im Anzeigebereich mit einem senkrechten blauen Strich versehen.

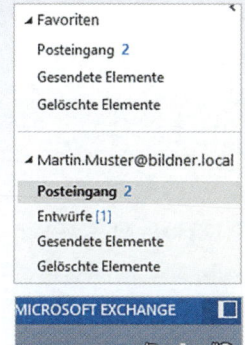

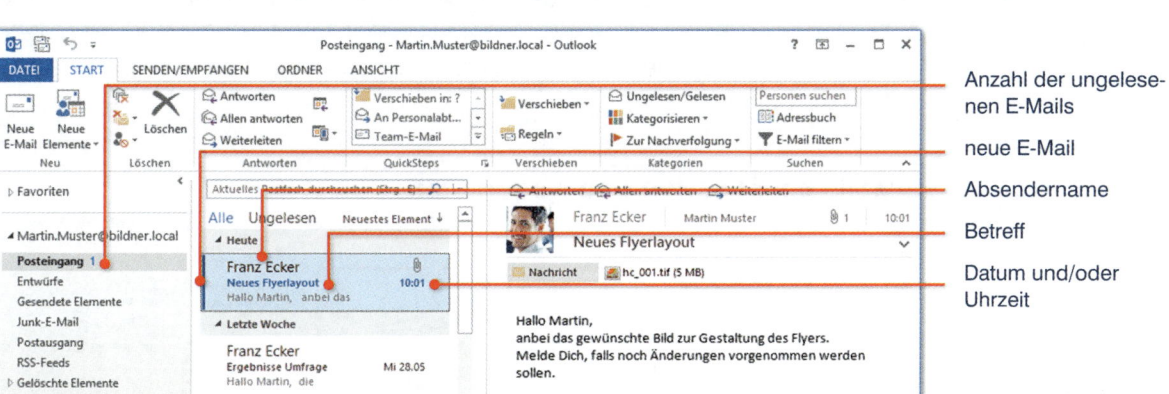

Bild 2.25 E-Mail im Lesebereich ansehen

Um den Inhalt einer E-Mail anzuzeigen:

1 Klicken Sie im Ordnerbereich auf den Ordner Posteingang.

2 Der Inhalt des Ordners Posteingang wird rechts daneben im Anzeigebereich angezeigt. Klicken Sie einmal auf die gewünschte E-Mail.

3 Im Lesebereich wird der Inhalt der markierten E-Mail dargestellt.

Alternative: Ein Doppelklick auf die E-Mail im Anzeigebereich öffnet diese in einem neuen Fenster.

Im Kopfbereich sehen Sie diverse Informationen zur E-Mail:

■ Absendername und gegebenenfalls ein Bild des Absenders, sofern dieses von Ihnen in den Kontaktdaten gespeichert wurde,

■ Datum und / oder Uhrzeit des Empfangs der E-Mail.

■ Empfänger der E-Mail: Ihr Name und unter Umständen weitere. Sollten Sie eine E-Mail erhalten, in der Sie nicht aufgeführt sind, wurde Ihnen diese Mail als Blind Carbon Copy *Bcc* übersandt. Wenn Sie den Kopfbereich über das Symbol ∨ erweitern, sehen Sie die Empfänger aufgeteilt nach den Feldern *An* und *Cc*.

■ Betreff der E-Mail

Kopfbereich erweitern

Bild 2.26 Kopfinformationen im Lesebereich   *Bild 2.27 erweiterte Kopfinformationen*

Je nach Einstellung und Inhalt der E-Mail können weitere Informationen dargestellt werden, z. B. ob und wann die E-Mail beantwortet und/oder weitergeleitet wurde, Anlagen, die der E-Mail beigefügt wurden oder Informationen zu Darstellungsproblemen.

E-Mails beantworten und weiterleiten

2 Schaltfläche anklicken

1 E-Mail markieren

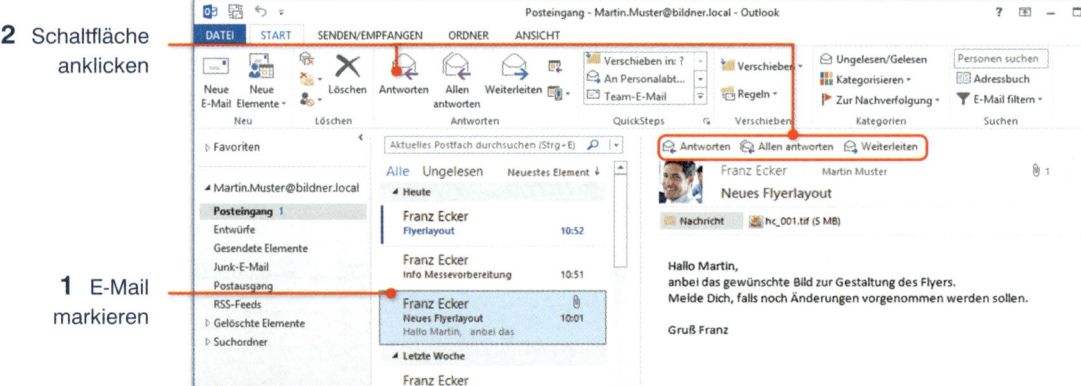

Bild 2.28 E-Mail beantworten

Die Schaltflächen für Antworten und Weiterleiten finden Sie auf der Registerkarte *START* in der Gruppe *Antworten* oder im Lesebereich der E-Mail. Markieren Sie die E-Mail im Anzeigebereich und klicken Sie auf die entsprechende Schaltfläche. Dadurch werden im Lesebereich die notwendigen Eingabefelder angezeigt und das kontextbezogene Register *VERFASSENTOOLS - NACHRICHT* eingeblendet.

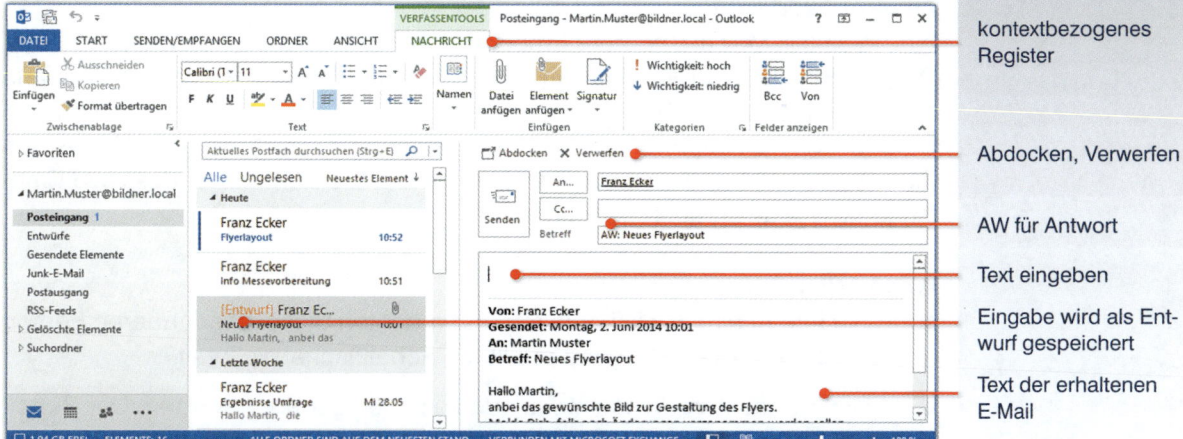

kontextbezogenes Register

Abdocken, Verwerfen

AW für Antwort

Text eingeben

Eingabe wird als Entwurf gespeichert

Text der erhaltenen E-Mail

Bild 2.29 E-Mail beantworten - Registerkarte VERFASSERTOOLS

Sobald Sie mit der Texteingabe beginnen, wird Ihre Antwort als Entwurf gespeichert, leicht zu erkennen am Hinweis im Anzeigebereich. Dadurch ist es möglich, die Bearbeitung zu unterbrechen und zu einem anderen Bereich von Outlook zu wechseln, ohne den bereits eingegebenen Text zu verlieren. Sobald Sie zur ursprünglichen Nachricht zurückkehren, wird der eingegebene Text wieder im Lesebereich angezeigt. Um die Nachricht zu verschicken, klicken Sie auf *Senden*.

Durch Anklicken der Schaltfläche *Abdocken* zeigen Sie die E-Mail in einem extra Fenster an. Mit der Schaltfläche *Verwerfen* brechen Sie die Aktion ab. Dadurch wird auch der automatisch erstellte Entwurf gelöscht.

Wenn Sie nicht mit dem Lesebereich im Modul E-Mail arbeiten, dann wird die E-Mail beim Anklicken von Antworten oder Weiterleiten in einem neuen Fenster geöffnet. Die Bearbeitung erfolgt analog zu obiger Beschreibung.

Antworten

■   Wenn Sie auf eine E-Mail antworten, wird der Absender der E-Mail als Empfänger der neuen Nachricht eingetragen.

■   Der Betreff wird beibehalten, ergänzt durch das Kürzel AW für Antwort bzw. RE für Reply.

■   Der ursprüngliche Nachrichtentext ist angefügt. Geben Sie an der Cursorposition darüber Ihre Antwort ein.

■   Auch wenn die empfangene E-Mail an mehrere Personen gesendet wurde, antworten Sie nur dem Absender dieser Nachricht.

■   Nach dem Versenden der Antwort wird die E-Mail im Posteingangsordner als beantwortet durch einen violetten Pfeil gekennzeichnet.

Allen Antworten

Wurde eine E-Mail an mehrere Empfänger versandt, so können Sie allen Empfängern Ihre Antwort senden. Markieren Sie die E-Mail und klicken Sie dann auf die Schaltfläche *Allen Antworten*. Empfänger, die die Nachricht als Blind Carbon Copy erhalten haben, bekommen jedoch keine Antwort-Mail. Machen Sie von dieser Möglichkeit nur Gebrauch, wenn Sie sicher sind, dass alle Empfänger Ihre Antwort auch benötigen.

Weiterleiten

- Sie haben eine E-Mail erhalten und möchten diese einer anderen Person zusenden. Diese Aufgabe erfüllt die Schaltfläche *Weiterleiten*.

- Die Empfängeradresse muss nun selbst eingegeben werden. Der Betreff wird übernommen, ergänzt durch das Kürzel WG für Weitergeleitet bzw. FW für Forward.

- Auch beim Weiterleiten können Sie der Nachricht einen eigenen Text hinzufügen. Anlagen zur E-Mail werden ebenfalls weitergeleitet.

- In Ihrem Posteingangsordner wird die E-Mail als weitergeleitet mit einem blauen Pfeil gekennzeichnet.

Nachricht wurde weitergeleitet

Auf diese Nachricht wurde geantwortet

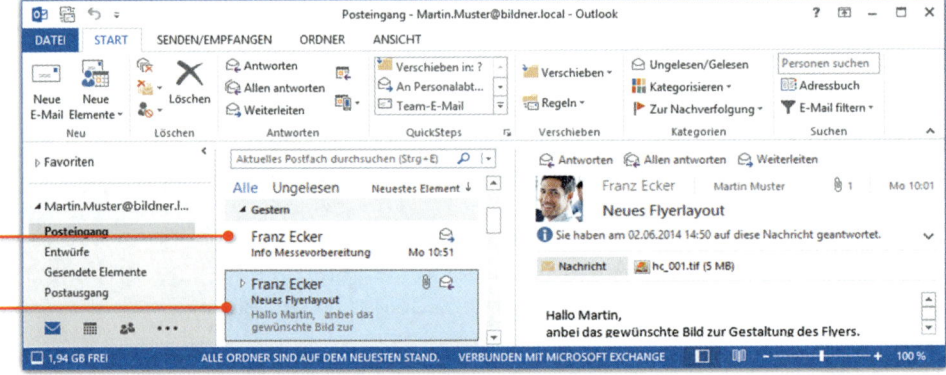

Bild 2.30 beantwortete und weitergeleitete Nachricht

E-Mails erneut versenden

Müssen Sie eine versendete Nachricht erneut senden, z. B. weil Sie etwas in der E-Mail vergessen haben, so gehen Sie wie folgt vor:

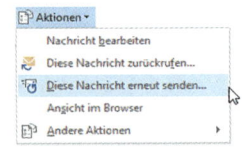

1   Wechseln Sie in den Ordner *Gesendete Elemente*, der Kopien aller ausgehenden Nachrichten enthält, und öffnen Sie die gewünschte E-Mail mit einem Doppelklick.

2   Wählen Sie *NACHRICHT* ▸ Gruppe *Verschieben* ▸ *Aktionen* ▸ *Diese Nachricht erneut senden* aus.

3   In einem neuen Nachrichtenformular können Sie die E-Mail über die Schaltfläche *Senden* erneut verschicken.

E-Mails löschen

Zum Löschen markieren Sie eine E-Mail im Anzeigebereich und

- klicken auf *START* ▸ Gruppe *Löschen* ▸ *Löschen* oder

- zeigen Sie im Anzeigebereich auf die E-Mail, die gelöscht werden soll. Klicken Sie auf das Löschen-Symbol ✕ am Ende der Zeile oder

- drücken die Entf-Taste auf der Tastatur.

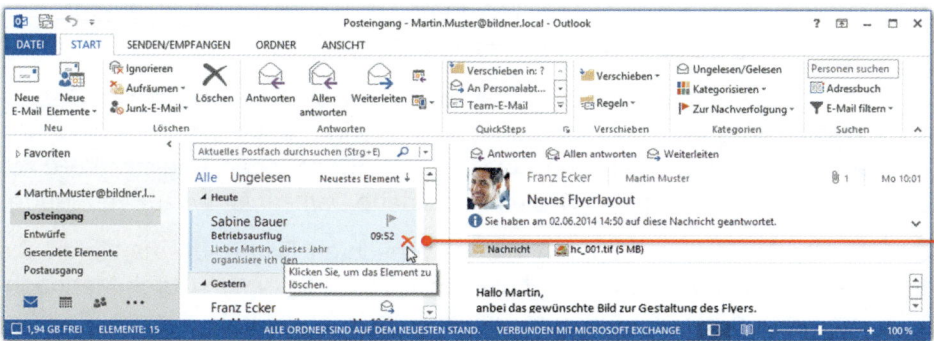

Löschen im Anzeigebereich

Bild 2.31 Löschen direkt in der Zelle

Sie können auch mehrere E-Mails gleichzeitig löschen. Klicken Sie dazu die erste E-Mail an, halten Sie die Strg-Taste gedrückt, klicken Sie die zweite E-Mail an usw. Alle markierten Nachrichten können dann wie oben beschrieben gelöscht werden.

Gelöschte Nachrichten werden in den Ordner *Gelöschte Elemente* verschoben. Dieser Ordner dient allen Outlook-Modulen zur Aufbewahrung gelöschter Elemente. Somit finden Sie hier auch gelöschte Termine oder Kontakte.

E-Mails können aus dem Ordner *Gelöschte Elemente* wieder in andere Ordner verschoben werden, falls Sie versehentlich gelöscht wurden. Wechseln Sie zum Ordner *Gelöschte Elemente*. Klicken Sie die Nachricht im Anzeigebereich an, halten Sie die linke Maustaste gedrückt und ziehen Sie die E-Mail in den gewünschten Ordner.

In früheren Versionen wurde der Ordner *Gelöschte Elemente* als *Gelöschte Objekte* bezeichnet. Unter Umständen, z. B. bei einer Migration auf Outlook 2013, wurde dieser Ordnername in Ihrem Postfach beibehalten.

2.4   E-Mail Anlage

Als Anlage zu einer E-Mail können Word-Dokumente, Excel-Tabellen, Bilder, zip-Dateien etc. versendet und empfangen werden. Antworten Sie auf eine E-Mail, die eine Anlage enthält, wird diese nicht in die Antwort-E-Mail integriert. Leiten Sie eine E-Mail mit Anlage weiter, wird auch die Anlage weitergeleitet.

Datei als Anlage versenden

Datei an eine E-Mail anfügen

1   Öffnen Sie ein neues Nachrichtenformular und tragen Sie die Empfänger-adresse, den Betreff und Ihren Nachrichtentext ein.

2   Klicken Sie auf *NACHRICHT* ▶ Gruppe *Einfügen* ▶ *Datei anfügen*. Das Dialogfenster *Datei einfügen* öffnet sich. Wenn Sie auf eine Nachricht antworten, steht am gleichen Ort im kontextbezogenen Register *VERFASSENTOOLS - NACHRICHT* die Schaltfläche *Datei anfügen* zur Verfügung.

3   Rufen Sie den Speicherort der gewünschten Datei auf, markieren Sie die Datei und klicken Sie auf die Schaltfläche *Einfügen*. Durch Mehrfachmarkierung können mehrere Dateien eingefügt werden. Halten Sie dazu die Strg-Taste gedrückt und markieren Sie alle Dateien, die Sie einfügen möchten.

4   Im Feld *Angefügt* sehen Sie jetzt die Datei mit Dateiname, Dateityp und Dateigröße. Versenden Sie die E-Mail wie gewohnt.

Möchten Sie eine eingefügte Datei wieder löschen, klicken Sie diese an und drücken die Entf-Taste auf der Tastatur.

Dateianhang mit Größenangabe

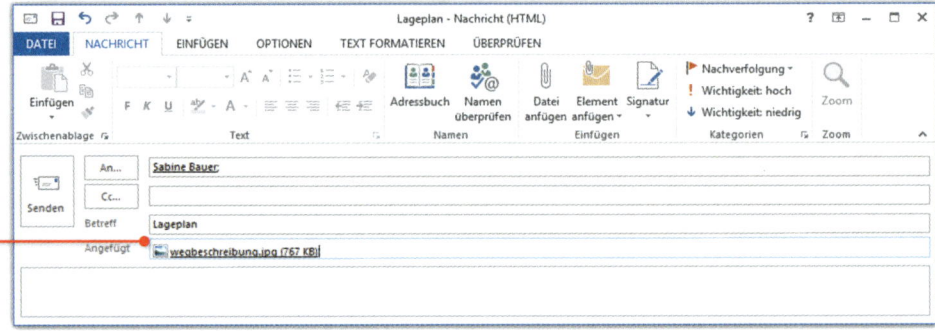

Bild 2.32 E-Mail mit angefügter Datei

An eine E-Mail können nicht Dateien beliebiger Größe angefügt werden, oft ist ab 20 MB Schluss. Das Limit wird entweder durch Outlook, den Exchange Server oder den E-Mail Provider bestimmt. Darüber hinaus können an eine E-Mail-Nachricht nur Dateien, aber keine Ordner angehängt werden. In diesem Fall komprimieren Sie den Ordner mit einem entsprechenden Programm, z. B. WinZip, WinRar oder 7-Zip. Dann kann er an eine E-Mail angehängt werden.

Anlagedateien werden blockiert

Die Dateien einer Anlage können Schadprogramme enthalten, die Ihren Computer infizieren. Deshalb hat Outlook verschiedene Vorsichtsmaßnahmen integriert, die schon beim Versenden von Nachrichten aktiv werden. Versenden Sie beispielsweise eine ausführbare Datei (Dateierweiterung .exe), so wird der Versand blockiert. Auch wenn Sie die Warnung (Bild 2.34) über die Schaltfläche *Ja* bestätigen, ist es möglich, dass der Empfänger die Anlage nicht erhält.

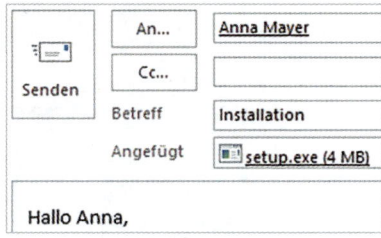

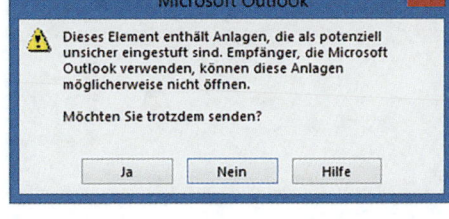

Bild 2.33 Ausführbare Datei im Anhang   Bild 2.34 Meldung beim Blockieren von Anlagen

Datei als Anlage erhalten

Eine Nachricht mit ein oder mehreren Dateien als Anlage erkennen Sie im Posteingang (und in allen anderen Ordnern) am Büroklammersymbol. Die eigentliche Nachricht wird, wie gewohnt, im Lesebereich angezeigt. Da angefügte Dateien auch Schädlinge auf Ihren Computer übertragen können, wird zunächst keine Vorschau angezeigt.

Anlagenvorschau

Klicken Sie einmal auf die Dateianlage, um eine Vorschau zu erhalten. Je nach Dateityp sehen Sie diese sofort, oder erst nach einer Bestätigung. Für manche Dateien ist keine Vorschau möglich. Gleichzeitig wird die kontextbezogene Registerkarte *ANLAGENTOOLS - ANLAGEN* eingeblendet, die alle Befehle zur Weiterverarbeitung der Anlagendatei enthält.

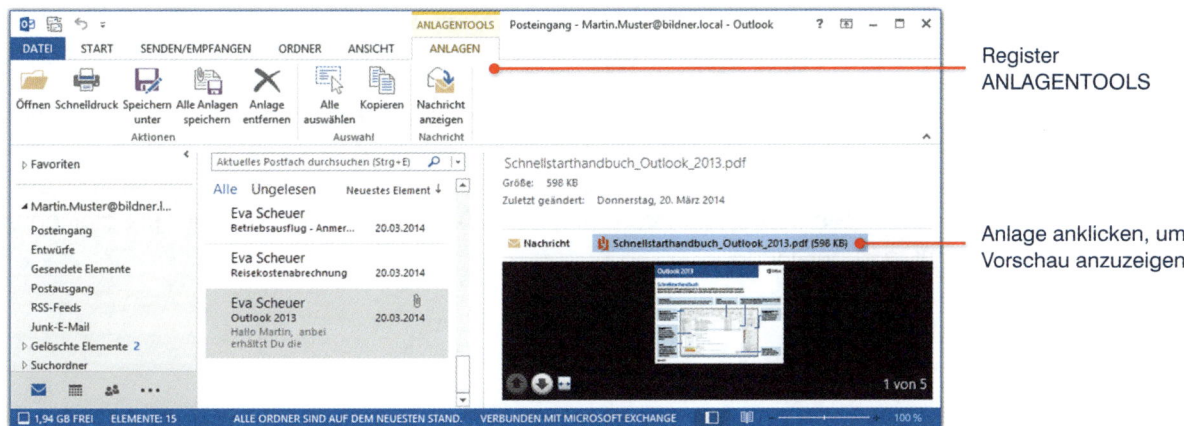

Register
ANLAGENTOOLS

Anlage anklicken, um
Vorschau anzuzeigen

Bild 2.35 Vorschau einer PDF-Datei

Dateianlage öffnen, speichern, entfernen

Klicken Sie im Lesebereich mit der rechten Maustaste auf die Dateianlage und wählen Sie im Kontextmenü den entsprechenden Eintrag aus. Alternativ markieren Sie die Anlage und wählen im der kontextbezogenen Registerkarte *ANLAGENTOOLS - ANLAGEN* den gewüschten Befehl aus. Um eine Anlage zu öffnen, können Sie die Datei auch doppelt anklicken.

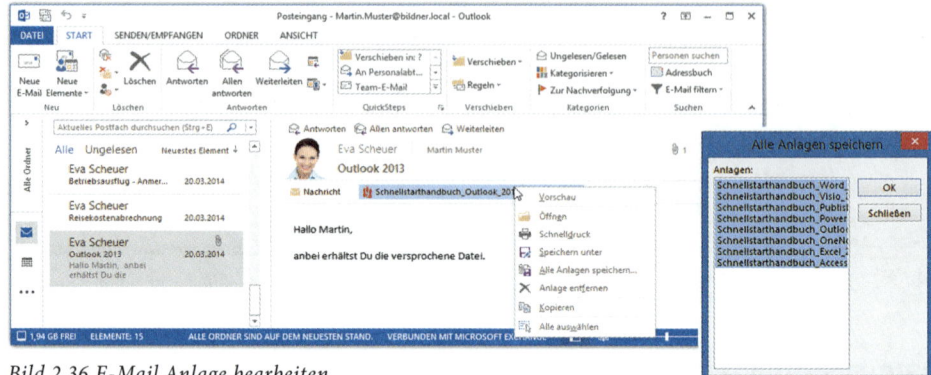

Bild 2.36 E-Mail Anlage bearbeiten

Bild 2.37 Alle Anlagen speichern

Anlagen können nur geöffnet oder in der Vorschau betrachtet werden, wenn das entsprechende Programm auf dem Computer installiert ist. Erhalten Sie beispielsweise eine Excel-Datei, erkennbar an der Dateierweiterung .xlsx, benötigen Sie das Programm Microsoft Excel, um die Datei zu öffnen.

Öffnen Sie Dateianlagen nur, wenn Sie sicher sind, dass Sie aus einer vertrauenswürdigen Quelle stammen.

Mehrere Anlagen gleichzeitig abspeichern

Enthält eine E-Mail mehrere Anlagedateien, empfiehlt es sich, alle Anlagen gemeinsam abzuspeichern. Markieren Sie eine Anlage und klicken Sie im Register *ANLAGENTOOLS - ANLAGEN* auf die Schaltfläche *Anlagen speichern*. Das Dialogfenster *Alle Anlagen speichern* (siehe Bild 2.37) wird angezeigt. Hier können mit der STRG-Taste und Anklicken der gewünschten Datei, auch einzelne Anlagen aus der Auswahl entfernt werden. Klicken Sie dann auf *OK* und wählen Sie den Speicherort aus. Schließen Sie das Fenster über die gleichnamige Schaltfläche.

2.5 E-Mails drucken

Schnelldruck einer E-Mail

Zum Ausdrucken einer E-Mail, klicken Sie im entsprechenden E-Mail-Ordner (z. B. Posteingang, Gesendete Elemente etc.) die E-Mail mit der rechten Maustaste an und wählen im Kontextmenü *Schnelldruck* aus.

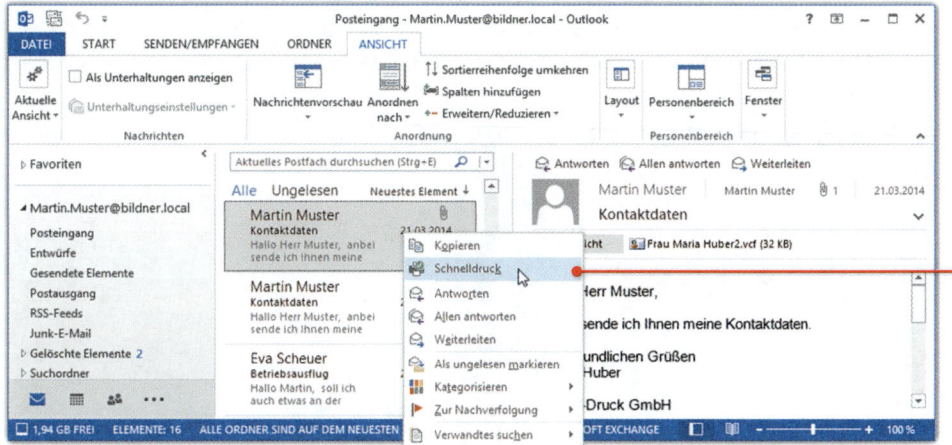

Rechtsklick auf die E-Mail und Auswahl von Schnelldruck

Bild 2.38 Schnelldruck einer E-Mail

Weitere Einstellungsmöglichkeiten

Um weitere Einstellungen für den Ausdruck einer E-Mail vorzunehmen, z. B. Druck im Querformat, Hinzufügen einer Kopfzeile etc., muss in die Backstage-Ansicht gewechselt werden.

■ Markieren Sie die E-Mail, die Sie ausdrucken möchten und wählen Sie auf der Registerkarte *DATEI ▶ Drucken* aus. Im Druckbereich erhalten Sie auch eine Druckvorschau.

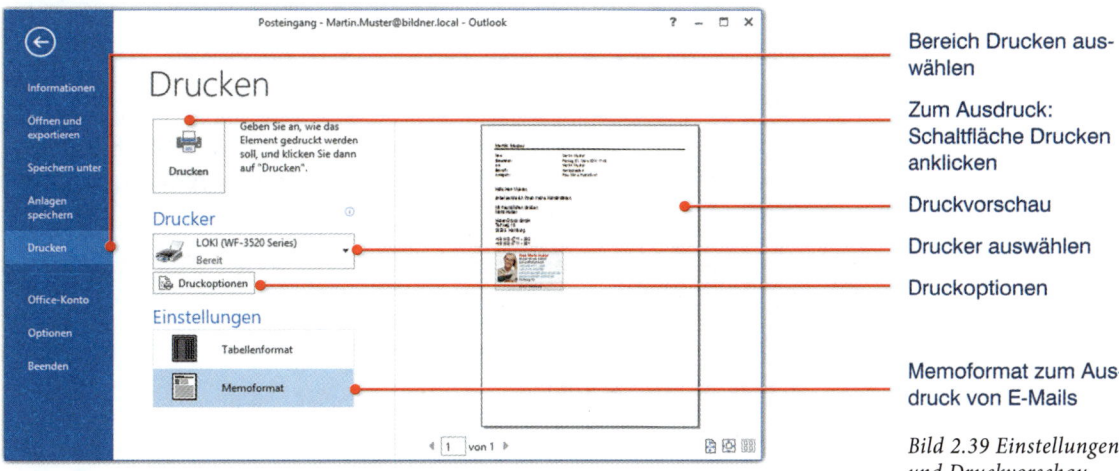

Bereich Drucken auswählen

Zum Ausdruck: Schaltfläche Drucken anklicken

Druckvorschau

Drucker auswählen

Druckoptionen

Memoformat zum Ausdruck von E-Mails

Bild 2.39 Einstellungen und Druckvorschau

53

■ Wählen Sie bei Einstellungen *Memoformat* aus. Dies eignet sich zum Ausdruck von einzelnen E-Mails. Im Feld rechts erhalten Sie eine Vorschau auf den Ausdruck. Zum Starten des Drucks, klicken Sie auf die Schaltfläche *Drucken*.

■ Über die Schaltfläche *Druckoptionen* erhalten Sie weitere Einstellungsmöglichkeiten: Hier wählen Sie beispielsweise aus, wie oft die E-Mail ausgedruckt werden soll. Oder klicken Sie auf die Schaltfläche *Seite einrichten*, um beispielsweise die Schriftart zu verändern, das Blatt im Querformat auszudrucken oder Kopf- und Fußzeilen hinzuzufügen. Bestätigen Sie Ihre Auswahl über die Schaltfläche *OK*.

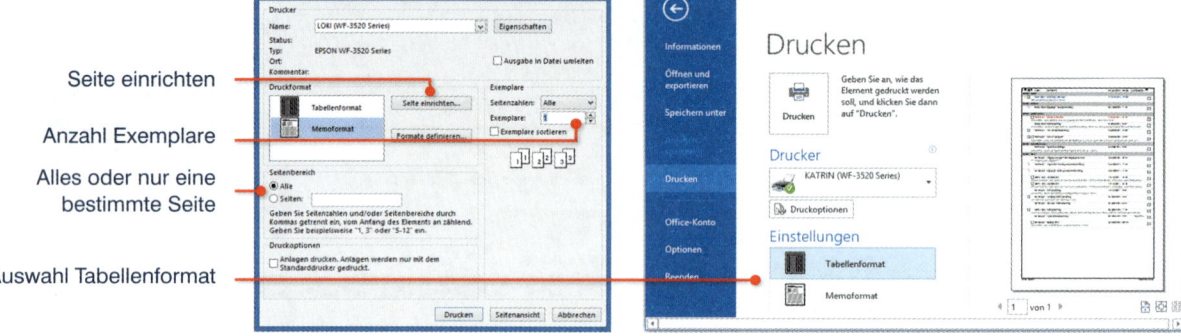

Seite einrichten
Anzahl Exemplare
Alles oder nur eine bestimmte Seite
Auswahl Tabellenformat

Bild 2.40 Dialogfenster Druckoptionen   *Bild 2.41 Drucken des Inhalts eines Ordners*

Den Inhalt eines E-Mail-Ordners ausdrucken

Möchten Sie eine Inhaltsübersicht eines E-Mail-Ordners ausdrucken, gehen Sie wie folgt vor:

■ Klicken Sie im Ordnerbereich den Ordner, z. B. Posteinang an, dessen Übersicht Sie ausdrucken möchten und wählen Sie *DATEI ▶ Drucken* aus.

■ Wählen Sie in der Gruppe *Einstellungen* das *Tabellenformat* aus (siehe Bild 2.41).

■ Rechts sollten Sie eine Druckvorschau erhalten. Falls Sie stattdessen eine große Schaltfläche *Vorschau* sehen, müssen Sie den Aufbau der Druckvorschau erst noch manuell bestätigen.

■ Der Inhalt des Ordners wird als tabellarische Übersicht mit Größenanzeige und Kategorie dargestellt.

■ Auch hier können Sie über die Schaltfläche *Druckoptionen* weitere Einstellungen vornehmen.

■ Zum Ausdruck klicken Sie auf die Schaltfläche *Drucken*.

2.6   Nachrichtenoptionen

Lesebestätigung

Um sicherzustellen, dass wichtige E-Mails beim Empfänger auch angekommen
sind, können Sie eine Lesebestätigung anfordern. Der Empfänger erhält beim
Öffnen der E-Mail eine entsprechende Meldung und kann den Erhalt bestätigen.

Lesebestätigung anfordern

Verfassen Sie eine E-Mail mit Empfänger, Betreff und Nachrichtentext. Wech-
seln Sie im Nachrichtenformular auf die Registerkarte *OPTIONEN* und aktivie-
ren Sie in der Gruppe *Verlauf* das Kontrollkästchen vor *Lesebestät. anfordern*.
Versenden Sie die E-Mail wie gewohnt. Nachdem der Empfänger den Eingang
Ihrer E-Mail bestätigt hat, erhalten Sie automatisch eine Lesebestätigung per
E-Mail.

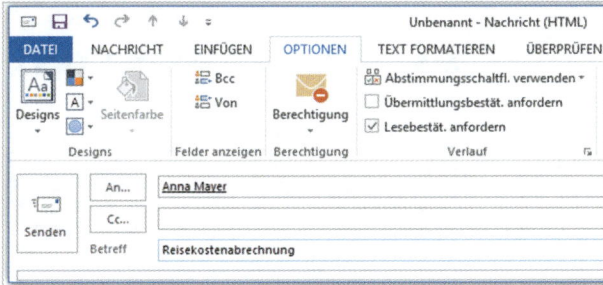

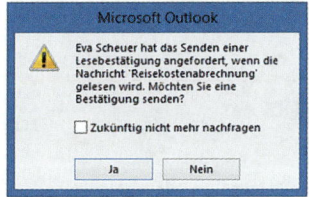

Bild 2.42 Lesebestätigung anfordern   *Bild 2.43 Lesebestätigung senden*

Das Lesen der E-Mail bestätigen

Der Empfänger einer E-Mail mit Lesebestätigung wird nach dem Öffnen der
E-Mail automatisch aufgefordert, den Eingang dieser zu bestätigen (siehe Bild
2.43). Die Bestätigung wird automatisch versandt, sobald dies im Dialogfenster
über die Schaltfläche *Ja* erlaubt wurde. Wählt der Empfänger der Nachricht hier
Nein aus, so wird keine Information zum Erhalt der Nachricht an den Absender
versandt und dieser ist genauso schlau, wie vorher.

Abstimmungsschaltflächen

Über Abstimmungsschaltflächen führen Sie kleine Meinungsumfragen durch.
Eine typische Frage könnte lauten: Was ist das Ziel unseres nächsten Betriebs-
ausflugs? Voraussetzung für die Verwendung von Abstimmungsschaltflächen
ist, dass die Antwortalternativen gegeben sind, z. B. Passau, Nürnberg, Linz. In
Ihre E-Mail werden die Antwortalternativen so eingefügt, dass die Empfänger
nur noch auf eine der Alternativen klicken müssen, um ihre Meinung kundzu-

tun. Der große Vorteil für Sie ist, dass Sie bei der Auswertung entlastet werden. Sie erhalten eine Statusübersicht, der Sie mit einem Blick entnehmen, welche Option am meisten Stimmen erhalten hat.

E-Mail mit Abstimmungsschaltfläche verfassen

Viele Empfänger übersehen, dass die E-Mail Abstimmungsschaltflächen enthält. Es kann nicht schaden, wenn Sie direkt im Nachrichtentext noch einmal auf diese hinweisen.

■ Verfassen Sie eine E-Mail mit Empfänger, Betreff und Nachrichtentext.

■ Wechseln Sie im Nachrichtenformular auf die Registerkarte *OPTIONEN* und klicken Sie in der Gruppe *Verlauf* auf die Schaltfläche *Abstimmungs-schaltfläche verwenden*. Über das Listenfeld erhalten Sie eine Auswahl vordefinierter Schaltflächen. Über *Benutzerdefiniert* können Sie eigene Schaltflächen festsetzen. Klicken Sie auf *Benutzerdefiniert*.

■ Das Dialogfenster *Eigenschaften* öffnet sich. Tragen Sie im Abschnitt *Abstimmungs- und Verlaufsoptionen* in das Feld *Abstimmungsschaltflächen verwenden* die Bezeichnungen der einzelnen Möglichkeiten, getrennt durch einen Semikolon (;) ein. Bestätigen Sie das Fenster über die Schaltfläche *Schließen.*

2. Münch.;Nürnbg.;Linz

1. Benutzerdefiniert

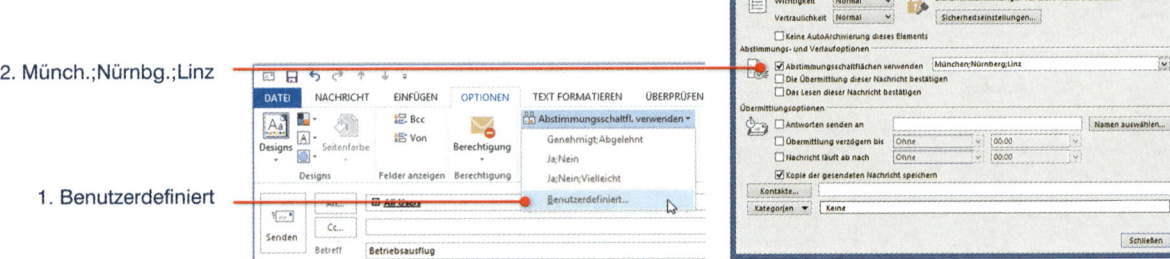

Bild 2.44 Abstimmungsschaltflächen auswählen   *Bild 2.45 Abstimmungsschaltflächen definieren*

■ Im Nachrichtenformular erhalten Sie lediglich eine Information, die eigentlichen Abstimmungsschaltflächen sehen Sie als Absender nicht. Versenden Sie die E-Mail wie gewohnt.

Hinweis auf Abstimmungsschaltflächen

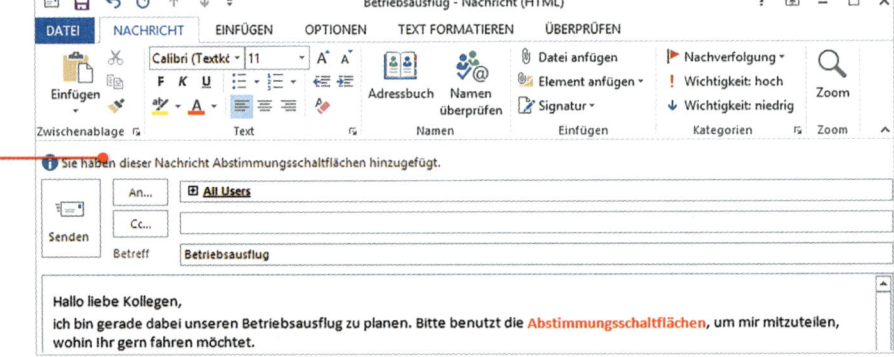

Bild 2.46 Hinweis auf Abstimmungsschaltflächen vor dem Senden

Abstimmungsschaltflächen in einer E-Mail verwenden

■ Die Empfänger der E-Mail sehen im Lesebereich der E-Mail zunächst nur einen Hinweis auf das Vorhandensein von Abstimmungsschaltflächen. Klicken Sie den Hinweis mit der linken Maustaste an, um die Schaltflächen anzuzeigen und die gewünschte Option auszuwählen (siehe Bild 2.47). Im folgenden Dialogfenster bestätigen Sie die Versendung. Sie können hier auch noch eine Nachricht beifügen.

■ Haben Sie die E-Mail mit einem Doppelklick geöffnet, klicken Sie auf *NACHRICHT* ▶ *Abstimmen* zur Anzeige der Abstimmungsschaltflächen (siehe Bild 2.48).

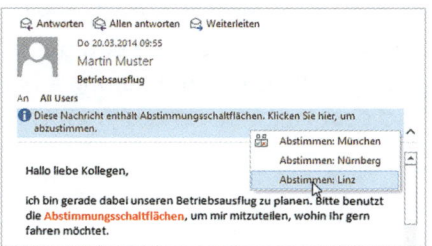 

Bild 2.47 Lesebereich des Empfängers   *Bild 2.48 Nachrichtenfenster des Empfängers*

Abstimmungsresultate anzeigen

Nachdem Sie als Initiator der "Abstimmung" die ersten E-Mail-Antworten erhalten haben, können Sie eine Übersicht des derzeitigen Stimmverteilung anzeigen:

■ Zeigen Sie den Inhalt einer E-Mail-Antwort auf Ihre Umfrage im Lesebereich an, klicken Sie die Infoleiste an und klicken nochmals auf *Abstimmungsresultate anzeigen*. Sie erhalten die Einzelantworten in übersichtlicher Form und sehen in der Infoleiste oberhalb eine Zusammenfassung der Ergebnisse.

■ Alternativ können Sie auch Ihre unter *Gesendete Elemente* gespeicherte Kopie der Umfrage-E-Mail öffnen. Mit *NACHRICHT* ▶ Gruppe *Anzeigen* ▶ *Status* können Sie den Status der Abstimmung abfragen.

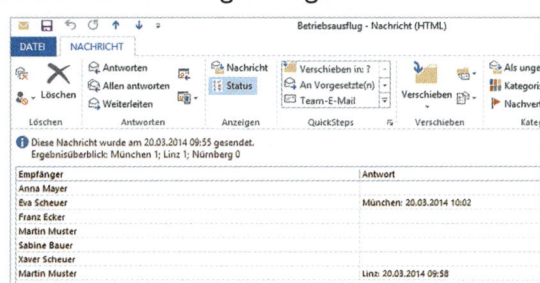

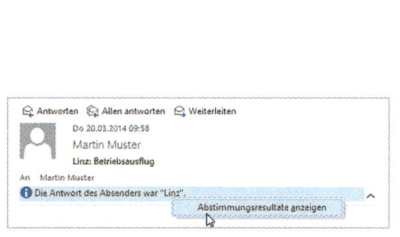

Bild 2.49 Infoleiste in einer Antwort   *Bild 2.50 Status der Umfrage*

2.7   Nachverfolgung von E-Mails

Sowohl E-Mails, die Sie versenden, als auch E-Mails, die Sie erhalten, können zur Nachverfolgung gekennzeichnet werden. Die Nachverfolgung erinnert Sie, dass im Zusammenhang mit dieser E-Mail weiterer Handlungsbedarf besteht. Die Nachverfolgung legt sozusagen E-Mails auf Wiedervorlage:

Im *Posteingang:* Sie werden um etwas gebeten und möchten die Erledigung nicht vergessen. In *Gesendete Elemente:* Sie haben einen Auftrag erteilt und möchten nach einem bestimmten Zeitraum überprüfen, ob dieser auch erledigt wurde.

Aufgaben siehe Lektion 5

Durch die Kennzeichnung der E-Mail wird ein Aufgabenelement erstellt, das im Outlook-Modul *Aufgaben* (*Vorgangsliste*) sowie im Popup Aufgaben und ggf. in der Aufgabenleiste mit Fälligkeitsdatum angezeigt wird. Die Vereinbarung einer automatischen Erinnerung an die Erledigung dieser Aufgabe ist auch möglich.

E-Mail kennzeichnen

Nachverfolgung mit Auswahl der Fälligkeit

Nachverfolgung mit Fälligkeit Heute

Aufgabenelement in der Aufgabenleiste

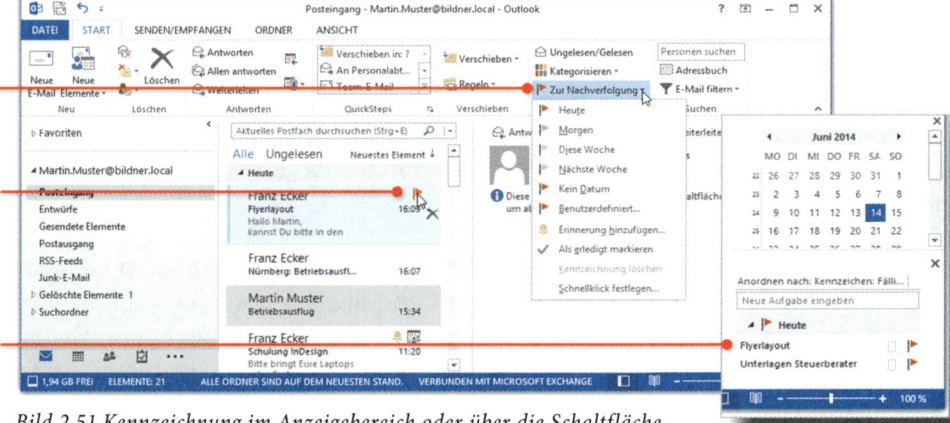

Bild 2.51 Kennzeichnung im Anzeigebereich oder über die Schaltfläche

Bild 2.52 Aufgabenleiste

schnelle Kennzeichnung mit Fälligkeit Heute
Zeigen Sie im Anzeigebereich des Moduls E-Mail mit der Maus auf die gewünschte E-Mail. Klicken Sie das Fähnchen-Symbol an. Die E-Mail-Nachricht wurde zur Nachverfolgung gekennzeichnet mit Fälligkeit *Heute*.

Kennzeichnung mit Auswahl eines Zeitpunkts / Zeitraums
Markieren Sie im Anzeigebereich die E-Mail, die zur Nachverfolgung gekennzeichnet werden soll. Klicken Sie auf *START* ▸ Gruppe *Kategorien* ▸ *Zur Nachverfolgung*. Hier wählen Sie einen Zeitpunkt, z. B. *Morgen* oder einen Zeitraum *Nächste Woche* als Fälligkeit aus.

Eine nachverfolgte E-Mail erkennen Sie am roten Nachverfolgungsfähnchen im Anzeigebereich. Außerdem wurde durch die Nachverfolgung ein Eintrag im Modul Aufgaben erstellt. Als Bezeichnung des Aufgabenelements dient der E-Mail Betreff. Das Aufgabenelement wird je nach gewähltem Zeitpunkt eingeordnet. So können Sie die Erledigung nicht vergessen.

Benutzerdefinierte Nachverfolgung

Sie können für eine Nachverfolgung auch ein bestimmtes Fälligkeitsdatum vereinbaren. Verfahren Sie wie oben beschrieben und wählen über die Schaltfläche *Zur Nachverfolgung* die Alternative *Benutzerdefiniert* aus. Tragen Sie Beginn, Fälligkeit und gegebenenfalls eine Erinnerungsmeldung ein und bestätigen Sie das Dialogfenster über die Schaltfläche *OK*.

Fälligkeit nachträglich verändern

Um nachträglich die Fälligkeit einer nachverfolgten E-Mail zu ändern, verwenden Sie erneut die Schaltfläche *Zur Nachverfolgung*.

Fälligkeit des Schnellklicks festlegen

Als Schnellklick bezeichnet man die Kennzeichnung zur Nachverfolgung im Anzeigebereich des Moduls E-Mail durch Anklicken des Fähnchensymbols. Standardmäßig wird hier die Fälligkeit *Heute* festgelegt. Soll standardmäßig eine andere Fälligkeit festgelegt werden, wählen Sie *START ▶* Gruppe *Kategorien ▶ Zur Nachverfolgung ▶ Schnellklick festlegen*.

E-Mail im Nachrichtenformular zur Nachverfolgung kennzeichnen

E-Mails, die Sie versenden, müssen nicht notwendigerweise im Ordner *Gesendete Elemente* zur Nachverfolgung gekennzeichnet werden. Sie können auch beim Schreiben der E-Mail-Nachricht eine Nachverfolgung festlegen. Hier besteht die Möglichkeit neben der Erstellung eines eigenen Aufgabenelements, die zu versendende E-Mail auch gleich für den Empfänger mit einer Kennzeichnung und einer Erinnerung zu versehen. Der Empfänger entscheidet bei Empfang der E-Mail selbst, ober er die Nachricht zur Nachverfolgung kennzeichnet und damit ein eigenes Aufgabenelement erstellt.

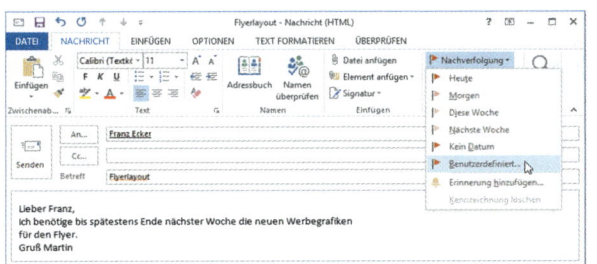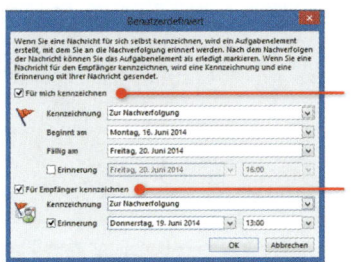

Nachverfolgung zur Erstellung eines Aufgabenelements im eigenen Modul Aufgaben

Nachverfolgung zur Erstellung eines Aufgabenelements im Modul des Empfängers

Bild 2.53 Kennzeichnung Zur Nachverfolgung im Nachrichtenformular

Öffnen Sie ein Nachrichtenformular und tragen Sie Empfänger, Betreff und Text ein. Klicken Sie auf *NACHRICHT* ▸ Gruppe *Kategorien* ▸ *Nachverfolgung* und wählen einen Zeitraum oder klicken auf *Benutzerdefiniert*, um detaillierte Informationen und ggf. eine Kennzeichnung für den Empfänger einzutragen. Versenden Sie die E-Mail wie gewohnt.

Die E-Mail wird im Ordner *Gesendete Elemente* mit einem roten Nachverfolgungsfähnchen versehen. Für den Empfänger der nachverfolgten E-Mail ist die Kennzeichnung nicht ersichtlich, es sei denn, Sie haben explizit eine Kennzeichnung für den Empfänger definiert

Nachverfolgung erledigen

Die nachverfolgte E-Mail wird als Aufgabenelement in der Aufgabenleiste, in der Vorgangsliste des Moduls Aufgaben und im Popup Aufgaben angezeigt. Ein Doppelklick auf den Text der Aufgabe öffnet die E-Mail-Nachricht. So können Sie sich jederzeit über die Aufgabe informieren.

Um eine Aufgabe als erledigt zu kennzeichnen, klicken Sie auf das rote Nachverfolgungsfähnchen im Anzeigebereich der entsprechenden E-Mail oder in der Aufgabenleiste bzw. im Modul Aufgaben.

Damit gilt die Aufgabe als erledigt und verschwindet aus der Aufgabenleiste. Im E-Mail-Ordner wird die nachverfolgte Nachricht mit einem Häkchen ✔ als erledigt gekennzeichnet.

 Nachverfolgte E-Mails werden am Tag Ihrer Fälligkeit im E-Mail-Ordner (Posteingang, Gesendete Elemente) in roter Schriftfarbe dargestellt, sofern sie nicht erledigt wurden.

Nachverfolgung löschen

Versehentlich vereinbarte Nachverfolgungen können über *START* ▸ Gruppe *Kategorien* ▸ *Zur Nachverfolgung* und Auswahl von *Kennzeichnung löschen* wieder entfernt werden. Die E-Mail muss dazu markiert werden.

Kennzeichnung für
die markierte E-Mail
löschen

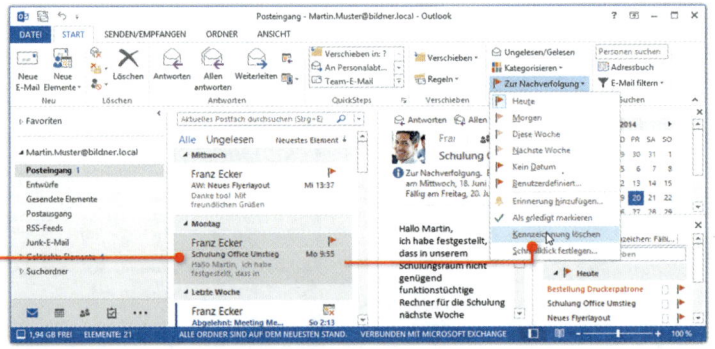

Bild 2.54 Kennzeichnung löschen

2.8   Signaturen verwenden

Bestandteile einer E-Mail, wie z. B. Grußformel, Name, Firma, Anschrift etc. müssen nicht für jede E-Mail erneut eingeben werden. Diese Informationen werden als Signatur hinterlegt und automatisch in jede neue E-Mail eingefügt.

Neben einer einfachen Textsignatur steht Ihnen in Outlook auch das Feature „Visitenkarte" zur Verfügung. Eine Visitenkarte enthält ebenfalls Kontaktinformationen und wird im Outlook-Modul *Personen* erstellt. Versenden Sie eine Visitenkarte per E-Mail, um dem Empfänger die Speicherung Ihrer Kontaktinformationen zu erleichtern. Die Textsignatur dagegen dient zur Anzeige notwendiger und wiederkehrender Inhalte im Nachrichtentext Ihrer E-Mail.

Visitenkarte siehe Lektion 3

Signatur erstellen

Öffnen Sie ein neues Nachrichtenformular und klicken Sie auf *NACHRICHT* ▶ Gruppe *Einfügen* ▶ *Signatur* ▶ *Signaturen*. Das Dialogfenster *Signaturen und Briefpapier* wird geöffnet:

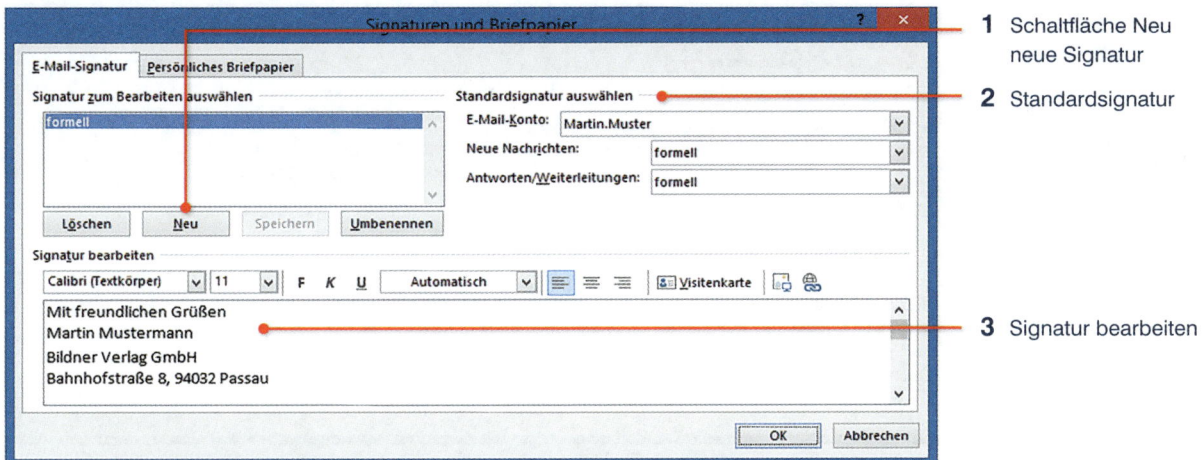

1 Schaltfläche Neu neue Signatur

2 Standardsignatur

3 Signatur bearbeiten

Bild 2.55 Dialogfenster Signaturen und Briefpapier

1   Klicken Sie auf die Schaltfläche *Neu* und geben Sie in das Dialogfenster einen Namen für die Signatur ein, z. B. *formell*. Bestätigen Sie über die Schaltfläche *OK*. Die neue Signatur wird jetzt im Abschnitt *Signatur zum Bearbeiten auswählen* aufgeführt.

2   Unter *Standardsignatur auswählen* legen Sie fest, für welches E-Mail-Konto die Signatur verwendet werden soll. Entscheiden Sie für die Bereiche *Neue Nachrichten* und *Antworten/Weiterleitungen*, ob der Signaturtext nur an neue E-Mail-Nachrichten angehängt werden soll oder auch an E-Mails, die Sie beantworten oder an jemanden weiterleiten.

3   Im Abschnitt *Signatur bearbeiten* geben Sie den Text ein und formatieren ihn. Bestätigen Sie die Eingabe über die Schaltfläche *OK*.

Dadurch kehren Sie in das Nachrichtenformular zurück. Dieses enthält noch keine Signatur. Im nächsten neuen Nachrichtenformular wird Ihr Signaturtext automatisch eingefügt.

Weitere Signaturen anlegen und bearbeiten

Outlook bietet die Möglichkeit, mehrere Signaturen anzulegen und je nach Art der E-Mail-Nachricht zwischen den Signaturen zu wechseln. Rufen Sie, wie oben beschrieben das Dialogfenster *Signaturen und Briefpapier* auf. Legen Sie über die Schaltfläche *Neu* eine weitere Signatur an, z. B. informell, und geben Sie im Abschnitt *Signatur bearbeiten* einen neuen Text ein. Wählen Sie unter *Standardsignatur auswählen* für *Neue Nachrichten* und gegebenenfalls für *Antworten/Weiterleitungen* die Signatur aus, die Sie häufiger benutzen. Diese wird dann standardmäßig im Nachrichtenformular angezeigt.

Signatur auswählen, die standardmäßig angezeigt werden soll

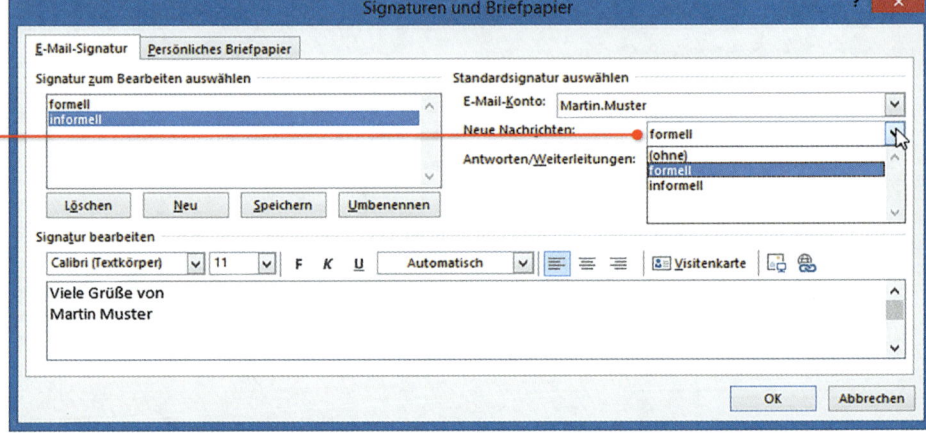

Bild 2.56 Mehrere Signaturen verwenden

Über die Schaltfläche *Löschen* entfernen Sie die markierte Signatur. Änderungen am Text der Signatur nehmen Sie im Bereich *Signatur bearbeiten* vor und bestätigen die Änderung mit *Ok*.

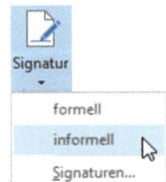

Zwischen Signaturen wechseln

Wenn Sie in einem neuen Nachrichtenformular die Signatur wechseln möchten, klicken Sie auf *NACHRICHT* ▶ Gruppe *Einfügen* ▶ *Signatur*. Alle festgelegten Signaturen erscheinen und können ausgewählt werden.

2.9   Schnellbausteine

Wenn Sie in verschiedenen E-Mails immer wieder dieselben Texte benötigen, ersparen Sie sich viel Tipparbeit durch die Verwendung von Schnellbausteinen. In einem Schnellbaustein speichern Sie Text samt Formatierung, Grafiken, Tabellen, Symbolen oder sogar Formen. Der Schnellbaustein steht für jede neue E-Mail Nachricht zur Verfügung und kann nachträglich verändert oder gelöscht werden. Schnellbausteine finden Sie im Nachrichtenformular über *EINFÜGEN* ▶ Gruppe *Text* ▶ *Schnellbausteine*. Standardmäßig werden in Outlook keine Schnellbausteine angeboten. Sie müssen vom Benutzer angelegt werden.

Schnellbaustein erstellen

1   Öffnen Sie ein neues Nachrichtenformular (*START* ▶ *Neue E-Mail*) und tippen Sie Text ein, fügen Grafiken oder Formen hinzu, verwenden Tabellen und formatieren alles nach Ihren Wünschen.

2   Markieren Sie die Inhalte und wählen *EINFÜGEN* ▶ Gruppe *Text* ▶ *Schnellbausteine* ▶ *Auswahl im Schnellbaustein-Katalog speichern* 🔳 aus.

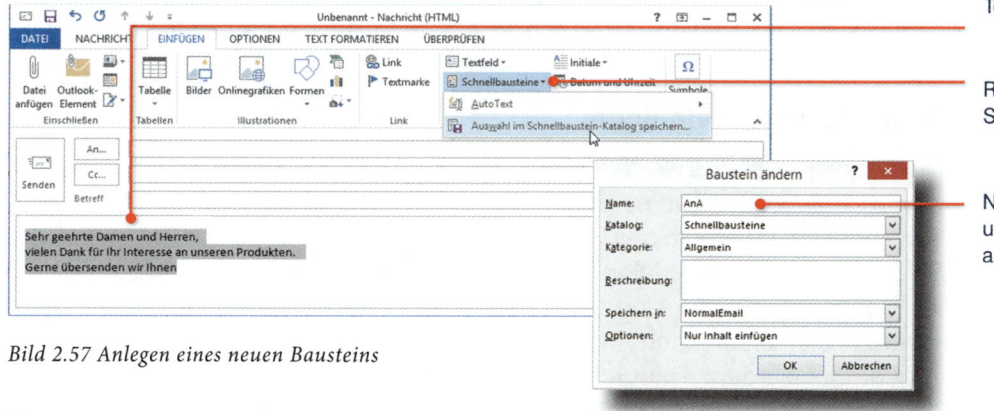

Text markieren

Register EINFÜGEN -
Schnellbausteine

Name eingeben (3)
und restliche Felder
ausfüllen

Bild 2.57 Anlegen eines neuen Bausteins

3   Geben Sie einen Namen für den Schnellbaustein ein. Vorgeschlagen werden automatisch die ersten Zeichen des eingegebenen Texts. Die Schnellbausteine werden innerhalb einer Kategorie alphabetisch sortiert angezeigt. Häufig benötigte Bausteine können durch das Voranstellen einer Zahl oder des Buchstabens A an den Anfang der Liste gestellt und so schneller gefunden werden.

Sie müssen einen Namen verwenden, der nicht schon für einen anderen Baustein in diesem Katalog vergeben ist. Andernfalls würden Sie den vorhandenen Baustein überschreiben.

4   Bei *Katalog* legen Sie fest, wo das erstellte Element zur Verfügung steht. In anderen Office-Programmen ist eine Aufteilung durchaus sinnvoll. Hier sollten Sie den Katalog *Schnellbausteine* verwenden.

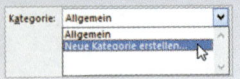

5 Den Eintrag für den Baustein legen Sie entweder in der Kategorie *Allgemein* an oder, falls noch eine ganze Reihe an Schnellbausteinen folgen, erstellen Sie hier eine neue Kategorie.

6 Zusätzlich kann ein Text zur Beschreibung des Schnellbausteins eingetragen werden, dieser wird in der QuickInfo angezeigt, wenn Sie bei Auswahl des Schnellbausteins mit der Maus auf den entsprechenden Eintrag zeigen.

7 Im Feld *Speichern in* belassen Sie die aktuelle Auswahl.

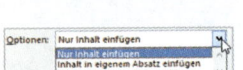

8 Bei *Optionen* legen Sie fest, welche Umbrüche den eingefügten Schnellbaustein umgeben. Bei Auswahl von *Inhalt in eigenem Absatz einfügen* wird vor dem Text des Schnellbausteins ein Zeilenumbruch eingefügt. Mit *Nur Inhalt einfügen* wird der Schnellbaustein ohne weitere Absätze in die E-Mail Nachricht eingefügt.

Zusätzlich zur Auswahl unter *Optionen* kommt es auch darauf an, wie der Text markiert wurde. Wenn bei der Erstellung des Schnellbausteins die nächste leere Zeile markiert wurde, wird beim späteren Einfügen des Schnellbausteins ein Zeilenumbruch erzeugt und der Schnellbaustein kann nicht nahtlos in den schon vorhanden Text integriert werden.

Schnellbaustein einfügen

Die Schnellbausteine werden im Nachrichtenformular über *EINFÜGEN* ▶ Gruppe *Text* ▶ *Schnellbausteine* angeboten. Jeder Eintrag ist mit einem Vorschaubild abgelegt. Oberhalb des Vorschaubildes steht der Name des Bausteins. Die Schnellbausteine im Katalog sind alphabetisch geordnet. Arbeiten Sie mit vielen Schnellbausteinen sind thematische Anordnungen meist sinnvoller, dann erstellen Sie verschiedene Kategorien, denen die einzelnen Schnellbausteine zugeordnet werden. Dadurch wird die Liste der verfügbaren Schnellbausteine mit Zwischenüberschriften durchsetzt.

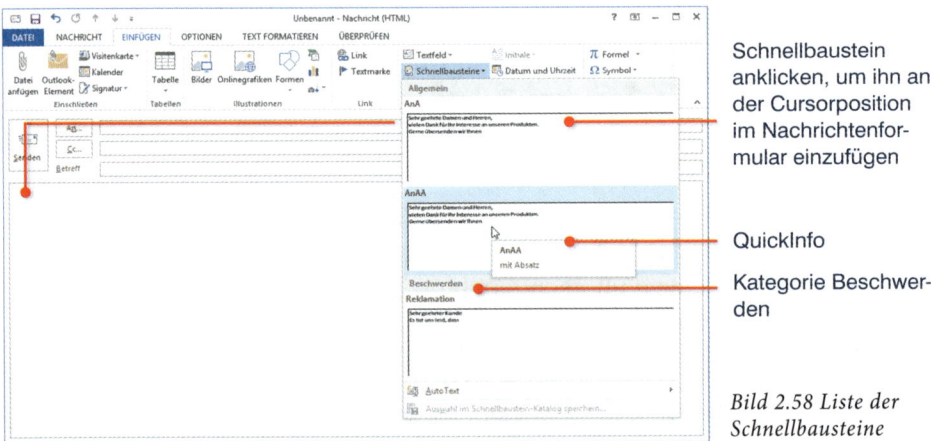

Schnellbaustein anklicken, um ihn an der Cursorposition im Nachrichtenformular einzufügen

QuickInfo

Kategorie Beschwerden

Bild 2.58 Liste der Schnellbausteine

■ Durch Anklicken des Eintrages, wird der dahinter gespeicherte Inhalt an der aktuellen Cursorposition im Nachrichtenformular eingefügt.

■ Alternativ geben Sie den Namen des Schnellbausteins im Nachrichten-formular ein und drücken die Funktionstaste F3. Daraufhin wird der Inhalt eingefügt.

Schnellbausteine verwalten und löschen

Zeigen Sie im Nachrichtenformular *EINFÜGEN* ▶ Gruppe *Text* ▶ *Schnellbaustei-ne* an und klicken Sie in der Liste den gewünschten Schnellbaustein mit der rechten Maustase an. Im Kontextmenü wählen Sie *Organisieren und löschen*. Das Dialogfenster *Organizer für Bausteine* wird angezeigt. Der gewünschte Schnellbaustein ist bereits markiert.

Im Organizer verwalten Sie alle Bausteine, können deren Eigenschaften bear-beiten oder den markierten Baustein löschen. Wollen Sie einen anderen Ein-trag bearbeiten, finden Sie diesen schneller, wenn Sie Sie die Einträge nach *Name*, *Katalog*, *Kategorie* etc. sortieren: klicken Sie dazu einfach mit der Maus in die Überschrift der betreffenden Spalte.

■ Baustein löschen: Um den markierten Schnellbaustein zu löschen, kli-cken Sie auf die Schaltfläche *Löschen*.

■ Inhalt ändern: Den Text bzw. die Formatierung eines Schnellbausteins können Sie dagegen nur ändern, indem Sie den Baustein in ein Nach-richtenformular einfügen, hier alle erforderlichen Änderungen vorneh-men, und ihn anschließend erneut unter dem bisherigen Namen spei-chern. Bestätigen Sie die nachfolgende Meldung, ob Sie den Baustein neu definieren möchten mit der Schaltfläche *Ja*.

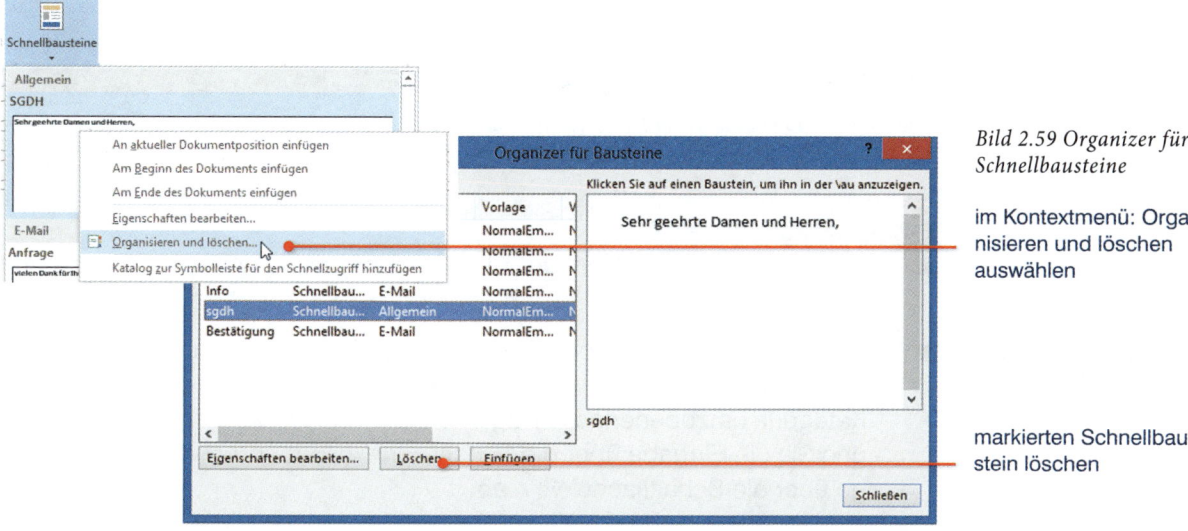

Bild 2.59 Organizer für Schnellbausteine

im Kontextmenü: Orga-nisieren und löschen auswählen

markierten Schnellbau-stein löschen

2.10   Nachrichten verwalten

Kategorisieren

Outlook bietet Ihnen die Möglichkeit, einzelne Elemente wie E-Mails, Termine oder Aufgaben, thematisch und farbig zu kennzeichnen. Dadurch etablieren Sie ordnerübergreifend ein Farbleitsystem, z. B. alle Termine, Aufgaben und E-Mails eines Projekts erhalten dasselbe Stichwort und dieselbe Farbe. So schaffen Sie einen visuellen Reiz für die Zusammengehörigkeit der Elemente und sorgen für mehr Übersichtlichkeit. Outlook stellt Ihnen standmäßig sechs Kategorien in verschiedenen Farben zur Verfügung. Jede Kategorie kann individuell benannt werden. Zusätzlich haben Sie die Möglichkeit, beliebig weitere Kategorien mit insgesamt 25 Farben zu erstellen.

Info!   Eine E-Mail, ein Termin oder eine Aufgabe kann auch mit mehreren Kategoriezuweisungen versehen werden.

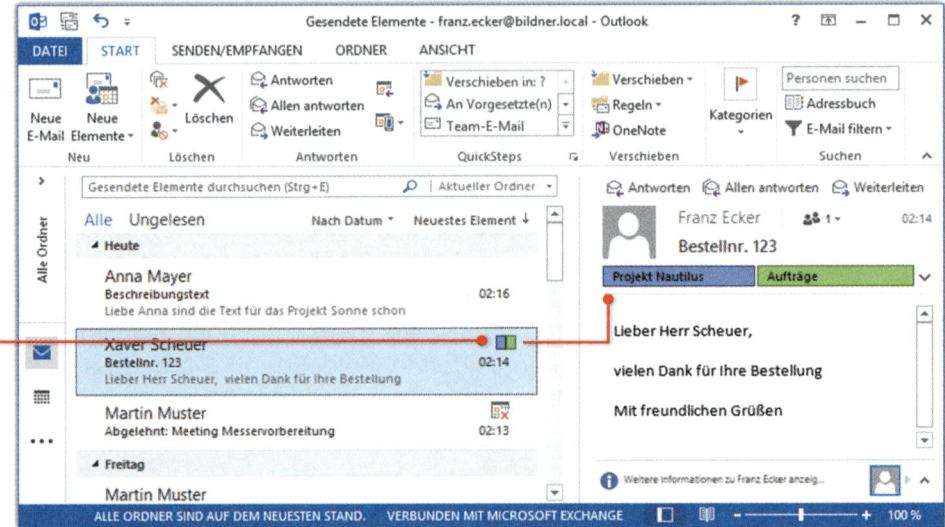

Bild 2.60 E-Mail mit mehreren Kategoriezuweisungen

E-Mail kategorisieren

■   Markieren Sie die E-Mail, der Sie eine Kategorie zuweisen möchten und klicken Sie auf *START* ▶ Gruppe *Kategorien* ▶ *Kategorisieren*.

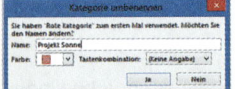

■   Wählen Sie eine Kategorie aus. Verwenden Sie eine Standard-Kategorie zum ersten Mal, öffnet sich ein Dialogfenster und bietet Ihnen an, die Kategorie umzubenennen. Tragen Sie den neuen Namen ein und bestätigen Sie die Eingabe über die Schaltfläche *Ja* oder brechen Sie die Anfrage über die Schaltfläche *Nein* ab.

■ Die markierte E-Mail erhält nun die ausgewählte Farbe. Außerdem erscheint im Lesebereich der E-Mail der Name der Kategorie, z. B. „Projekt Sonne" oder „Rote Kategorie".

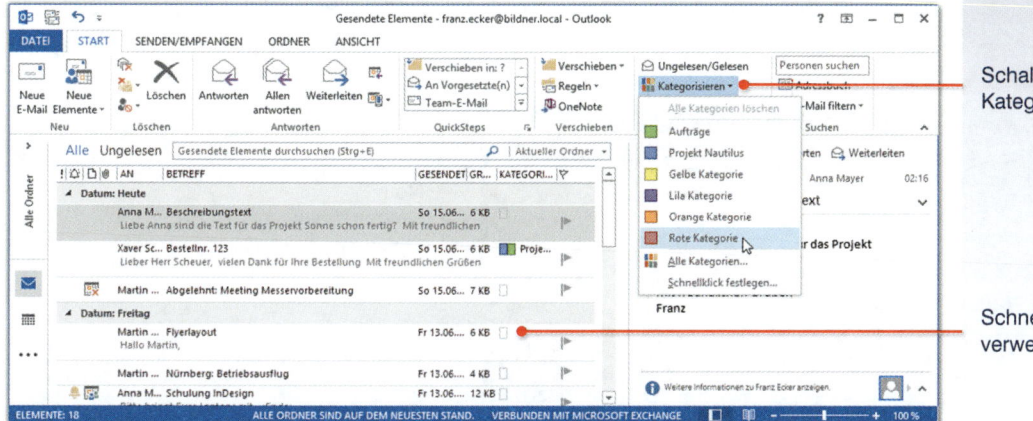

Schaltfläche
Kategorisieren

Schnellklick
verwenden

Bild 2.61 Kategorisieren über die Schaltfläche oder im Anzeigebereich

Schnellklick verwenden

Der Schnellklick versieht eine E-Mail schnell mit einer bestimmten Kategorie, standardmäßig die rote Kategorie. Dazu klicken Sie im Anzeigebereich auf das Rechteck. Dieses ist unter Umständen nicht sichtbar und zwar dann wenn der Anzeigebereich wie in Bild 2.60 dargestellt wird. Sobald dem Anzeigebereich mehr Plazt zur Verfügung steht, z. B. durch Ausblenden der Aufgabenleiste oder durch Anzeigen des Lesebereichs unten können Sie den Schnellklick verwenden (siehe Bild 2.61).

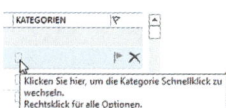

Tipp! Wählen Sie die Ansicht *Einzeln* aus, um den Anzeigebereich mit leeren Rechtecken zur Auswahl darzustellen

Legen Sie auf den Schnellklick die Kategorie, die Sie am häufigsten verwenden. Klicken Sie dazu auf *START* ▸ Gruppe *Kategorien* ▸ *Kategorisieren* und wählen Sie *Schnellklick festlegen* aus. Im Dialogfenster bestimmen Sie die gewünschte Kategorie.

Kategorie entfernen

Markieren Sie die gewünschte E-Mail im Anzeigebereich und klicken im Menüband auf *START* ▸ Gruppe *Kategorien* ▸ *Kategorisieren* und verwenden Sie den Befehl *Alle Kategorien entfernen*. Wurden mehrere Kategorien vergeben und sollen nicht alle gelöscht werden, wählen Sie die Schaltfläche *Kategorisieren* und klicken dann die vergebene Kategorie an, die Sie entfernen möchten.

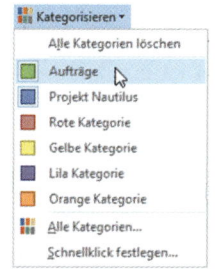

Bei zwei und mehr Kategorien gestaltet sich das Entfernen einer Kategorie durch Anklicken des Rechtecks als schwierig. Wählen Sie eine andere Methode.

Wenn Ihr Anzeigebereich, wie oben abgebildet, dargestellt wird, dann kann durch nochmaliges Anklicken des farbigen Rechtecks, die Kategorie wieder entfernt werden.

Sie können Ähnliches auch in einer geöffneten E-Mail tun, dann jedoch mit *NACHRICHT* ▸ Gruppe *Kategorien* ▸ *Kategorisieren* ▸ *Alle Kategorien entfernen*.

Kategorien bearbeiten

Alle Bearbeitungsmöglichkeiten finden Sie unter *START* ▸ Gruppe *Kategorien*
▸ *Kategorisieren* ▸ *Alle Kategorien*. Hier können neue Kategorien erstellt, Kategorien umbenannt, gelöscht oder mit einer anderen Farbe versehen werden.
Darüberhinaus kann eine Tastenkombination zur Übertragung einer Kategorie
festgelegt werden.

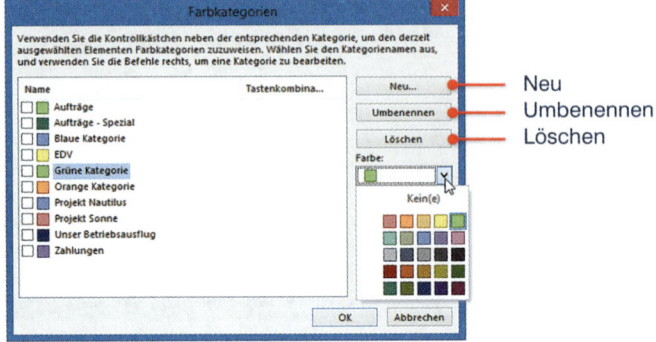

Bild 2.62 Kategorien bearbeiten

E-Mails getrennt nach Kategorien anzeigen

Standardmäßig werden die E-Mails in den einzelnen Ordnern nach Datum sortiert angezeigt. Diese Anordnung kann auf *Kategorien* umgestellt werden. Dadurch werden alle E-Mails, die keiner Kategorie zugeordnet sind, gemeinsam
in einer Gruppe angezeigt und alle weiteren E-Mails getrennt nach Kategorien.
Zur Anzeige aller E-Mails getrennt nach Kategorien klicken Sie im Anzeigebereich des Moduls E-Mail bei *Nach Datum* auf den Dropdown-Pfeil und wählen
Kategorien aus. Um zur gewohnten Anordnung nach Datum zurückzukehren,
wählen Sie in der selben Liste wieder *Datum* aus.

Anklicken, um Katego-
rien auszuwählen

E-Mails des
Posteingangs nach
Kategorien sortiert

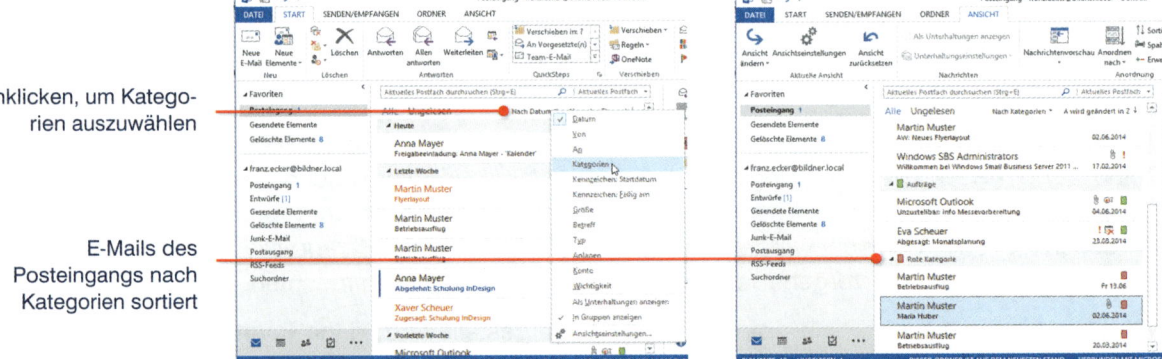

Bild 2.63 nach Kategorien anordnen   *Bild 2.64 E-Mails nach Kategorien*

Bedingte Formatierung von E-Mails

Outlook bietet die Möglichkeit, eine bestimmte Formatierung auf E-Mails zu übertragen, sofern eine von Ihnen festgelegte Bedingung eintritt. Ein Anwendungsbereich ist beispielsweise, E-Mails einer Person im Posteingang automatisch farblich zu markieren. Einige bedingte Formatierungen sind bereits voreingestellt, z. B. das Format *Fett* für alle ungelesenen Nachrichten.

Beispiel: Alle E-Mails von Franz Ecker sollen in der Schriftfarbe violett dargestellt werden:

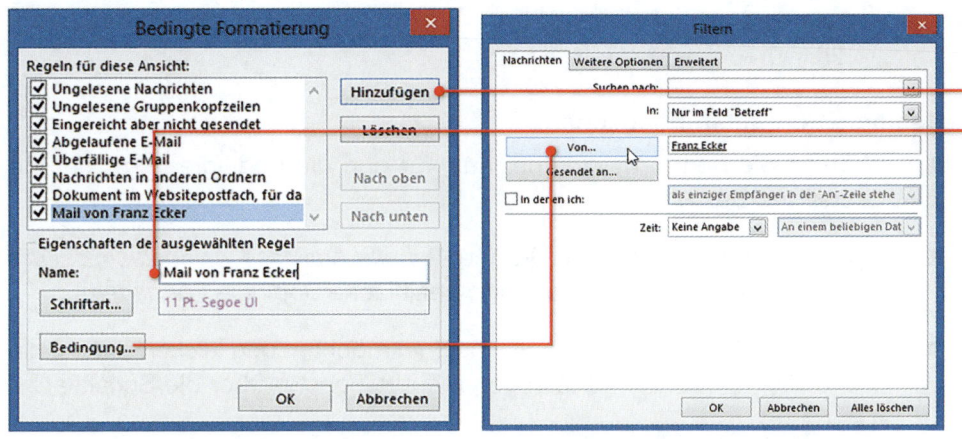

Bild 2.65 Regel für bedingte Formatierung   *Bild 2.66 Bedingung für Regel festlegen*

Punkt 3

- Hinzufügen

- Name vergeben und Schriftart anklicken zur Bestimmung der Farbe

Punkt 4

Schaltflläche Bedingung anklicken

1   Wählen Sie den E-Mail-Ordner aus, für den Sie eine bedingte Formatierung festlegen möchten; für unser Beispiel den Ordner *Posteingang*.

2   Klicken Sie im Outlook-Modul *E-Mail* auf den Befehl *ANSICHT* ▸ Gruppe *Aktuelle Ansicht* ▸ *Ansichtseinstellungen*. Das Dialogfenster *Erweiterte Ansichtseinstellungen* öffnet sich. Klicken Sie auf die Schaltfläche *Bedingte Formatierung*.

3   Klicken Sie im Dialogfenster *Bedingte Formatierung* auf die Schaltfläche *Hinzufügen*. Im Feld *Name* tragen Sie eine Bezeichnung für die festzulegende Regel ein. Über die Schaltfläche *Schriftart* wählen Sie eine Schriftfarbe für die bedingte Formatierung aus (siehe Bild 2.65).

4   Klicken Sie auf die Schaltfläche *Bedingung* und wählen Sie im Dialogfenster *Filtern* über die Schaltfläche *Von* die Person aus, deren Mails farbig formatiert werden sollen (siehe Bild 2.66). Bestätigen Sie alle Fenster mit *OK*. Alle E-Mails dieser Person werden im Ordner *Posteingang* mit der Schriftfarbe Violett dargestellt.

Rot eignet sich unter Umständen nicht als Farbe für die bedingte Formatierung, da E-Mails, die zur Nachverfolgung gekennzeichnet wurden, am Fälligkeitstag auch in roter Schriftfarbe dargestellt werden.

Tipp!

Fehlerquellen

■   Stimmen E-Mail-Ordner und Bedingung nicht überein, wird keine be-
    dingte Formatierung übernommen, d. h. im Ordner *Gesendete Elemente*
    können Sie nicht vereinbaren, dass alle E-Mails, die Ihnen von einer be-
    stimmten Person übersandt wurden, speziell formatiert werden.

■   Die bedingte Formatierung wird immer für eine spezielle Ansicht verein-
    bart. In diesem Beispiel ist die aktuelle Ansicht *Kompakt*, in der standard-
    mäßig alle E-Mail-Ordner dargestellt werden. Die im Folgenden festgeleg-
    te bedingte Formatierung gilt also nur für die Ansicht *Kompakt*. Wechseln
    Sie zu einer anderen Ansicht, z. B. *Einzeln* wird die Formatierung nicht
    angezeigt.

Bedingte Formatierung löschen

■   Wählen Sie den E-Mail-Ordner aus, für den die bedingte Formatierung
    erstellt wurde.

■   Klicken Sie auf *ANSICHT* ▸ Gruppe *Aktuelle Ansicht* ▸ *Ansichtseinstellun-
    gen* und klicken Sie dann auf die Schaltfläche *Bedingte Formatierung*.

■   Markieren Sie die Regel, die Sie löschen möchten und klicken Sie auf die
    Schaltfläche *Löschen*. Bestätigen Sie alle Fenster über die Schaltfläche
    OK.

Unterhaltungsansicht

Ein Großteil des E-Mail-Verkehrs wird durch Antworten auf erhaltene E-Mails
erledigt. Alle E-Mails, die auf diese Weise zum selben Betreff generiert werden,
bezeichnet man in Outlook als Unterhaltung. Eine Unterhaltung ist eine automatisch gebildete Gruppe von E-Mails.

Dabei kann die Unterhaltung zwischen zwei oder mehreren Personen geführt
werden. In der Unterhaltungsansicht werden E-Mails mit demselben Betreff
zusammengefasst und nur die neueste E-Mail der Unterhaltung im Ordner
angezeigt. Besonders vorteilhaft ist, dass E-Mails verschiedener Ordner, z. B.
Gesendete Elemente und *Posteingang* in einer Unterhaltung gemeinsam angezeigt werden. Die Möglichkeit, eine Unterhaltung aufzuräumen und unnötige
E-Mails zu löschen, ist darüber hinaus ein praktisches Feature.

Die Nutzung der Unterhaltungsansicht ist besonders interessant, wenn Sie eine
E-Mail an mehrere Personen senden. Die Antworten der verschiedenen Empfänger werden in der Unterhaltungsansicht übersichtlich zusammengefasst.

Unterhaltungsansicht aktivieren

Sie aktivieren die Unterhaltungsansicht, indem Sie das Kontrollkästchen bei *ANSICHT* ▶ Gruppe *Unterhaltungen* ▶ *Als Unterhaltung anzeigen* anklicken. Entscheiden Sie im sich öffnenden Dialogfenster, ob die Unterhaltungsansicht für alle E-Mail-Ordner oder nur für den aktuellen Ordner aktiviert werden soll.

Die Unterhaltungsansicht wird zusätzlich zur Standardanordnung *Datum* der E-Mail-Ordner aktiviert, d. h. die Ordnerinhalte werden auch weiterhin sortiert nach Datum angezeigt, nur reduziert um einige E-Mails. Für einige Anordnungen, z. B. *Von* oder *Betreff*, steht die Unterhaltungsansicht nicht zur Verfügung.

Alle E-Mails der Unterhaltung anzeigen

Zur Anzeige aller E-Mails einer Unterhaltung klicken Sie auf das weiße Dreieck. Dabei werden in der Standardeinstellung nicht nur die E-Mails des aktuellen Ordners (Posteingang) abgebildet, sondern auch Nachrichten anderer Ordner (Gesendete Elemente). So erhalten Sie ein übersichtliches Protokoll Ihres E-Mail Verkehrs zu einem bestimmten Thema. Falls die Inhalte anderer Ordner nicht angezeigt werden, deaktivieren Sie *ANSICHT* ▶ Gruppe *Unterhaltungen* ▶ *Unterhaltungseinstellungen* ▶ *Nachrichten aus anderen Ordnern anzeigen*.

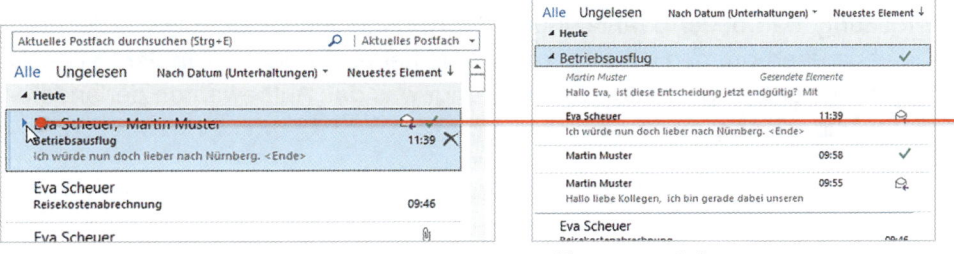

Anklicken, um alle E-Mails der Unterhaltung anzuzeigen

Bild 2.67 Unterhaltung reduziert   *Bild 2.68 Unterhaltung erweitert*

Sofern eine neue E-Mail zu einer bestehenden Unterhaltung eingeht, wird die gesamte Unterhaltung in der Gruppe *Heute* im *Posteingang* anzeigt. Analog verhält es sich für den Ordner *Gesendete Elemente*.

Bei Änderung eines Betreffs wird die E-Mail nicht mehr als Teil der Unterhaltung angezeigt (siehe Bild 2.69).

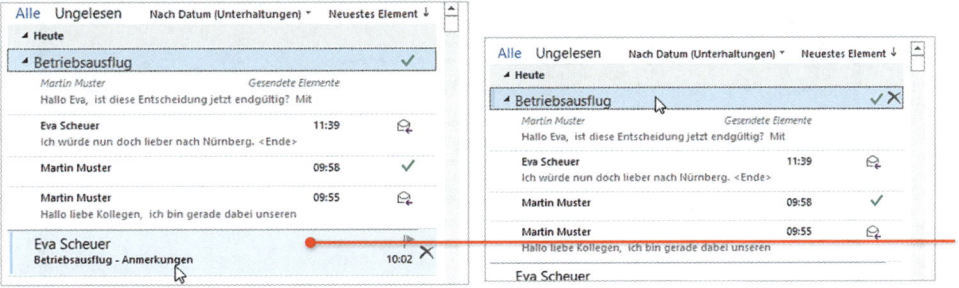

In diesem Beispiel hat Eva Scheuer eine E-Mail beantwortet, den Betreff allerdings spezifiziert. Die E-Mail ist dadurch nicht mehr Teil der Unterhaltung "Betriegsausflug".

Bild 2.69 Nachricht mit geändertem Betreff   *Bild 2.70 Markieren der ganzen Unterhaltung*

Nicht alle Nachrichten mit demselben Betreff werden automatisch als eine Unterhaltung angezeigt. Obwohl Outlook die Nachrichten einer Unterhaltung augenscheinlich nach dem Betreff zusammenfasst, arbeitet das Programm durchaus differenzierter. Tatsächlich werden nur E-Mails in einer Unterhaltung gruppiert, die durch *Antworten* auf eine Nachricht der Unterhaltung entstanden sind. E-Mails, die zufällig denselben Betreff-Text enthalten, werden nicht in einer Unterhaltung gesammelt.

Auf eine Unterhaltung antworten

Markieren Sie die Gruppenzeile der Unterhaltung im Posteingang und klicken Sie auf *START* ▸ Gruppe *Antworten* ▸ *Antworten*. Zur Beantwortung wird automatisch die neueste E-Mail ausgewählt, im Beispiel in Bild 2.70 also die Nachricht von Eva Scheuer von 11:39 Uhr. Sofern jemand anderes eine Nachricht erhalten soll, muss diese E-Mail markiert und auf die Schaltfläche *Antworten* geklickt werden.

Unterhaltung aufräumen

Geringe Postfachgrößen zwingen den Benutzer zu Recht, sich von überflüssigen E-Mails zu trennen. Dazu gehören sicherlich die meisten E-Mails einer Unterhaltung, da bei der Beantwortung der Nachrichtentext der vorigen E-Mail in die neue übernommen wird. So enthält die neueste Nachricht in der Regel alle Informationen der gesamten Unterhaltung, was das Aufbewahren der anderen E-Mails überflüssig macht.

■ Markieren Sie die Unterhaltung, die Sie aufräumen möchten. Über *START* ▸ Gruppe *Löschen* ▸ *Aufräumen* ▸ *Unterhaltung aufräumen* starten Sie das Aufräumen. Klicken Sie im folgenden Fenster auf die Schaltfläche *Aufräumen*.

■ Falls Sie sich informieren möchten, was gelöscht wird, klicken Sie auf die Schaltfläche *Einstellungen*. Sie gelangen zu den Outlook-Optionen, Bereich *E-Mail*. Scrollen Sie zum Abschnitt *Unterhaltungen aufräumen*.

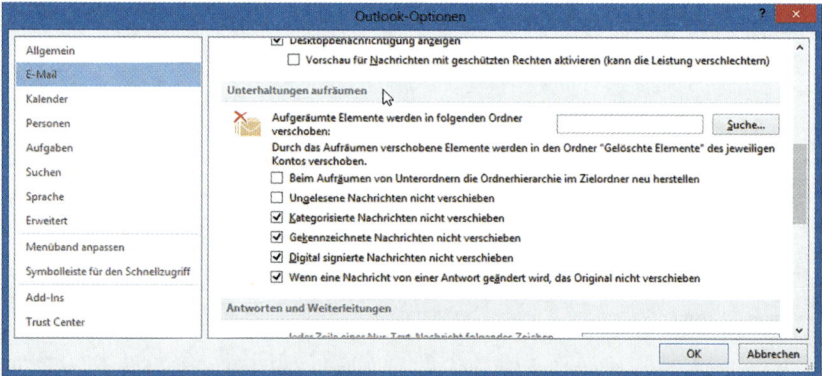

Bild 2.71 Die Programmoptionen zum Aufräumen von Unterhaltungen

■ E-Mails, die eine Anlage enthalten, werden nicht aus der Unterhaltung gelöscht, da die neueste E-Mail die Anlage nicht enthält.

■ Alle entfernten Nachrichten werden in den Ordner *Gelöschte Elemente* verschoben. Das Ergebnis kann hier kontrolliert werden.

■ Selbstverständlich können E-Mails einer Unterhaltung auch wie gewohnt mit der Entf-Taste oder über die Schaltfläche *Löschen* entfernt werden.

Übersichtlichkeit durch eigene Ordner

Sie möchten spezielle E-Mails gerne in gesonderten Ordnern anzeigen, z. B. Reklamationen von Kunde, E-Mails an die Personalabteilung oder Nachrichten zu einem bestimmten Projekt. Die Ordner *Posteingang* und *Gesendete Elemente* können durch Unterordner gegliedert und so übersichtlicher gestaltet werden. Die einzelnen E-Mails müssen allerdings von Hand in die Unterordner verschoben werden, wobei Regeln diesen Vorgang automatisieren können.

Alternativ stehen Ihnen auch die verschiedenen Ansichtsoptionen für die E-Mail-Ordner zur Verfügung, z. B. eine Sortierung des Posteingangsordners nach *Von*, falls Sie E-Mails sortiert nach Absender anzeigen möchten. Außerdem verfügen Sie mit der *Sofortsuche* und dem *Suchordner* über wirkungsvolle Features, um alle E-Mail-Nachrichten effizient nach verschiedenen Suchbegriffen zu durchsuchen und anzuzeigen. Somit kann auf das Anlegen eigener Ordner und Unterordner unter Umständen auch verzichtet werden. Entscheiden Sie selbst, was praktischer für Sie ist.

Neuen Ordner erstellen - über das Kontextmenü

Beispiel: Erstellung eines Unterordners „Reklamation" im *Posteingang*:

■ Klicken Sie mit der rechten Maustaste im Ordnerbereich auf *Posteingang* und wählen Sie im Kontextmenü *Neuer Ordner* aus.

■ Im Ordnerbereich wird unter *Posteingang* eine neue leere Zeile sichtbar. Hier müssen Sie nur den Namen des neuen Ordners eingeben, sonst verschwindet die Zeile - und damit der Ordner - wieder.

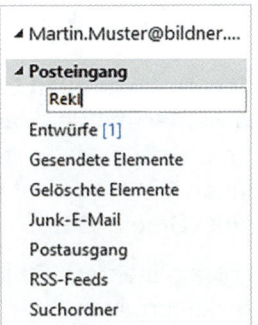

Bild 2.72 Eingabe im Ordnerbereich

Neuen Ordner erstellen - über das Menüband

Beispiel: Erstellung eines Ordners „Testergebnisse" direkt im Postfach:

- Verwenden Sie den Befehl *ORDNER* ▶ Gruppe *Neu* ▶ *Neuer Ordner*.

- Im folgenden Dialogfenster tragen Sie den Namen des neuen Ordners ein, z. B. Testergebnisse. Im Feld *Ordner enthält Elemente des Typs* muss *E-Mail und Bereitstellung* ausgewählt sein.

- Wählen Sie im Listenfeld den übergeordneten Ordner aus, wenn dies nicht schon der Fall ist. In dem Beispiel wäre das das Postfach *Martin. Muster@bildner.local*. Bestätigen Sie den neuen Ordner über die Schaltfläche *OK*.

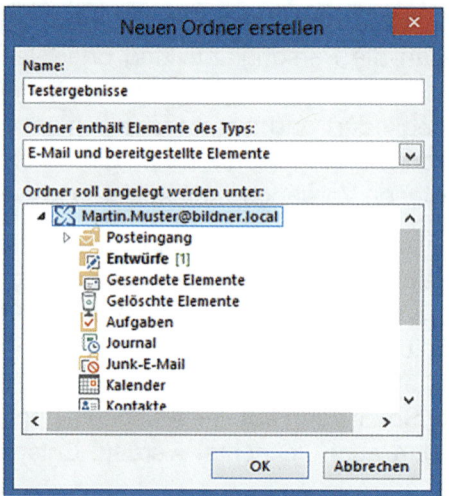

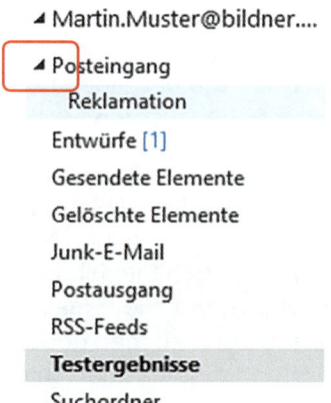

Bild 2.73 Ordner mit Dialogfenster anlegen   *Bild 2.74 Darstellung eigene Ordner*

In der Ordnerliste werden die neuen Ordner *Reklamation* und *Testergebnisse* als Unterordner angezeigt. Durch Anklicken des Dreiecks vor Posteingang wird die Anzeige der Unterordner reduziert bzw. erweitert (siehe Bild 2.74).

Nachrichten manuell in Ordner verschieben

E-Mails automatisch verschieben durch Regeln, Seite 78

E-Mails werden mit der Maus von einem Ordner in einen anderen verschoben. Nehmen Sie die E-Mail mit gedrückter linker Maustaste im Anzeigebereich auf und ziehen Sie diese auf den Unterordner im Ordnerbereich. Diese Technik nennt man Drag & Drop.

Sollen gleich mehrere E-Mails verschoben werden, können Sie diese gemeinsam markieren. Markieren Sie die erste E-Mail, halten Sie die Strg-Taste gedrückt, markieren Sie die nächste E-Mail usw. Danach verfahren Sie, wie oben beschrieben.

Arbeiten mit QuickSteps automatisieren

QuickSteps fassen Routinearbeitsschritte zusammen und ermöglichen eine schnelle Anwendung mit einem Mausklick. Beispielsweise können durch einen QuickStep die Bearbeitungsschritte „antworten auf die markierte E-Mail" und „löschen der ursprünglichen Nachricht nach Versendung" zusammengefasst werden.

Für einige gängige Bearbeitungen existieren bereits QuickSteps. Sie finden diese im Register *START*, Gruppe *QuickSteps*. Zeigen Sie mit der Maus auf einen QuickStep, um Informationen zu dessen Funktion zu erhalten. Durch Anklicken von *Weitere* zeigen Sie alle verfügbaren QuickSteps und weitere Befehle an:

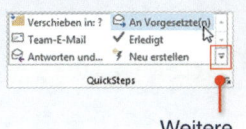

Weitere

QuickSteps	Funktionsbeschreibung
Verschieben in:?	Verschiebt ausgewählte E-mail in einen Ornder*, nachdem sie als gelesen markiert wurde.
An Vorgesetzte(n)	Leitet die ausgewählte E-Mail an die vorgesetzte Person* weiter.
Team E-mail	Erstellt eine neue E-mail an Ihr Team*.
Erledigt	Markiert die ausgewählte E-Mail als erledigt, verschiebt sie in einen Ordner* und markiert sie als gelesen.
Antworten und löschen	Antwortet dem Absender und löscht die ursrpüngliche E-Mail

* Welcher Ordner, welche Person oder welche Personen hierbei verwendet werden, wird jeweils bei der ersten Verwendung eines QuickSteps hinterlegt.

QuickSteps ausführen

Um einen QuickStep auszuführen, markieren Sie zunächst die E-Mail und klicken dann auf den gewünschten QuickStep, z. B. *Antworten und löschen*

■ Markieren Sie die E-Mail, die Sie beantworten möchten.

■ Wählen Sie *START* ▸ Gruppe *QuickSteps* ▸ *Antworten und löschen* aus.

■ Ein Nachrichtenformular zum Antworten auf die E-Mail wird geöffnet.

■ Die E-Mail im Posteingang wird gelöscht.

Vordefinierte QuickSteps bearbeiten

QuickSteps müssen in der Regel spezifiziert werden, bevor sie benutzt werden können, z. B. *An Vorgesetzten*

■ Klicken Sie auf *An Vorgesetzen* in der Gruppe *QuickSteps*. Das Fenster *Erstes Einrichten* öffnet sich (siehe Bild 2.75).

■ Tragen Sie einen Namen für den QuickStep ein und wählen Sie über das Feld *An* den oder die Empfänger der Nachricht aus.

■ Der QuickStep wird unter dem eingegebenen Namen in der Gruppe *QuickSteps* gespeichert. Der Eintrag *An Vorgesetzte* wurde durch die Änderungen ersetzt.

Durch Anklicken des QuickSteps wird ein Nachrichtenfenster zur Weiterleitung der markierten E-Mail angezeigt. Die festgelegte E-Mail-Adresse ist eingetragen.

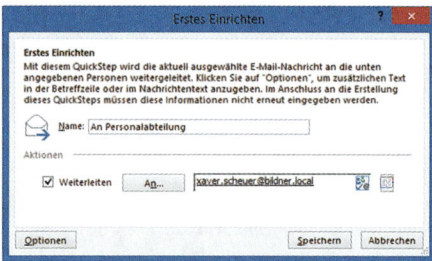

Bild 2.75 Erstes Einrichten

Bild 2.76 QuickStep erzeugt diese E-Mail

QuickSteps verwalten

Im Dialogfenster *QuickSteps verwalten* bearbeiten, löschen oder erstellen Sie neue QuickSteps. Ebenso ändern Sie die Anzeigenreihenfolge über die blauen Pfeile. Sie rufen das Dialogfenster durch Anklicken des Gruppensymbols 🔲 von *QuickSteps* auf.

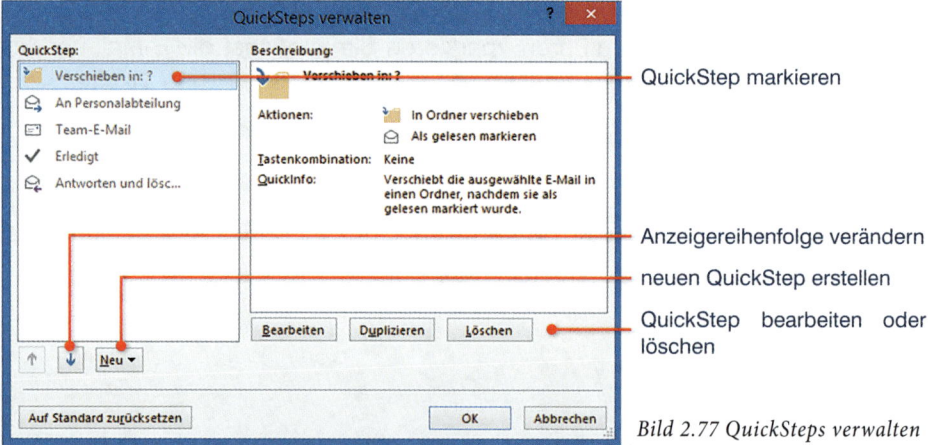

Bild 2.77 QuickSteps verwalten

Neuen QuickStep erstellen

Beispiel: Die E-Mail soll die rote Kategorie erhalten und in den Ordner "Lieferanten" verschoben werden.

Kategorisierung siehe
Seite 66

Klicken Sie in der Gruppe *QuickSteps* auf *Weitere* und zeigen Sie auf *Neuer QuickStep*. Falls einer der angebotenen Befehle Ihren Wünschen entspricht, z. B. *Kategorisieren und verschieben...* wählen Sie diesen aus. Vergeben Sie einen Namen für den QuickStep und in diesem Beispiel einen Zielordner und eine Kategorisierung.

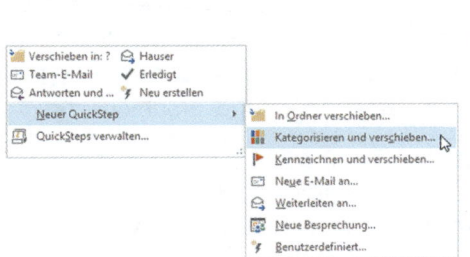
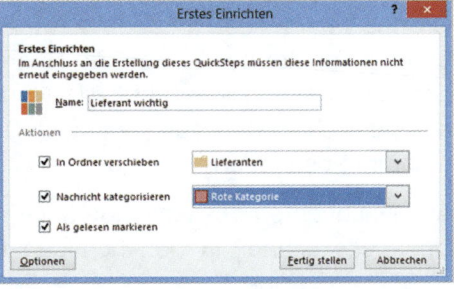
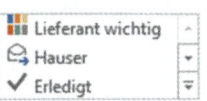

Bild 2.78 Neuen QuickStep „Kategorisieren und verschieben..."erstellen

Im Beispiel oben waren die einzelnen Befehle schon vorbereitet. Über *Benutzerdefiniert...* erstellen Sie einen ganz eigenen QuickStep, z. B. Antworten auf eine E-Mail und Verschieben der Nachricht in einen Ordner: Vergeben Sie wieder einen Namen für den QuickStep und wählen Sie über den Dropdown Pfeil die erste Aktion aus (siehe Bild 2.79). Eine zusätzliche Aktion fügen Sie über die Schaltfläche *Aktion hinzufügen* an (siehe Bild 2.80). Fall Sie eine Aktion wieder entfernen möchten klicken Sie auf das ✕ Symbol hinter der Aktion.

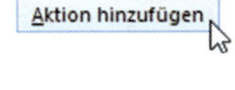

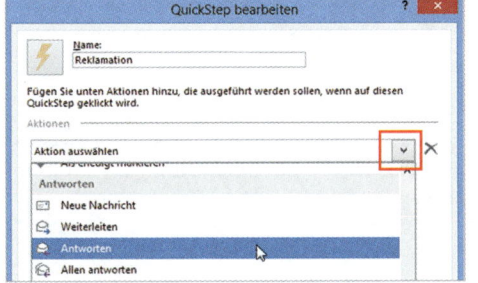

Bild 2.79 erste Aktion auswählen

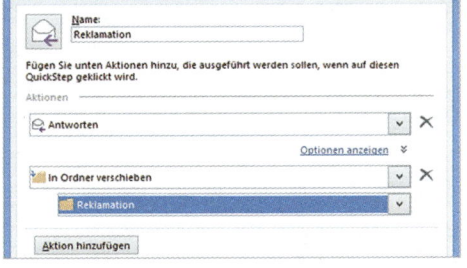

Bild 2.80 nächste Aktion auswählen

QuickSteps und eigene Ordner

Zum Verschieben von E-Mails in eigene Ordner klicken Sie in der Gruppe *QuickSteps* auf *Weitere* und zeigen auf *Neuer QuickStep*. Klicken Sie dann auf *In Ordner verschieben* und wählen Sie im folgenden Fenster den Zielordner aus.

Regeln zur Nachrichtenverwaltung erstellen

Nachrichten im *Posteingang* oder im Ordner *Gesendete Elemente* können mit Hilfe von genau definierten Regeln unmittelbar nach dem Erhalt bzw. Senden gekennzeichnet oder verschoben werden.

Regel erstellen

Beispiel: Alle Nachrichten einer Person in einen Ordner verschieben

Markieren Sie eine E-Mail der betreffenden Person. Klicken Sie auf *START* ▶ Gruppe *Verschieben* ▶ *Regeln* ▶ *Nachrichten von … immer verschieben*. Im folgenden Fenster bestimmen Sie einen Ordner bzw. Unterordner, den Sie zuvor angelegt haben (siehe Bild 2.81). Neue Nachrichten dieser Person werden nun automatisch in den ausgewählten Ordner verschoben und erscheinen nicht mehr im Posteingang.

Alte Nachrichten des Absenders sind allerdings immer noch im Posteingang. Um diese schnell in den richtigen Ordner zu verschieben, verwenden Sie *START* ▶ Gruppe *Verschieben* ▶ *Regeln* ▶ *Regeln und Benachrichtigungen verwalten* und klicken auf die Schaltfläche *Regeln jetzt anwenden* (siehe Bild 2.82). Im nächsten Fenster aktivieren Sie die gewünschte Regel und bestätigen die Schaltfläche *Jetzt ausführen*. Dadurch werden alle alten E-Mails in den gewünschten Ordner verschoben.

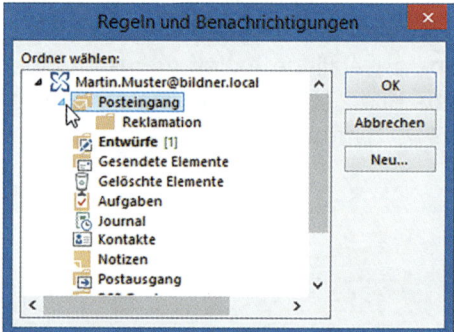

Bild 2.81 Zielordner festlegen

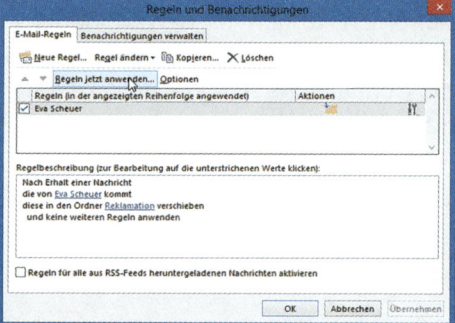

Bild 2.82 Regeln und Benachrichtigungen verwalten

Regel löschen

Um eine Regel zu löschen, verwenden Sie *START* ▶ Gruppe *Verschieben* ▶ *Regeln* ▶ *Regeln und Benachrichtigungen verwalten*, markieren die Regel und klicken auf die Schaltfläche *Löschen.*

Eine Alternative zur Erstellung von Regeln können QuickSteps sein. Regeln gelten immer für alle E-Mails *von* oder *an* eine Person bzw. für einen *Betreff*, während QuickSteps für die markierte E-Mail ausgewählt werden. Natürlich hat die Regel den Vorteil, dass sie automatisch abläuft.

2.11 E-Mail-Verwaltung bei Abwesenheit

Automatische Antworten erstellen

Mit einer Abwesenheitsmeldung informieren Sie Kollegen, Kunden, Lieferanten etc. dass Sie für längere Zeit nicht am Arbeitsplatz sind. Jede Person, die Ihnen eine E-Mail sendet, erhält automatisch eine Abwesenheitsmeldung.

Dieses Feature steht nur mit Microsoft Exchange Server zur Verfügung und ist zudem abhängig von der Exchange-Server-Version sowie dessen Konfiguration. Erkundigen Sie sich bei Ihrem Administrator über die zur Verfügung stehenden Möglichkeiten.

Automatische Antworten nur mit Microsoft Exchange

Abwesenheitsmeldung erstellen

1 Wählen Sie auf der Registerkarte *DATEI* den Bereich *Informationen* aus und klicken Sie auf die Schaltfläche *Automatische Antworten*.

2 Aktivieren Sie *Automatische Antworten senden* und *Nur in diesem Zeitraum senden*. Legen Sie dann den Zeitraum Ihrer Abwesenheit fest.

3 Tragen Sie auf dem Register *Innerhalb meiner Organisation* einen Text für die Meldung ein, um Ihre Kollegen über Ihre Abwesenheit zu informieren. Für alle anderen Personen legen Sie auf dem Register *Außerhalb meiner Organisation* eine zusätzliche Abwesenheitsmeldung fest. Diese kann an *Nur meine Kontakte* oder *Jeder außerhalb meiner Organisation* versendet werden. Mit *Nur meine Kontakte* ist allerdings ein Exchange Server-Ordner gemeint. Sofern Ihre Kontakte dort nicht hinterlegt sind, müssen Sie an jeden außerhalb Ihrer Organisation mailen.

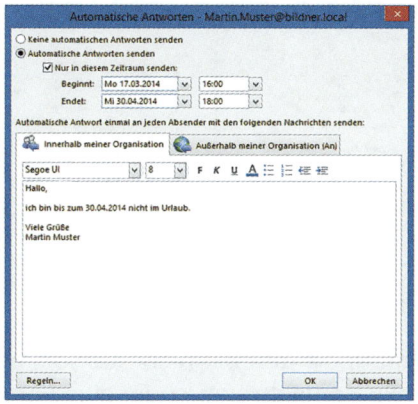
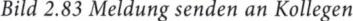

Bild 2.83 Meldung senden an Kollegen

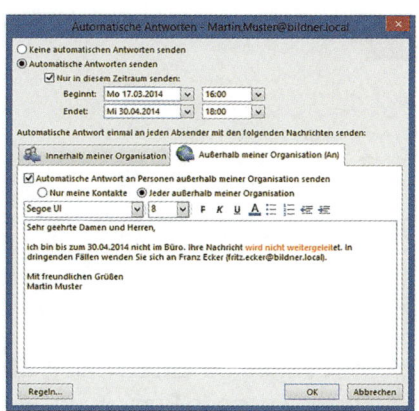

Bild 2.84 Meldung an Absender Außerhalb

4 Ihr Konto sendet jetzt für den ausgewählten Zeitraum eine Abwesenheitsmeldung.

Eine vorhandene E-Mail Signatur wird hier nicht mitversendet. Grußzeile, Adresse, Telefonnummern und alle anderen vorgeschriebenen Informationen müssen in das Feld eingetragen werden.

Während des Abwesenheitszeitraums erscheint in Outlook unter dem Menüband ein Hinweis. Über die Schaltfläche *Deaktivieren*, können Sie die Versendung von Abwesenheitsmeldungen während des aktivierten Zeitraums ausschalten. Alternativ können Sie auch im Register *DATEI*, Bereich *Informationen* bei *Automatische Antworten* auf *Deaktivieren* klicken.

Deaktivieren

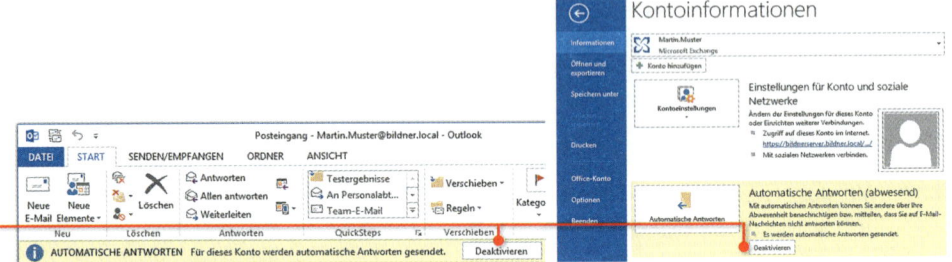

Bild 2.85 Meldung vorzeitig deaktivieren

Abwesenheitsmeldung empfangen

In Outlook 2013 werden Sie bereits beim Versuch an einen abwesenden Kollegen (also Personen innerhalb Ihrer Organisation) zu mailen, von dessen Abwesenheit in Kenntnis gesetzt. Unter Umständen wird damit das Schreiben der E-Mail unnötig - das spart Zeit. Zum einen wird ein Hinweis im Nachrichtenformular angezeigt, sobald die E-Mail-Adresse der abwesenden Person eingefügt wurde und zum andern wird die E-Mail-Adresse grün dargestellt.

Infoleiste
grüne Adresse

Quickinfo

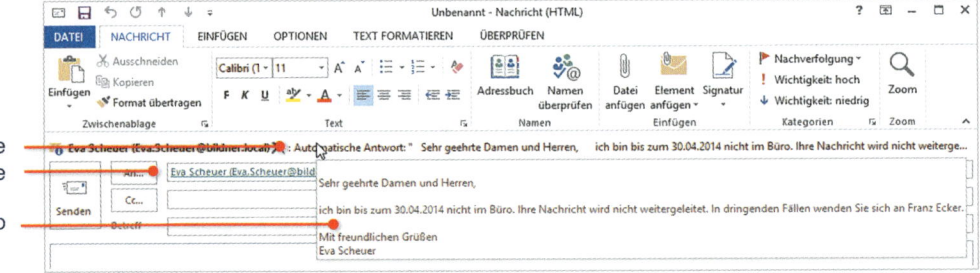

Bild 2.86 Information über Abwesenheit des Empfängers

Dieses Feature gehört zu den **E-Mail-Infos**, die den Benutzer warnen, wenn er an eine abwesende Person, an eine große Kontaktgruppe oder eine Person außerhalb der eigenen Organisation mailt. Allerdings funktionieren diese Features nur in einer Microsoft Exchange-Umgebung.

Stellvertretung einrichten

Wenn Sie in einer Microsoft Exchange Umgebung arbeiten, können Sie die Funktion *Stellvertretungen* nutzen und Kollegen als Stellvertreter bestimmen. Der Stellvertreter kann beispielsweise Ihre E-Mails lesen und beantworten, Besprechungsanfragen zu- oder absagen, Termine eintragen und vieles mehr. Was ein Stellvertreter einsehen und nutzen darf, legen Sie individuell fest.

Die Verwendung der Funktion *Stellvertretungen* eignet sich nicht nur für Krankheits- oder Urlaubsvertretung sondern auch für die tägliche, innerbetriebliche Organisation beispielsweise zwischen Koordinator und Außendienstmitarbeiter oder Sekretariat und Abteilungsleitung:

- Der Außendienstmitarbeiter setzt den Koordinator als Stellvertreter ein. So kann dieser notwendige E-Mails beantworten, Termine vereinbaren oder auch neue E-Mails „im Auftrag" des Außendienstmitarbeiters verfassen.

- Ebenso kann der Sekretär Besprechungsanfragen für den Vorgesetzten zu- oder absagen.

Stellvertreter erstellen

1 Um einen Stellvertreter einzurichten, wählen Sie im Register *DATEI ▶ Informationen ▶ Kontoeinstellungen ▶ Zugriffsrechte für Stellvertretung* aus.

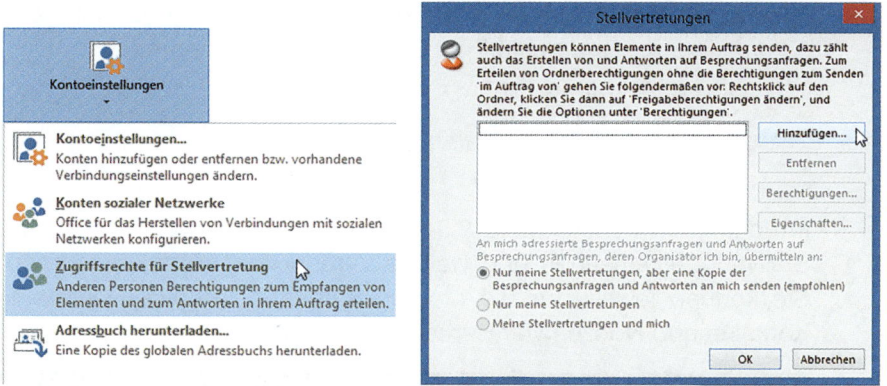

Bild 2.87 Kontoeinstellungen-Stellvertretung Bild 2.88 Fenster Stellvertretungen

2 Im Dialogfenster *Stellvertretungen* klicken Sie auf die Schaltfläche *Hinzufügen...*, um das Fenster *Benutzer hinzufügen* zu öffnen (siehe nächste Seite). Wählen Sie aus den Benutzern einen oder mehrere aus, indem Sie auf den Namen doppelklicken. Bestätigen Sie mit *OK*.

Beachten Sie, dass Sie nur Personen aus Ihrem Adressbuch wählen können, die in derselben Exchange Umgebung arbeiten. Ressourcen und Kontaktgruppen können ebenfalls nicht ausgewählt werden. Diese erkennen Sie an einem kleinen roten Sperrsymbol.

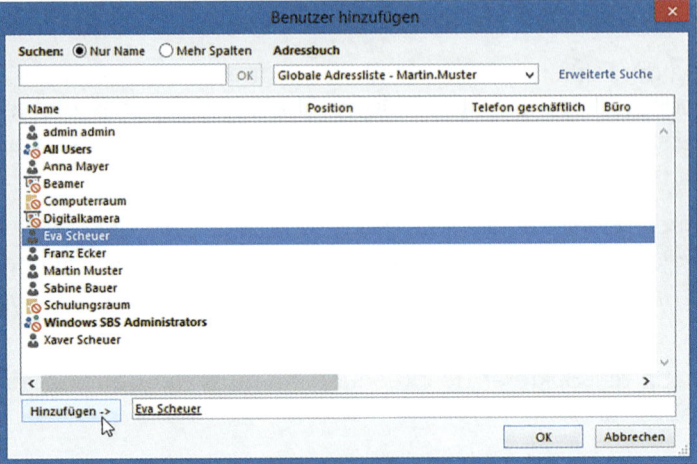

Bild 2.89 Benutzer als
Stellvertreter festlegen

Sofern Sie eine Fehlermeldung erhalten, obwohl der Kontakt Ihrer Organisation angehört, dann synchronisieren Sie Ihr Globales Adressbuch. Klicken Sie auf *DATEI* ▸ *Informationen* ▸ *Kontoeinstellungen* ▸ *Adressbuch herunterladen...* und bestätigen Sie das neue Fenster mit *OK*.

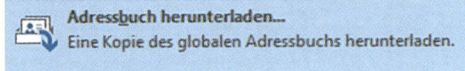

Bild 2.90 Adressbuch
herunterladen

3   Im folgenden Fenster (Bild 2.91 nächste Seite) legen Sie fest, was der Stellvertreter einsehen und welche Veränderungen er vornehmen darf. Sie können jeweils für die Module Kalender, Aufgaben, Posteingang, Kontakte und Notizen vier Berechtigungsstufen vergeben:

Berechtigung	Funktion
Keine	Hat keinerlei Zugriffsrechte
Prüfer	Darf vorhandene Inhalte nur lesen
Autor	Darf vorhandene Inhalte lesen und neue erstellen
Bearbeiter	Darf vorhandene Inhalte lesen, verändern und neue erstellen

4 Um Ihre Stellverteter automatisch per E-Mail über Ihre Berechtigungen zu informieren, aktivieren Sie das Kontrollfeld bei *Automatisch Zusammenfassung der Berechtigungen an Stellvertretung senden*. Wollen Sie den Zugriff auf als *Privat* markierte Elemente gestatten, aktivieren Sie den Punkt *Stellvertretung kann private Elemente sehen*. Bestätigen Sie das Dialogfenster mit *OK*.

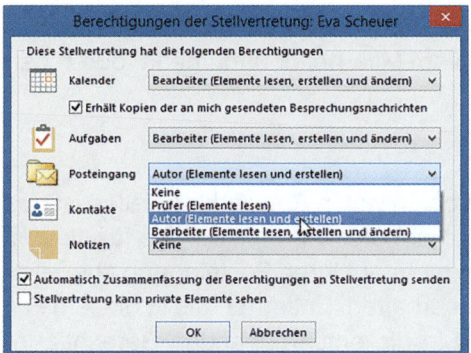

Bild 2.91 Berechtigungen festlegen

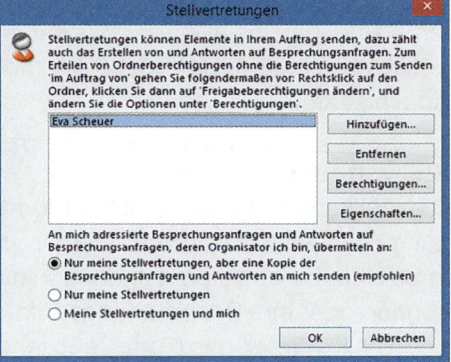

Bild 2.92 Stellvertretung abschließen

5 Im Dialogfenster *Stellvertretungen* wird jetzt der hinzugefügte Stellvertreter angezeigt. In den unteren drei Optionsfeldern stellen Sie den Empfänger von Besprechungsanfragen ein. Der Stellvertreter erhält die Besprechungsanfragen in seinem Posteingang. Um die Erstellung eines Stellvertreters abzuschließen, klicken Sie auf *OK*.

Alle gewählten Stellvertreter erhalten dieselben Berechtigungen. Möchten Sie individuelle Berechtigungen vergeben, so müssen Sie die Stellvertreter einzeln erstellen oder später abändern.

Problemfall: Löschen von Elementen durch den Stellvertreter
Sofern der Stellvertreter die Berechtigungsstufe *Bearbeiter* hat, kann er auch entsprechende Elemente löschen, z. B. einen Termin oder eine E-Mail. Das gelöschte Objekt wird standardmäßig in den Ordner Gelöschte Elemente des Stellvertreters! verschoben. Der Besitzer des Postfachs sieht also nicht, was gelöscht wurde.

Soll bei Löschung durch den Stellvertreter das Element im Ordner Gelöschte Elemente des Postfach-Besitzers angezeigt werden, dann muss dem Stellvertreter die Berechtigung erteilt werden, Elemente in diesem Ordner zu erstellen:

- Markieren Sie dazu den Ordner Gelöschte Elemente im Ordnerbereich und klicken Sie im Register *ORDNER* auf *Ordnerberechtigungen*.

- Das Dialogfenster *Gelöschte Elemente: Eigenschaften* öffnet sich. Klicken Sie hier auf die Schaltfläche *Hinzufügen...* und wählen Sie mit einem Doppelklick den Benutzer aus, dem Sie als Ihrem Stellvertreter die Berechtigung für den Ordner Gelöscht Elemente erteilen möchten.

■ Wählen Sie bei *Berechtigungsstufe: Mitwirkender* und bestätigen Sie Ihre Änderungen mit *OK*.

Das allein ist allerdings noch nicht ausreichend. Gleichzeitig muss eine Änderung der Registry (Datenbank, die Einstellungen des Windows-Betriebssystems und der installierten Programme enthält) vorgenommen werden. Dies geschieht in einem Unternehmen, meist vom Mitarbeiter unbemerkt, durch den Administrator.

Stellvertreter verwalten

Die Stellvertretung endet nicht automatisch. In vielen Anwendungsfällen ist das auch nicht wünschenswert. Allerdings soll ein Stellvertreter, der Sie für die Zeit Ihres Urlaubs vertreten hat, danach nicht mehr auf Ihren Posteingang zugreifen können oder Ihre Besprechungsanfragen erhalten. Entfernen Sie in diesem Fall den Stellvertreter ganz oder entziehen Sie die entsprechenden Berechtigungen.

■ Klicken Sie auf *DATEI* ▶ *Informationen* ▶ *Kontoeinstellungen* ▶ *Zugriffsrechte für Stellvertretung*, um das Fenster *Stellvertretungen* zu öffnen. In der Liste sehen Sie alle vorhandenen Stellvertreter. Markieren Sie den gewünschten Stellvertreter durch Anklicken und wählen Sie den Befehl *Entfernen*, um diese Stellvertretung zu löschen.

■ Klicken Sie auf *Berechtigungen...*, um die Zugriffsrechte dieser Stellvertretung abzuändern.

■ Unter *Eigenschaften...* erhalten Sie eine Zusammenfassung der Kontaktinformationen.

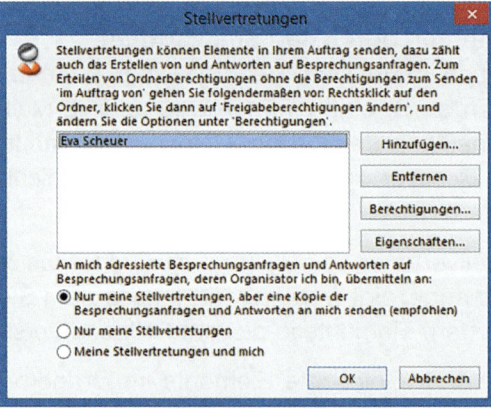

Bild 2.93 Fenster Stellvertretungen

Ordnerberechtigungen vergeben

Falls der Stellvertreter Ihr Postfach permanent in seinem Ordnerbereich anzeigen möchte und eine Fehlermeldung (*Der Ordner kann nicht erweitert werden, ein Clientvorgang ist fehlgeschlagen*) erhält, müssen Sie folgende Einstellung vornehmen:

1 Klicken Sie mit der rechten Maustaste im Modul *E-Mail* auf Ihr Postfach und wählen Sie im Kontextmenü *Ordnerberechtigungen* aus.

2 Im Dialogfenster wird das Register *Berechtigungen* angezeigt. Klicken Sie auf die Schaltfläche *Hinzufügen* und wählen Sie Ihren Stellvertreter aus.

3 Der Name des Stellvertreters wird angezeigt und ist markiert. Aktivieren Sie unter *Sonstiges* das Kontrollkästchen *Ordner sichtbar* und bestätigen Sie mit *OK*.

Stellvertretung übernehmen

Wenn Sie als Stellvertreter für einen anderen Exchange Benutzer ausgewählt wurden, erhalten Sie üblicherweise eine E-Mail Nachricht, in der Sie über Ihre Berechtigungen informiert werden.

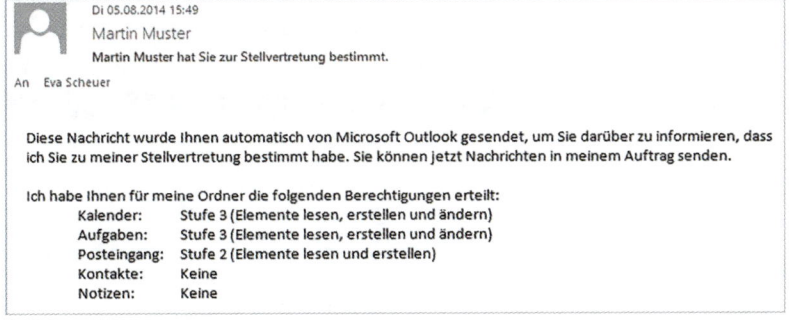

Bild 2.94 E-Mail Benachrichtigung über Stellvertretungen

Freigegebene Ordner öffnen

Als Stellvertreter öffnen Sie den Ordner der zu vertretenden Person (z. B. Kalender oder Posteingang), indem Sie auf *DATEI* ▶ *Öffnen und exportieren* ▶ *Ordner eines anderen Benutzers* klicken. Es erscheint das Fenster *Ordner eines anderen Benutzers öffnen*. Klicken Sie dort auf die Schlatfläche *Name*, um eine Liste aller Benutzer zu öffnen. Wählen Sie den Benutzer aus und bestätigen mit *OK*. Wählen Sie nun noch den Ordnertyp (z. B. Posteingang) aus und klicken auf *OK*. Der gewählte Ordner öffnet sich in Ihrer Outlook Standard-Ansicht.

Bild 2.95 Ordner anderer Benutzer öffnen   *Bild 2.96 Fenster Ordner öffnen*

Sollten Sie keine Berechtigung für diesen Ordner haben, erscheint ein Warnhinweis und Sie erhalten die Möglichkeit, die Berechtigung per E-Mail anzufordern.

Postfach einer anderen Person permanent öffnen

Um das Postfach eines Kollegen, für den Sie die Stellvertretung übernommen haben, permanent in Ihrem Ordnerbereich anzuzeigen gehen Sie wie folgt vor.

1   Klicken Sie auf *DATEI* ▶ *Informationen* ▶ *Kontoeinstellungen* ▶ *Kontoeinstellungen...*, um das Fenster *Kontoeinstellungen* zu öffnen. Markieren Sie Ihr E-Mail Konto und klicken auf *Ändern...* .

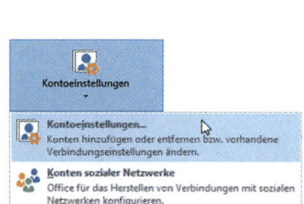

Bild 2.97 Kontoeinstellungen öffnen   *Bild 2.98 Kontoeinstellungen*

2   Im folgenden Fenster klicken Sie auf die Schaltfläche *Weitere Einstellungen...* und wählen das Register *Erweitert* aus (Abbildung nächste Seite)

3   Über die Schaltfläche *Hinzufügen...* können Sie nun den Namen der Person eingeben, deren Postfach Sie öffnen möchten. Bestätigen Sie durch klicken auf *OK* ▶ *Weiter* ▶ *Fertigstellen*.

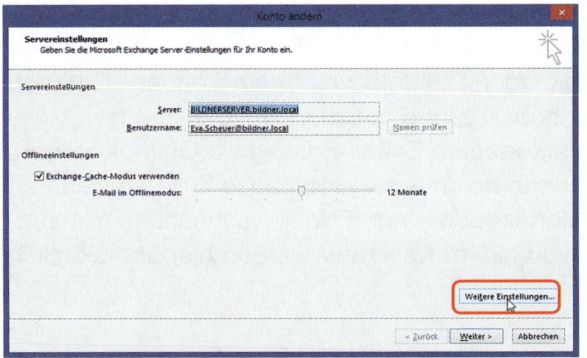

Bild 2.99 Konto ändern - Erweiterte Einstellungen...

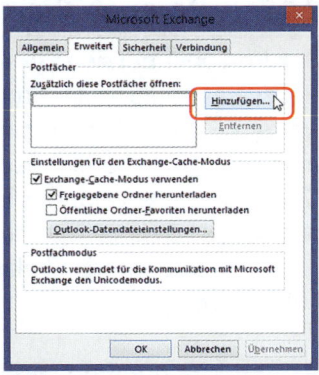

Bild 2.100 zusätzliche Postfächer öffnen

Bild 2.101 Ordnerbereich mit Postfach eines Kollegen

Nun wird im Ordnerbereich unter Ihrem Postfach auch das Konto Ihres Kollegen, für den Sie die Stellvertretung übernommen haben, angezeigt. Zunächst ist nur der Name sichtbar. Klicken Sie auf das Dreieck, um den Posteingang des fremden Postfachs anzuzeigen.

Unter Umständen erhalten Sie eine Fehlermeldung (*Der Ordner kann nicht erweitert werden, ein Clientvorgang ist fehlgeschlagen*). Dann muss der Kollege sein Postfach in den Ordnerberechtigungen auf *sichtbar* stellen (siehe Ordnerberechtigungen vergeben auf Seite 85), bevor Sie das Postfach hinzufügen können.

Neue E-Mail im Auftrag verschicken

Um eine Nachricht als Stellvertreter zu schreiben, öffnen Sie ein neues Nachrichtenformular. Aktivieren Sie im Register *OPTIONEN* die Schaltfläche *Von*❶. Nun klicken Sie in der E-Mail auf den Befehl *Von* ❷ und wählen *Weitere E-Mail-Adresse...* ❸. Im Fenster *Von anderer E-Mail-Adresse senden* wählen Sie wiederum mit *Von...*❹ den Benutzer, in dessen Namen Sie senden möchten, aus.

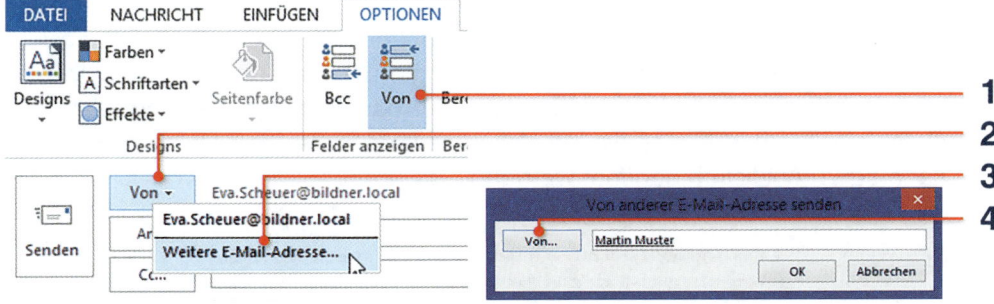

Bild 2.102 E-Mail im Auftrag schreiben

Bild 2.103 Fenster:Von anderer Adresse senden

Der Empfänger der E-Mail erhält in diesem Beispiel eine Nachricht von Martin Muster (E-Mail Adresse des Absenders). Erst im E-Mail Header wird angezeigt, dass die Nachricht von Eva Scheuer verfasst und im Auftrag versendet wurde.

2.12   Personenbereich

Der Personenbereich ist ein Feature durch welches Sie Outlook mit sozialen Netzwerken wie z. B. Facebook oder LinkedIn verbinden können. Dadurch werden Statusaktualisierungen Ihrer Freunde gleich in Outlook angezeigt. Sie müssen allerdings mit diesen Personen im E-Mail-Kontakt via Outlook stehen. Darüber hinaus zeigt der Personenbereich auch eine ganze Fülle an weiteren nützlichen Outlook-internen Informationen an: E-Mail-Nachrichten, Besprechungsanfragen oder Anlagen von einem Absender werden hier übersichtlich aufgeführt.

Personenbereich anzeigen

Der Personenbereich wird im Modul E-Mail rechts unten, ebenso im Nachrichtenformular und im Kontaktvormular angezeigt. Standardmäßig ist der Personenbereich minimiert, kann aber durch Anklicken des Pfeilsymbols maximiert werden. Sollte der Personenbereich nicht angezeigt werden, klicken Sie auf *ANSICHT* ▶ Gruppe *Personenbereich* ▶ *Personenbereich* ▶ *Normal*.

Register anklicken, um E-Mails zu filtern

Personenbereich maximieren

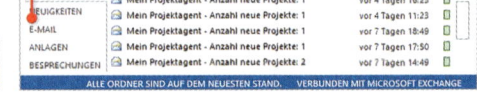

Bild 2.104 Minimierter Personenbereich   *Bild 2.105 Personenbereich Darstellung Normal*

Verbindung herstellen

Um Statusaktualisierungen Ihrer Freunde in Outlook anzuzeigen, muss eine Verbindung zu Ihrem Facebook-Account erstellt werden. Wählen Sie *ANSICHT* ▶ *Personenbereich* ▶ *Kontoeinstellungen* oder *DATEI* ▶ *Informationen* ▶ *Kontoeinstellungen* ▶ *Konten sozialer Netzwerke* aus.

Weitere Informationen des Personenbereichs

Die Register E-Mail, Anlagen und Besprechungen zur gefilterten Anzeige von E-Mails können auch ohne Verbindung zu einem sozialen Netzwerk genutzt werden.

Markieren Sie im *Posteingang* eine E-Mail-Nachricht der Person, zu der Sie Informationen anzeigen möchten. Im Personenbereich können Sie durch Anklicken der einzelnen Register die angezeigten Daten auf das Gesuchte eingrenzen. Zeigen Sie mit der Maus kurz auf das Register. Die eingeblendete QuickInfo informiert über die Art der angezeigten Elemente. Jedes Element kann durch Anklicken geöffnet werden.

QuickInfo für Register

Bild 2.106 QuickInfo für Register Neuigkeiten

2.13   Spezialwissen E-Mail

Adressbuch nach Nachnamen sortiert anzeigen

Im Modul Personen vereinbaren Sie beim Anlegen eines Kontakts, ob dieser unter dem Nachnamen, dem Vornamen oder der Firma gespeichert und im alphabetischen Überblick angezeigt wird. Das Adressbuch, welches die gespeicherten E-Mail Adressen zur Verfügung stellt, wird unabhängig von den Einstellungen im Modul Personen zunächst nach Vornamen sortiert angezeigt.

1   Wählen Sie die Registerkarte *DATEI* - Bereich *Informationen* aus. Klicken Sie auf die Schaltfläche *Kontoeinstellungen* und wählen Sie darunter den Menüpunkt *Kontoeinstellungen* aus.

2   Wechseln Sie zum letzten Register *Adressbücher* und markieren Sie das *Outlook-Adressbuch*. Klicken Sie auf die Schaltfläche *Ändern*.

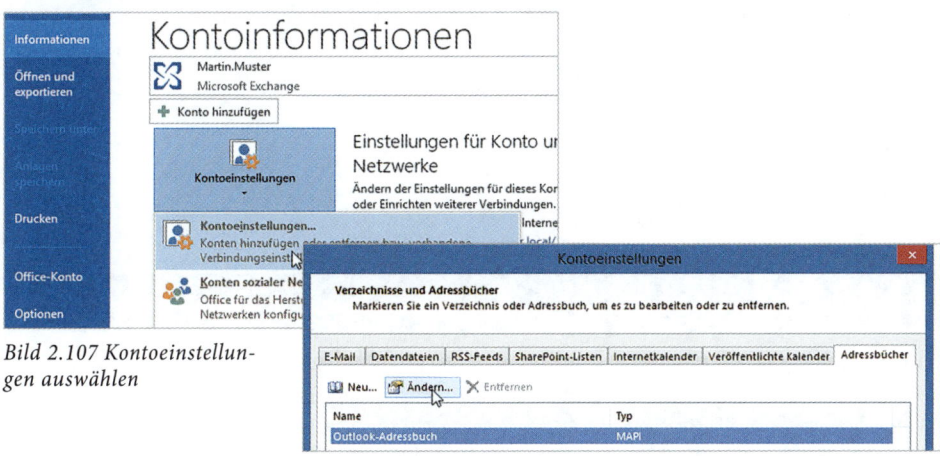

Bild 2.107 Kontoeinstellungen auswählen

Bild 2.108 Adressbuch ändern

3   Sie erhalten eine Aufstellung der Ordner, die als Adressbücher verwendet werden. Die globale Adressliste kann nicht bearbeitet werden, daher ist sie hier nicht aufgeführt.

4   Aktivieren Sie im Abschnitt *Namen ordnen* die Auswahl *Wie „Speichern unter"* und schließen Sie die Fenster. Diese Änderung bezieht sich auf alle in diesem Fenster angezeigten Adressbücher.

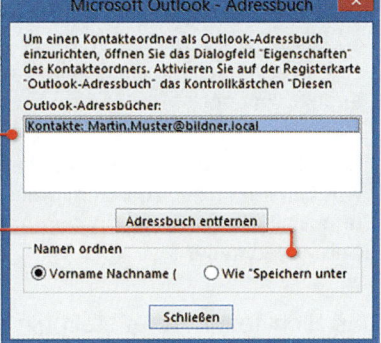

Damit die Änderungen wirksam werden, müssen Sie Outlook schließen. Beim erneuten Öffnen werden die Einträge des Adressbuchs nach Nachnamen geordnet angezeigt.

E-Mail-Formate

E-Mails können in drei verschiedenen Formaten verfasst werden: *Nur-Text*, *HTML-Format* und *Rich-Text*:

Nur Text

In der einfachsten Form versenden Sie eine Nachricht im Nur-Text-Format. Diese enthält keinerlei Formatierung.

Vorteile	Nachteile
Der Inhalt der E-Mail wird beim Empfänger genauso dargestellt, wie er eingegeben wurde.	Die Gestaltungsmöglichkeiten sind sehr gering.
Der Text kann von jedem beliebigen E-Mail-Programm angezeigt werden.	Sie können in den Nachrichtentext keinerlei Bilder einfügen.
Im Gegensatz zu E-Mails im HTML-Format, kann der Nachrichtentext im Nur-Text-Format keinerlei ausführbare Skripte enthalten und stellt damit für den Empfänger kein Sicherheitsrisiko dar.	
Die E-Mails benötigen wenig Speicherplatz und haben eine geringe Übertragungsdauer.	

HTML

HTML ist eigentlich ein Dateiformat für Webseiten, kann aber auch für die Gestaltung von E-Mails verwendet werden und ist das am weitesten verbreitete Format für E-Mails.

Vorteile	Nachteile
HTML erlaubt fast alle Zeichen- und Absatzformatierungen wie Schriftart und -größe, Schriftfarbe, Ausrichtung, Aufzählung und Nummerierung	HTML kann Skripte, enthalten, die auf Ihrem Computer unbemerkt Schäden verursachen. Aus diesem Grund werden E-Mails im HTML-Format von einigen wenigen Mailservern zurückgewiesen.
Grafiken, z. B. das Firmenlogo und sonstige Gestaltungselemente, wie Hintergrundfarben, können im Nachrichtentext verwendet werden.	Eine E-Mail im HTML-Format mit integrierten Grafiken benötigt nicht nur mehr Speicherplatz, sondern hat auch eine längere Übertragungsdauer.
Das HTML-Format vereint die Vorteile von Nur-Text (z. B. Anlagenvorschau) und Rich-Text (z. B. Formatierung) ohne deren Nachteile.	

Rich-Text

Das Rich-Text-Format stellt ein spezielles Microsoft Nachrichtenformat dar. Ihnen stehen Formatierungsmöglichkeiten zur Verfügung, es bietet gegenüber HTML aber keine Vorteile. Dieses Format wird nicht von allen E-Mail Programmen dargestellt und sollte daher, wenn überhaupt, nur für Nachrichten im internen Netzwerk verwendet werden.

Änderung E-Mail Format

Sie sehen das aktuell verwendete Format in der Titelleiste des Nachrichtenformulars. Ihnen stehen die Möglichkeiten *Nur-Text*, *HTML-Format* und *Rich-Text* zur Verfügung.

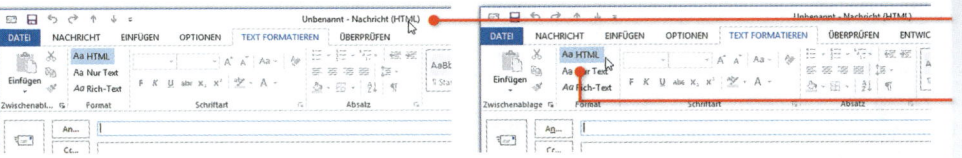

aktuell verwendetes
Format

Änderung des Formats

Bild 2.109 Formate des E-Mail-Textes *Bild 2.110 Format einer E-Mail ändern*

Zum Ändern des E-Mail-Formats für die geöffnete E-Mail, wählen Sie im Nachrichtenformular auf der Registerkarte *TEXT FORMATIEREN* in der Gruppe *Format* das gewünschte Format durch Anklicken aus.

Um die Standardeinstellung des E-Mail-Formats zu verändern, wählen Sie auf der Registerkarte *DATEI* den Bereich *Optionen* aus. Sie gelangen zum Fenster *Outlook-Optionen*. Klicken Sie hier links im Fenster *E-Mail* an und wählen Sie im Abschnitt *Nachrichten verfassen* das gewünschte Format aus.

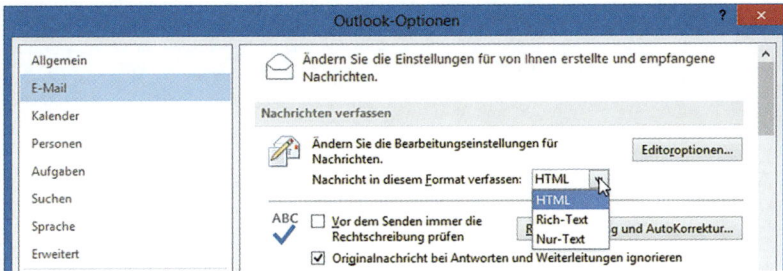

Bild 2.111 Standard-Format für E-Mails festlegen

Erhalten bestimmte Personen Ihre E-Mails nicht, so kann es daran liegen, dass deren Mailserver Nachrichten im HTML-Format löscht. Wenn dieses Übermittlungsproblem auftritt, versenden Sie die E-Mail im Nur-Text Format.

Mehrere E-Mail-Konten verwenden

Um ein weiteres E-Mail-Konto hinzuzufügen, wählen Sie *DATEI* ▶ *Informationen* ▶ *Konto hinzufügen* und geben die Informationen ein, wie es in Kapitel 1 gezeigt wurde.

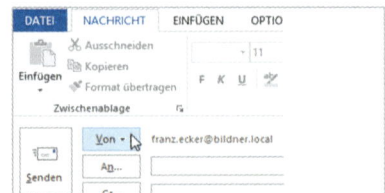

Bild 2.112 zweites Konto hinzufügen   *Bild 2.113 Absenderkonto auswählen*

Enthält Outlook mehrere E-Mail-Konten, so werden diese getrennt voneinander im Ordnerbereich angezeigt. Sie bestimmen, welches E-Mail-Konto eine Nachricht versendet, indem Sie einen E-Mail Ordner des entsprechenden Kontos anklicken und dann ein neues Nachrichtenformular aufrufen. Auch im Nachrichtenformular selbst können Sie noch auswählen, welche Absenderadresse Sie verwenden. Klicken Sie dazu auf die Schaltfläche *Von* , die automatisch angezeigt wird, wenn mehrere E-Mail-Konten existieren und wählen Sie eine Adresse aus.

2.14   Zusammenfassung

■ Um E-Mails versenden und empfangen zu können, muss zunächst ein E-Mail-Konto in Outlook eingerichtet werden.

■ Zur Verwaltung von E-Mails stellt Outlook standardmäßig die Ordner Posteingang, Postausgang, Gesendete Elemente, Entwürfe und Junk-E-Mail zur Verfügung. Die Inhalte der einzelnen Ordner lassen sich über verschiedene Ansichten und Anordnungsvorgaben an Ihre Anforderungen anpassen.

■ Eine E-Mail-Nachricht wird in einem Nachrichtenformular erstellt. E-Mail-Adressen können über Adressbücher eingefügt werden. Über die Schaltfläche Senden wird jede E-Mail in den Postausgang verschoben. Nachdem die Nachricht gesendet wurde, wird eine Kopie im Ordner Gesendete Elemente abgelegt.

■ Als Anlage zu einer E-Mail können Bilder, Word-Dokumente etc. versendet werden. Erhalten Sie Dateianlagen, sollten Sie diese nur öffnen, wenn Sie den Versender der Nachricht kennen, da Anlagen zu E-Mails auch Schadprogramme enthalten können.

■ Mit einer Lesebestätigung fordern Sie den Empfänger Ihrer E-Mail auf, die Kenntnisnahme des Inhalts zu bestätigen. Allerdings muss der Empfänger dieser Aufforderung nicht nachkommen.

■ Die Grußformel, die sich in jeder E-Mail wiederholt, wird als Signatur gespeichert. Dadurch wird sie automatisch Bestandteil jeder neuen E-Mail-Nachricht.

■ Ergibt sich aus einer E-Mail weiterer Handlungsbedarf, können Sie die E-Mail zur Nachverfolgung kennzeichnen. Dadurch wird eine Aufgabe festgelegt und die E-Mail mit einem farbigen Fähnchen hervorgehoben. So werden Sie an den Inhalt der E-Mail erinnert und vergessen Ihre Erledigung nicht.

■ Um im Outlook-Modul E-Mail die Übersicht zu behalten, stehen Ihnen verschiedenste Features zur Verfügung. Sie können E-Mails durch Farben kategorisieren oder neue Ordner anlegen, in die Sie bestimmte Nachrichten verschieben. Der Vorgang des Verschiebens kann durch Festlegen von Regeln automatisiert werden.

■ Mit QuickSteps fassen Sie verschiedene Bearbeitungsschritte zu einem Klick zusammen. Der QuickStep Antworten und Löschen beispielsweise, öffnet ein Nachrichtenformular und löscht die beantwortete Mail.

■ Die Unterhaltungsansicht zeigt alle E-Mails zu einem Betreff, zusammengefasst unter der neuesten Nachricht, an. Dadurch wird der Posteingang übersichtlicher. Unterhaltungen können auch aufgeräumt werden, d. h. mit wenigen Klicks löschen Sie nicht benötigte E-Mails einer Unterhaltungen.

■ Über den Personenbereich verbinden Sie Outlook mit sozialen Netzwerken, wie z. B. Facebook und erhalten Statusupdates. Darüber hinaus ist der Personenbereich ein praktisches Mittel zur sortierten Anzeige von E-Mail-Nachrichten, Besprechungsanfragen oder Anlagen, die Sie von einer Person erhalten haben.

Notizen:

....

....

....

....

....

....

....

....

....

....

....

....

....

3 Kontakte verwalten

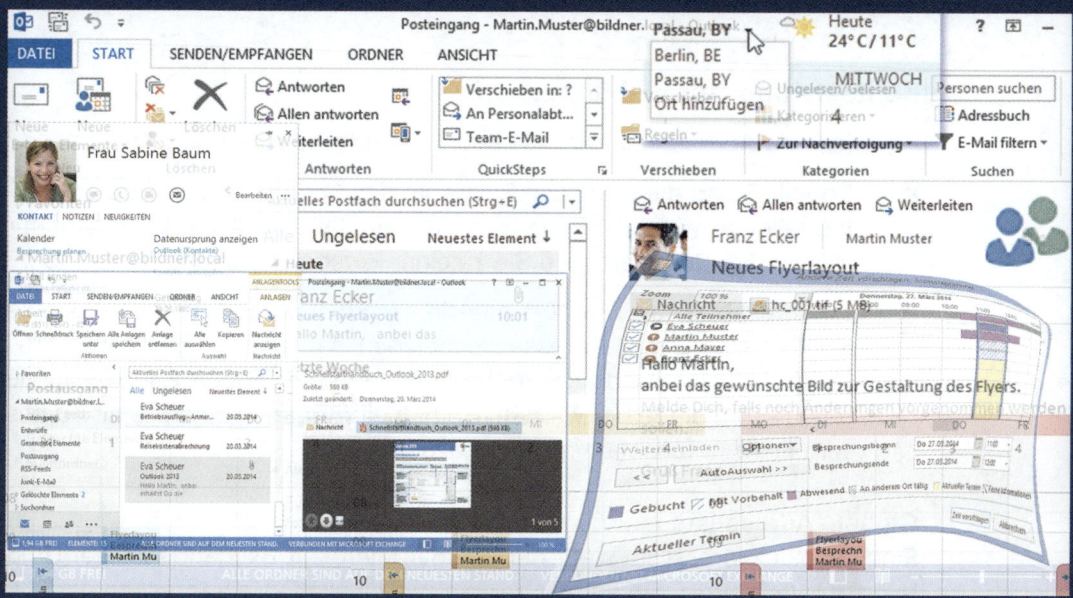

In dieser Lektion lernen Sie...

- Adressen im Ordner Kontakte zu speichern
- den Nutzen von Visitenkarten kennen
- wie Sie Kontaktgruppen erstellen
- wie Sie Kontakte ausdrucken

Diese Kenntnisse sollten Sie bereits mitbringen...

- E-Mail-Grundlagen

3.1   Elemente und Ansicht des Moduls Personen

Das Outlook-Modul *Personen* bietet Ihnen eine komfortable Möglichkeit der Adressverwaltung. Die Features gehen weit über die bloße Speicherung der E-Mail-Adresse und der postalischen Informationen hinaus. Sie können beispielsweise den Geburtstag, Vorgesetzten oder Beruf der einzelnen Person eintragen oder Notizen hinzufügen, z. B. „Dienstag immer außer Haus". Kontakte können für die Erstellung von Serienbriefen in Microsoft Word verwendet oder mit dem Mobiltelefon synchronisiert werden. Der Ordner *Kontakte* ist der zentrale Teil des Outlook-Moduls *Personen.*

Kontakte und Adressbücher

Kontakte und Adressbücher bezeichnen unterschiedliche Sachverhalte:

- Kontakte sind die einzelnen Elemente des Ordners *Kontakte*, also alle Informationen wie z. B. E-Mail-Adresse, postalische Adresse, Telefonnummern, Geburtstag etc., die Sie zu einer Person abspeichern möchten.

- Im Adressbuch sind nur E-Mail-Adressen hinterlegt. Sofern Sie zu einem Kontakt eine E-Mail-Adresse gespeichert haben, wird diese im Adressbuch angezeigt und kann beim Erstellen einer neuen E-Mail-Nachricht aus diesem eingefügt werden. Enthält ein Kontakt keine E-Mail-Adresse, wird er im Adressbuch nicht angezeigt.

Globale Adressliste

Eine Globale Adressliste steht nur in einer Microsoft Exchange Server-Umgebung zur Verfügung. Sie enthält beispielsweise alle E-Mail-Adressen der Mitarbeiter eines Unternehmens. Darüber hinaus kann die Globale Adressliste auch Ressourcen bereitstellen.

Typische Ressourcen in Outlook sind Besprechungsräume oder technische Geräte, wie Beamer, Kamera etc. Über Outlook können die einzelnen Ressourcen für bestimmte Termine gebucht werden.

Die Globale Adressliste ist auf dem Server gespeichert und wird vom Administrator verwaltet. Die einzelnen Benutzer können keine Daten in die Adressliste eingeben, Änderungen vornehmen oder Datensätze löschen. Jeder Benutzer kann allerdings Kontaktinformationen aus der Globalen Adressliste in die persönlichen Kontakte kopieren.

Adressbuch Kontakte

Dieses Adressbuch enthält alle E-Mail-Adressen, die Sie im Ordner *Kontakte* speichern. Weitere persönliche Adressbücher können zusätzlich als Ordner vom Typ *Kontakte* im Outlook-Modul *Personen* angelegt werden.

Übersicht

Um das Outlook-Modul *Personen* anzuzeigen, wählen Sie in der Navigationsleiste *Personen* aus. In der Regel ist im Ordnerbereich nur ein Ordner, nämlich *Kontakte*, zu sehen. Sofern Sie von einer älteren Version auf Outlook 2013 umgestiegen sind, wird u. U. der Ordner *Vorgeschlagene Kontakte* angezeigt.

Unter Umständen wird das Popup *Personen* temporär angezeigt. Mehr zu Popups erfahren Sie auf Seite 115.

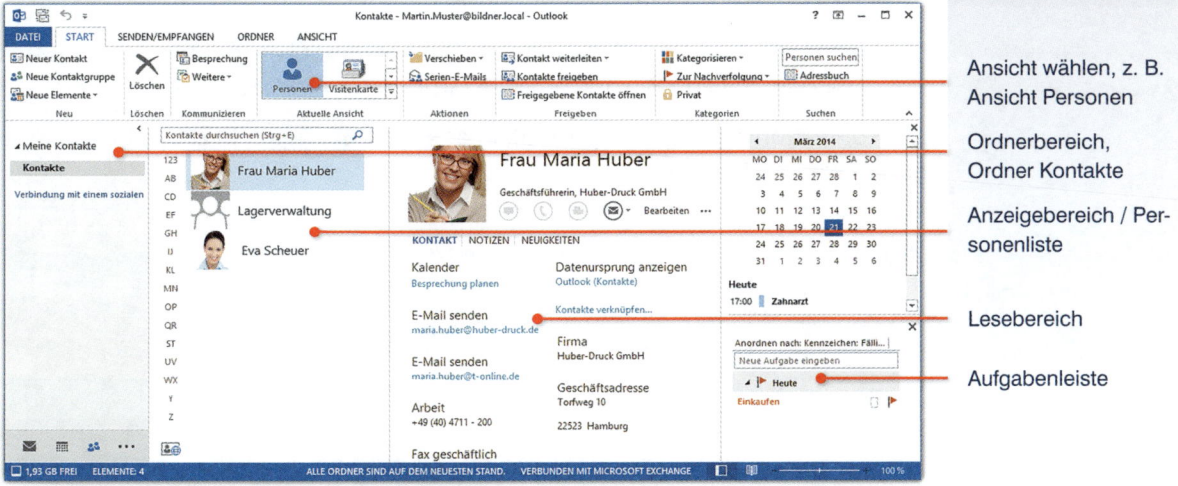

Ansicht wählen, z. B. Ansicht Personen

Ordnerbereich, Ordner Kontakte

Anzeigebereich / Personenliste

Lesebereich

Aufgabenleiste

Bild 3.1 Outlook-Modul Personen in der Ansicht Personen

Ansicht ändern

Standardmäßig wird das Outlook-Modul *Personen* in der Ansicht *Personen* angezeigt. Die Ansicht ändern Sie über *START* ▸ Gruppe *Aktuelle Ansicht*.

Sie verwenden eine andere Ansicht, um durch eine alternative Anordnung gewünschte Informationen schneller zu erhalten. Beispielsweise werden in der Ansicht *Liste* die Kontakte gruppiert nach Firma dargestellt. Auch die Ansicht *Visitenkarte* ist sehr praktisch.

Liste

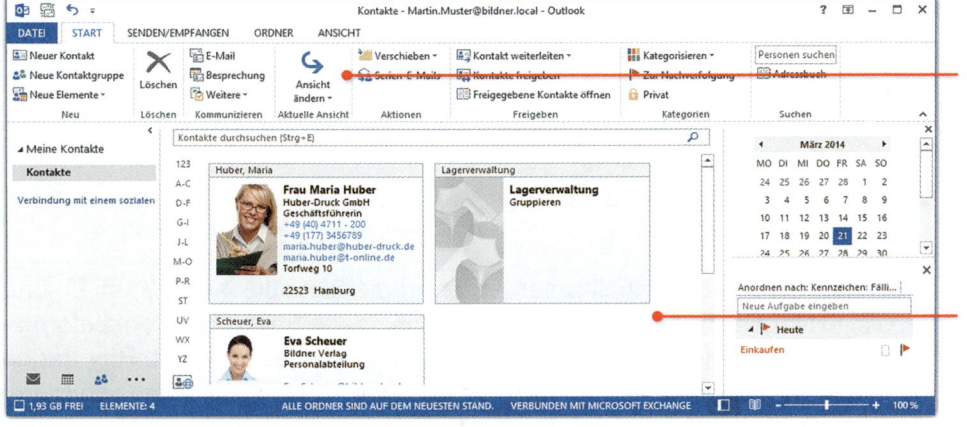

Anstelle der einzelnen Ansichten, erscheint die Schaltfläche *Ansicht ändern* bei verkleinertem Programmfenster

Kontakte in der Ansicht Visitenkarte

Bild 3.2 Outlook-Modul Personen in der Ansicht Visitenkarte

3.2   Kontakte erstellen

Kontaktformular aufrufen

■   Um einen neuen Kontakt anzulegen, klicken Sie im Outlook-Modul *Personen* auf *START* ▶ Gruppe *Neu* ▶ *Neuer Kontakt*.

■   Alternativ kann in jedem anderen Outlook-Modul ein neuer Kontakt erstellt werden. Klicken Sie auf *START* ▶ Gruppe *Neu* ▶ *Neue Elemente* ▶ *Kontakt*.

Ein Kontaktformular wird angezeigt, in das alle benötigten Informationen eingegeben werden können.

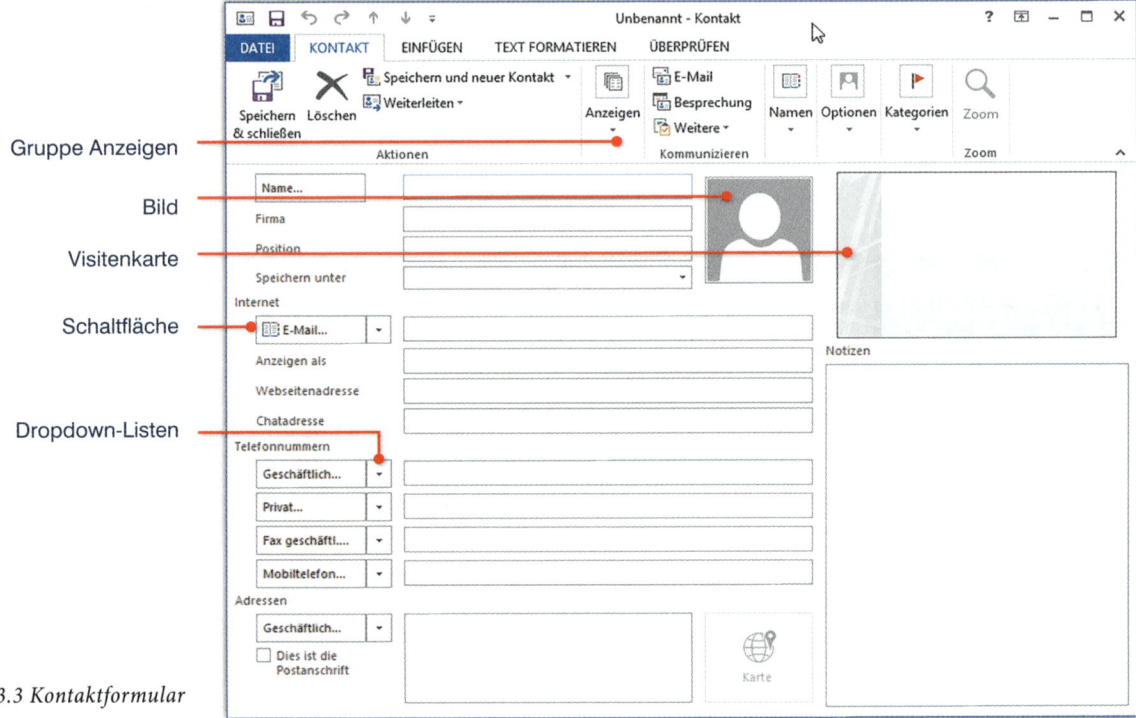

Bild 3.3 Kontaktformular

Elemente des Kontaktformulars

Anzeigen

Die Gruppe *Anzeigen* enthält unter anderem die Schaltflächen *Allgemein* und *Details*. Mit Ihnen können Sie zwischen verschiedene Seiten des Kontaktformulars wechseln. Standardmäßig ist die Seite *Allgemein* ausgewählt. Hier tragen Sie alle Informationen zu Ihrem Kontakt ein. Über die Schaltfläche *Details* stehen Ihnen weitere Felder zur Verfügung für das Geburtsdatum, den Namen des Vorgesetzten, etc.

Überprüfen

Die Eingabe in manche Felder wird automatisch auf Schlüssigkeit überprüft. Ist die Eingabe unvollständig oder nicht korrekt, erscheint ein Dialogfenster. Dies gilt für die Felder *Name*, *E-Mail* und *Adressen*. Ein fehlender Vorname, die Eingabe der E-Mail-Adresse ohne @-Zeichen oder eine postalische Adresse ohne Postleitzahl löst die Aktion aus. Im Dialogfenster können die Änderungen vorgenommen oder Informationen ergänzt werden. Natürlich werden Rechtschreibfehler oder Fehler, wie z. B. *Frau Martin Muster,* von der Überprüfung nicht gefunden. Möchten Sie für einzelne Felder nicht mit der Überprüfung arbeiten, entfernen Sie das Häckchen vor *Diesen Dialog einblenden, wenn Name unvollständig oder unklar* im automatisch erscheinenden Dialogfenster. Dann werden Sie bei Erstellung des nächsten Kontakts nicht mehr auf Fehler in diesem Feld aufmerksam gemacht.

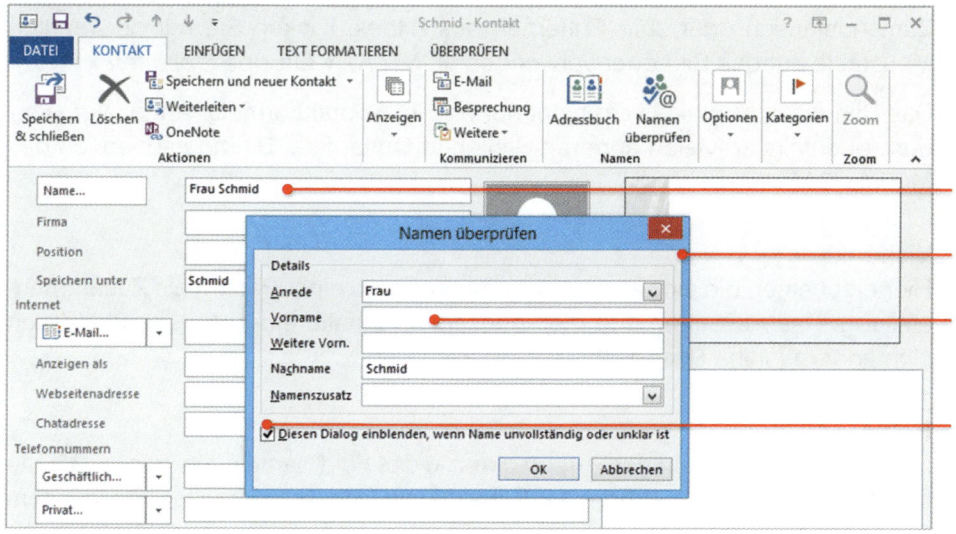

Unvollständige Eingabe in das Feld Name

Dialogfenster erscheint automatisch

Fehlendes Element eintragen - Vorname

oder Häkchen durch Anklicken entfernen

Bild 3.4 Automatische Überprüfung

Schaltflächen

Die Bezeichnung einiger Formularfelder ist mit einer Schaltfläche kombiniert. Diese bietet Ihnen eine Hilfe zur richtigen Eingabe der Daten oder stellt weitere Eingabefelder zur Verfügung, z. B. Schaltfläche *Name*. Durch Anklicken der Schaltfläche, erhalten Sie das oben beschriebene Dialogfenster.

Die effiziente Nutzung der Kontaktdaten hängt in entscheidendem Maße von der richtigen, vollständigen und einheitlichen Eingabe der Daten ab. Die Eingabehilfen der einzelnen Schaltflächen stellen eine Erleichterung dar, von der Sie unbedingt Gebrauch machen sollten.

Dropdown-Listen im Kontaktformular

Über Dropdown-Listen erhalten Sie die Möglichkeit zu E-Mails, Telefonnummern oder postalischen Adressen mehrere Alternativen zu hinterlegen.

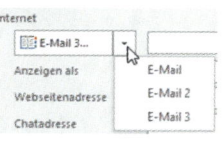

Kontaktformular ausfüllen - Seite Allgemein

Vorgehensweise: Klicken Sie in ein Feld und tippen Sie die gewünschten Informationen ein. Mit der Tab-Taste springen Sie schnell von Feld zu Feld. Einige Felder und Elemente weisen Besonderheiten auf, die im Folgenden erläutert werden:

Bild

Auf dieser Fläche ist bei jedem neuen Kontakt zunächst nur ein Piktogramm zu sehen. Sie können aber dem Kontakt ein Bild (Passbild oder Firmenlogo) hinzufügen. Dazu klicken Sie auf die Fläche und suchen dann die gewünschte Bilddatei. Alternativ können Sie auch den Befehl *KONTAKT* ▸ Gruppe *Optionen* ▸ *Bild* ▸ *Bild hinzufügen* verwenden.

Zum Austausch oder zum Entfernen des Bildes, klicken Sie mit der rechten Maustaste auf das Bild oder verwenden *KONTAKT* ▸ Gruppe *Optionen* ▸ *Bild*.

Das Bild eines Kontakts wird nicht nur hier im Kontaktformular angezeigt, sondern ebenfalls an vielen anderen Stellen in Outlook, z. B. im Lesebereich des Moduls E-Mail.

Visitenkarte

Hier erscheinen die eingegeben Informationen zu einer Person als Zusammenstellung. Das Aussehen und die angezeigten Inhalte einer Visitenkarte lassen sich ändern (siehe Seite 112).

Name

Sie können den Namen der Person direkt in das Feld *Name* eintragen, z. B. Frau Maria Huber. Durch Anklicken der Schaltfläche *Namen...*, erhalten Sie in einem Dialogfenster detaillierte Felder für die Eingabe und stellen so sicher, dass die Namensbestandteile richtig zugeordnet werden (siehe Bild 3.5). Tragen Sie die einzelnen Informationen in die Felder ein und bestätigen Sie Ihre Eingabe über die Schaltfläche *OK*. Beachten Sie die einzelnen Dropdown-Pfeile, die Ihnen eine Auswahl der zur Verfügung stehenden Merkmale auflisten.

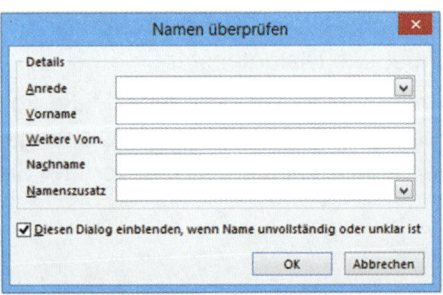

Bild 3.5 Dialogfenster zur Eingabe des Namens   *Bild 3.6 Dropdown-Pfeile bei Anrede*

Speichern unter

Nachdem Sie den Namen Ihres Kontakts eingetragen haben, wird das Feld *Speichern unter* automatisch ausgefüllt. Die gewählte Anordnung legt fest, wo dieser Kontakt innerhalb der alphabetischen Übersicht im Ordner *Kontakte* erscheint. Standardmäßig wird der Kontakt unter dem Nachnamen gespeichert.

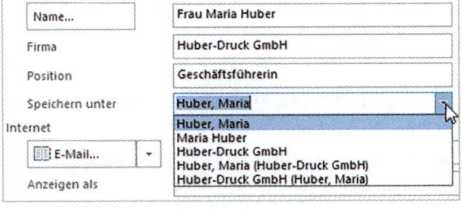

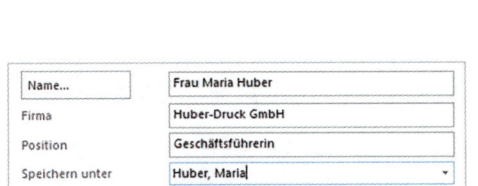

Bild 3.7 Speichern unter   *Bild 3.8 Speichersortierung*

Über das Dropdown-Feld können Sie eine andere Speichersortierung auswählen (siehe Bild 3.7). Sofern der Kontakt die Angabe der Firma enthält, kann er auch unter diesem Namen abgespeichert werden.

Merke!

Unabhängig für welche Sortierung Sie sich entscheiden, achten Sie auf Einheitlichkeit.

E-Mail

In das Feld *E-Mail* tragen Sie die E-Mail-Adresse des Kontakts ein. Diese wird unter *E-Mail* abgespeichert. Eine weitere Adresse kann über das Dropdown-Feld als *E-Mail 2* hinzugefügt werden. Beide Adressen werden auf der Visitenkarte und im Adressbuch Kontakte amgezeigt. Insgesamt können bis zu drei verschiedene E-Mail-Adressen für einen Kontakt erfasst werden.

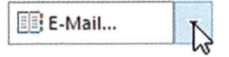

Die zuletzt eingegebene E-Mail-Adresse wird im Kontaktformular angezeigt. Um zur anderen E-Mail-Adresse zu wechseln, wählen Sie diese über das Dropdown-Feld aus.

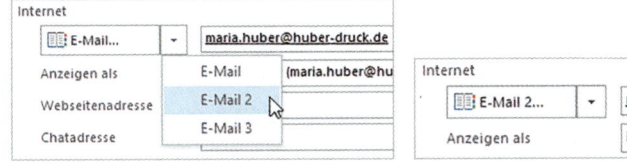

Bild 3.9 Verschiedene E-Mail-Adressen   *Bild 3.10 Anzeigen als*

Im Feld *Anzeigen als*, steht die gewählte E-Mail-Adresse in Kombination mit dem Namen, wie sie dann auch im Adressbuch und größtenteils in E-Mails angezeigt wird. Hier können Sie Ergänzungen vornehmen, um so die verschiedenen Adressen einer Person besser auseinander zu halten (siehe Bild 3.10).

Durch Anklicken der Schaltfläche *E-Mail* erhalten Sie Zugriff auf die Globale Adressliste. Hier können Sie eine E-Mail-Adresse auswählen, um Sie in Ihren Kontakteintrag zu übernehmen. Es gibt allerdings eine einfachere Möglichkeit, Kontakte aus der Globalen Adressliste zu übernehmen. Wie das geht wird in diesem Kapitel erläutert.

Telefonnummern

Es ist möglich, über Outlook zu telefonieren, z. B. wenn Ihr Computer Teil eines Netzwerks ist, welches mit einer Telefonanlage verbunden wurde. Außerdem können Ihre Kontaktdaten auch auf ein Mobiltelefon übertragen und dort genutzt werden. Aus diesem Grund ist die richtige Eingabe der Telefonnummer unerlässlich. Outlook benutzt das sogenannte kanonische Telefonformat:

+49 (40) 4711 – 200

Ländervorwahl (Ortsvorwahl ohne Null) Ortsanschluss – Durchwahl

Die Nummer wird mit allen Zeichen ausgelesen. Es ist allerdings möglich, dass Ihr Mobiltelefon Klammern und Bindestriche nicht umsetzen kann. Unter diesen Umständen sollten Sie die Eingabehilfe nicht nutzen, sondern die Telefonnummer ohne Klammern etc. in das Feld eintragen.

Zur Eingabe einer Telefonnummer klicken Sie auf die Schaltfläche *Geschäftlich* und tragen die einzelnen Informationen ein. Im Feld *Land/Region* wird in der Regel die deutsche Ländervorwahl *49* angezeigt. Diese kann überschrieben werden. Bestätigen Sie Ihre Eingabe mit *OK*.

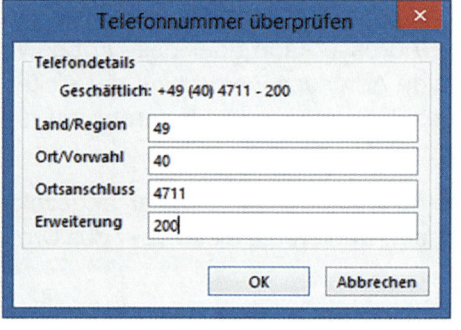

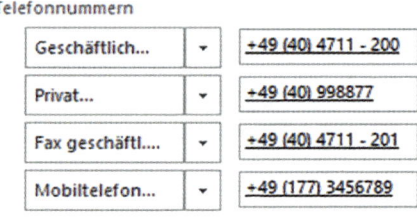

Bild 3.11 Eingabehilfe für Telefonnummern   *Bild 3.12 Verschiedene Telefon- / Faxnummern*

Die Schaltflächen im Abschnitt *Telefonnummer* lassen sich über die dazugehörigen Dropdown-Felder an Ihre Bedürfnisse anpassen. Insgesamt können im Kontaktformular bis zu 19 verschiedene Telefon- bzw. Faxnummern gespeichert werden. Auf dem Kontaktformular werden davon jedoch nur vier angezeigt. Verfahren Sie wie unter E-Mail beschrieben.

Adressen

Nutzen Sie auch bei der Adresseingabe die Eingabehilfe durch Anklicken der Schaltfläche *Geschäftlich*. Ein Eintrag bei *Bundesland/Kanton* würde zu dem in Bild 3.14 dargestelltem Ergebnis auf der Visitenkarte des Kontaktes führen. Hier ist es nicht sinnvoll, das Bundesland einzutragen. Die Zeile *Bundesland/ Kanton* benötigen Sie z. B. für Anschriften in den USA, da dort der Bundesstaat Teil der Adresse ist.

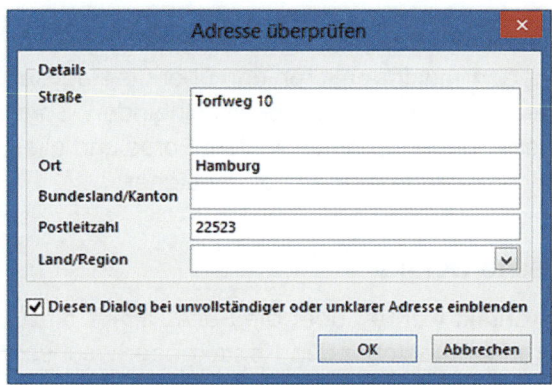

Bild 3.13 Korrekte Eingabe einer deutschen Adresse

Fehler durch Eingabe bei Bundesland/Kanton

Bild 3.14 Ergebnis fehlerhafte Eingabe

Über das Dropdown-Feld der Schaltfläche *Geschäftlich* können weitere Adressen hinterlegt werden – bis zu drei. Verfahren Sie wie unter E-Mail beschrieben. Sind mehrere Adressen vorhanden, sollten Sie diese durch Aktivierung von *Dies ist die Postanschrift* kennzeichnen.

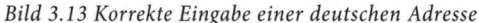

Schaltfläche *Karte*

Über die Schaltfläche *Karte* wird die postalische Adresse auf einer Landkarte zur Routenplanung angezeigt. Ganz nebenbei überprüfen Sie so auch, ob die Adresse vorhanden ist, also richtig eingegeben wurde. Dies geschieht über einen Online-Dienst – es wird also eine bestehende Internetverbindung benötigt.

Bild 3.15 Darstellung einer Adresse auf der Karte

Notizen

Weitere Informationen tragen Sie in das Feld *Notizen* ein. Sie können hier auch größere Mengen an Text eingeben, den Text formatieren und über die Registerkarte *EINFÜGEN* eine Datei einfügen, eine Tabelle oder Grafik einbinden. Somit ist das Feld auch für Öffnungszeiten, Kundennummer, weitere Fotos und alles, was Sie zu einer Firma oder Person abspeichern möchten, geeignet.

Kontaktformular ausfüllen - Seite Details

Weitere Informationen zu einem Kontakt werden über die Seite *Details* hinzugefügt. Dazu öffnen Sie entweder einen bestehenden Kontakt oder wechseln gleich beim Anlegen des Kontakts über *START* ▶ Gruppe *Anzeigen* ▶ *Details* zu dieser Seite.

Details ───●

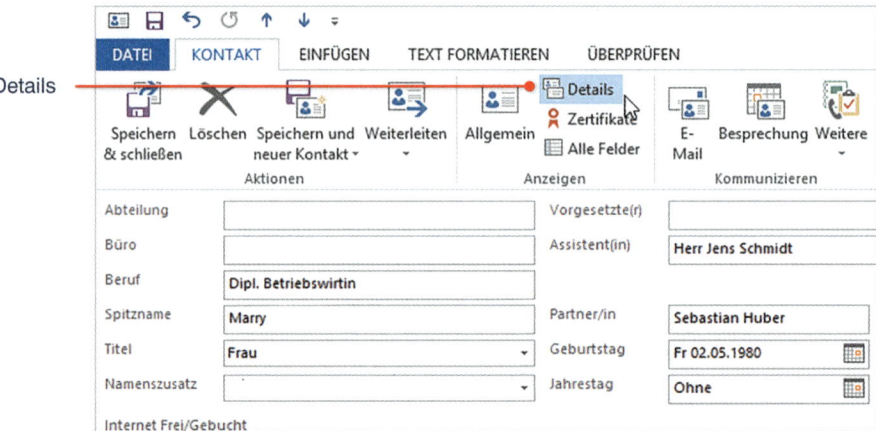

Bild 3.16 Kontaktformular - Seite Details

Geburtstag

Das Geburtsdatum der Person tragen Sie in das Feld *Geburtstage* ein. Nach dem Speichern wird mit Hinweis auf diese Person ein jährlich wiederkehrender Termin in Ihrem Kalender eingetragen.

Wenn Sie für einen Kontakt das Geburtstdatum hinterlegen möchten, entstehen weniger Probleme, wenn dieser Kontakt zuvor gespeichert wird (siehe nächster Abschnitt). Dies gilt nur für das Feld *Geburtstag*, alle anderen Felder können ohne vorherige Speicherung ausgefüllt werden.

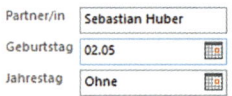

Wenn Sie nur Tag und Monat des Geburtstages kennen, ergänzt Outlook automatisch das Jahr – und zwar das aktuelle. Ob das sinnvoll ist, müssen Sie selbst entscheiden.

Zur Eingabe des Geburtsdatums kann auch die Kalender-Ansicht, durch Auswahl des Symbols am Ende des Feldes, verwendet werden. Hier könnten Sie das entsprechende Datum durch anklicken auswählen. Allerdings macht dies bei einem Geburtstag nur begrenzt Sinn. Sie wollen bestimmt nicht Jahrzehnte in Monatsschritten zurückblättern.

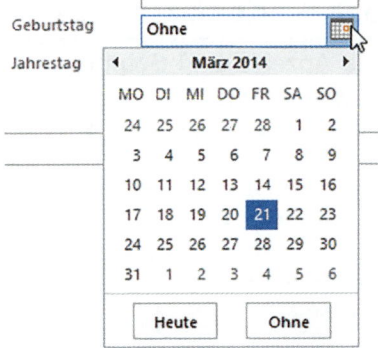

Bild 3.17 Kalenderblatt als Eingabehilfe

Kontaktformular speichern

Über die Schaltfläche *Speichern & schließen* speichern Sie die Informationen als Kontakt. Der neue Kontakt erscheint als Eintrag im Anzeigebereich. Die Darstellung des Kontakts im Modul Personen ist abhängig von der gewählten Ansicht.

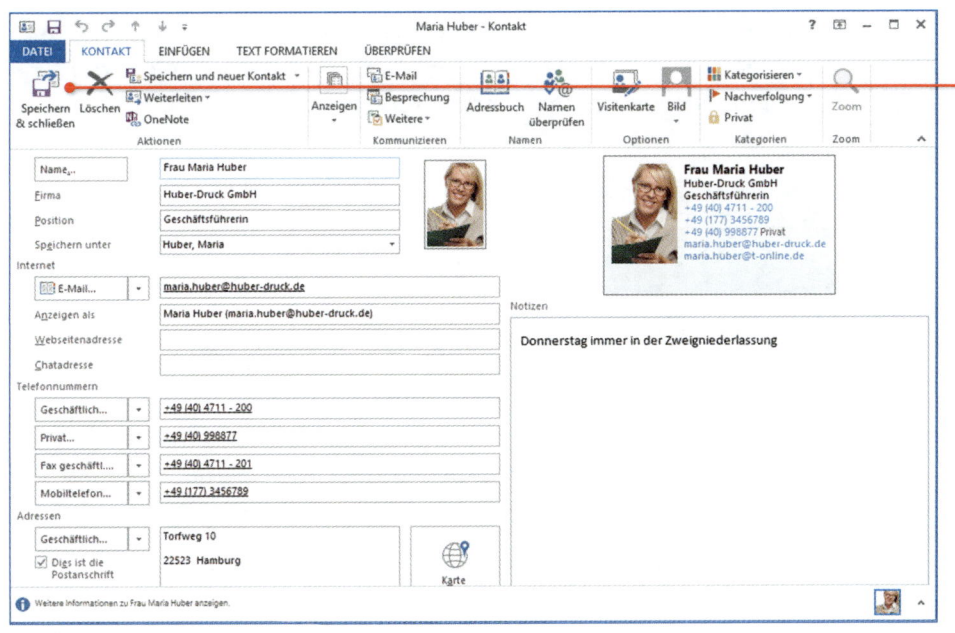

Schaltfläche
Speichern & schließen

Bild 3.18 Beispiel für ein ausgefülltes Kontaktformular

Überlegen Sie bei der Erstellung von Kontakten genau, für welche Zwecke die Daten verwendet werden. Sollen die Informationen z. B. auch für die Erstellung von Serienbriefen in Word benutzt werden, dann benötigen Sie vollständige Adressinformationen.

3.3   Kontakte anzeigen und bearbeiten

Die Anzeige und Bearbeitung der einzelnen Kontakte ist abhänigig von der gewählten Ansicht. In der Regel werden Sie in der Standardansicht *Personen* arbeiten, aber auch die Ansicht *Visitenkarte* hat Ihre Vorteile.

Bild 3.19 Kontakt - Ansicht Personen   *Bild 3.20 Ansicht Visitenkarte*

In der Ansicht Personen arbeiten

Die Ansicht *Personen* besteht aus dem Anzeigebereich, welcher die gespeicherten Kontakte als einfache Liste darstellt und dem Lesebereich, der eine Auswahl an Informationen zum markierten Kontakt anzeigt.

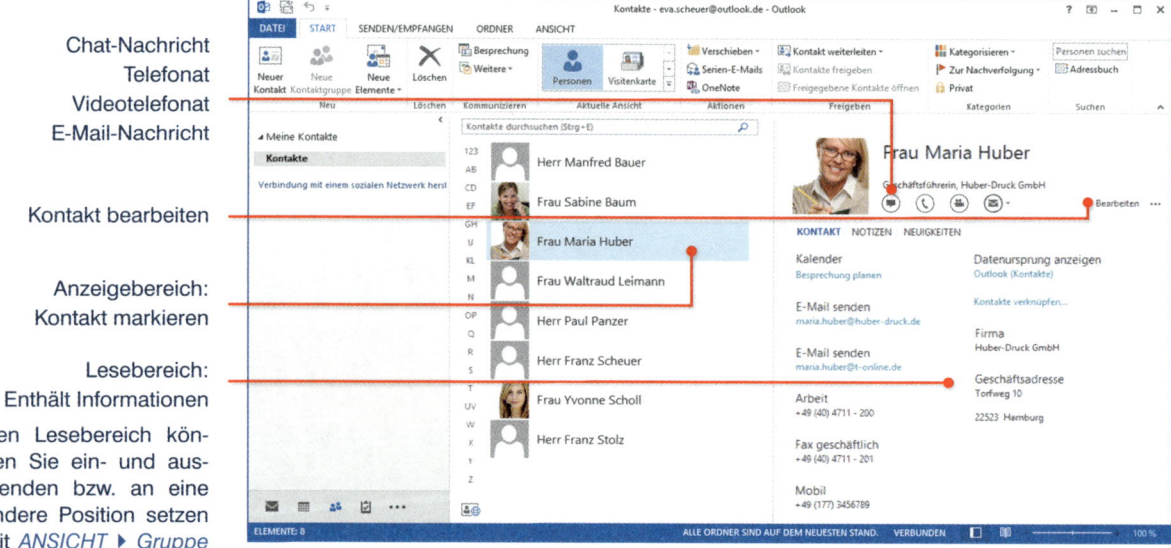

Den Lesebereich können Sie ein- und ausblenden bzw. an eine andere Position setzen mit *ANSICHT ▸ Gruppe Layout ▸ Lesebereich*.

Bild 3.21 Ausschnitt Ansicht Personen

Über die Schaltflächen im Lesebereich senden Sie schnell eine E-Mail an den ausgewählten Kontakt ✉, rufen den Kontakt an ☏, chatten mit dem Kontakt ▣ oder initiieren ein Videotelefonat ▣. Die Schaltflächen sind nur aktiv, wenn die technischen Voraussetzungen vorliegen, bzw. die entsprechenden

Informationen (Telefonnummer, E-Mail etc.) im Kontaktformular hinterlegt sind. Existieren Alternativen, z. B. mehrere E-Mail-Adressen, dann wird hinter der Schaltfläche ein Pfeil zur Auswahl angezeigt (siehe Bild 3.22).

Durch Anklicken von *KONTAKT*, *NOTIZEN* oder *NEUIGKEITEN* im Lesebereich, wechseln Sie zu den anderen Seiten und zeigen weitere Inhalte an.

Bild 3.22 E-Mail-Adresse auswählen

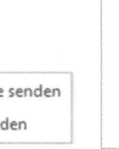

Bild 3.23 Notizen, Neuigkeiten anzeigen

Bearbeitung von Kontakten

Wenn Sie einen Kontakt aus der Ansicht *Personen* heraus bearbeiten möchten:

- **Alternative 1:** Klicken Sie im Anzeigebereich doppelt auf den Kontakt. Die Visitenkarte öffnet sich in einem eigenen Fenster im Bearbeitungsmodus (siehe Bild 3.24).

- **Alternative 2:** Klicken Sie im Lesebereich die Schaltfläche *Bearbeiten* an (siehe Bild 3.21). Dann ist die Bearbeitung direkt im Lesebereich möglich (siehe Bild 3.25).

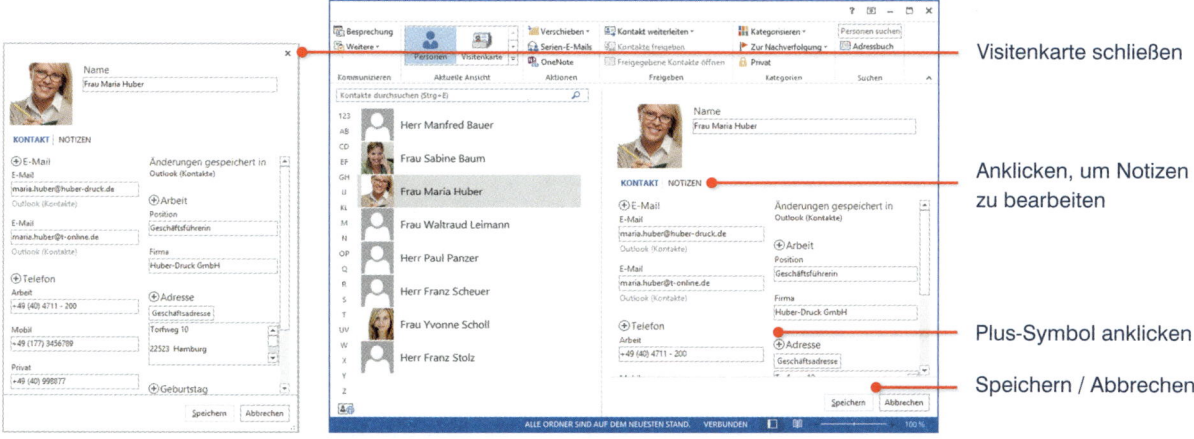

Bild 3.24 Visitenkarte im Bearbeitungsmodus

Bild 3.25 Bearbeitung im Lesebereich

Im Bearbeitungsmodus kann eingegebener Text überschrieben oder berichtigt werden. Durch Anklicken des Plus-Symbols fügen Sie der gewählten Kategorie ein neues Element hinzu, z. B. eine weitere Telefonnummer, das Geburtsdatum etc.

Im Kontaktformular tragen Sie die Telefonnummer des Büros unter *Geschäftlich* ein. Diese wird auf der Visitenkarte als *Arbeit* bezeichnet.

Sichern Sie Ihre Änderungen durch Anklicken von *Speichern* oder klicken Sie auf *Abbrechen*. In beiden Fällen beenden Sie den Bearbeitungsmodus. Wurde der Kontakt mittels Alternative 1 geöffnet und bearbeitet, wird nach dem Beenden des Bearbeitungsmodus die Visitenkarte angezeigt. Diese muss nicht geschlossen werden. Sobald Sie ein anderes Element im Outlook-Fenster auswählen, wird die Visitenkarte ausgeblendet. Soll nochmals in den Bearbeitungsmodus zurückgekehrt werden, können Sie auch auf der Visitenkarte auf *Bearbeiten* klicken.

Soll die Visitenkarte in einem eigenen Fenster sichtbar bleiben, klicken Sie auf das Pin-Symbol *Visitenkarte anheften*. Dann muss die Visitenkarte, wenn Sie nicht mehr benötigt wird, geschlossen werden.

Tipp! Auf diese Weise können auch Visitenkarten mehrere Personen nebeneinander am Bildschirm angeordnet werden.

Visitenkarte anheften

Visitenkarte schließen

Visitenkarte erneut bearbeiten

Anklicken, um Kontaktformular zu öffnen

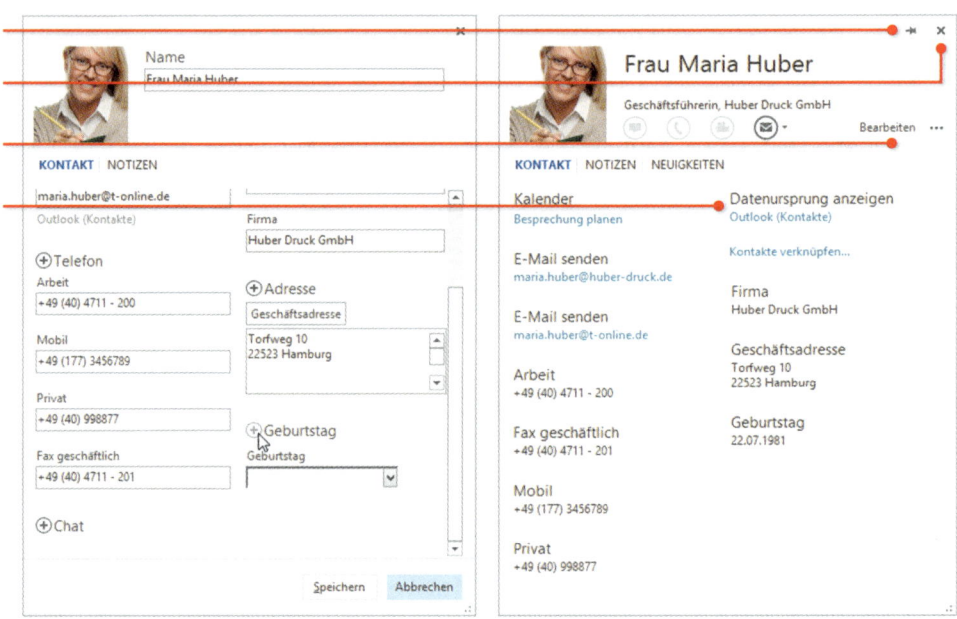

Bild 3.26 Visitenkarte im Anzeigemodus   *Bild 3.27 Visitenkarte im Bearbeitungsmodus*

Tipp: Das Bild eines Kontaktes kann nur im Kontaktformular eingefügt oder verändert werden.

Kontaktformular öffnen

Umfangreiche Bearbeitungen nehmen Sie leichter im Kontaktformular vor. Zur Anzeige des Kontaktformulars, klicken Sie im Lesebereich bei *Datenursprung anzeigen* auf *Outlook (Kontakte)*.

Im Bearbeitungsmodus der Visitenkarte wird *Datenursprung anzeigen* nicht angezeigt.

In der Ansicht Visitenkarte arbeiten

In der Ansicht *Visitenkarte* sind die Kontaktdaten auf einzelnen Visitenkarten abgebildet. Ein Doppelklick auf eine Visitenkarte öffnet das Kontaktformular.

Kontakt löschen

Markieren Sie im Anzeigebereich den Kontakt und klicken Sie auf *START ▸ Löschen* oder verwenden Sie die Entf-Taste auf der Tastatur.

3.4 Weitere Möglichkeiten Kontakte anzulegen

Absender einer E-Mail als neuen Kontakt anlegen

Sie haben eine E-Mail erhalten und möchten den Absender zu Ihren Kontakten hinzufügen:

1 Zeigen Sie die E-Mail im Lesebereich an oder öffnen Sie sie mit einem Doppelklick.

2 Klicken Sie im Lesebereich oder im Nachrichtenfenster mit der rechten Maustaste auf die E-Mail-Adresse des Absenders.

3 Im Kontextmenü wählen Sie *Zu Outlook-Kontakten hinzufügen* aus.

4 Die Kontaktkarte öffnet sich und enthält den Namen des Absenders und seine E-Mail-Adresse. Weitere wichtige Informationen können nun ergänzt werden.

5 Beenden Sie die Eingabe über die Schaltfläche *Speichern* und schließen Sie die Kontaktkarte mit der Schließen-Schaltfläche.

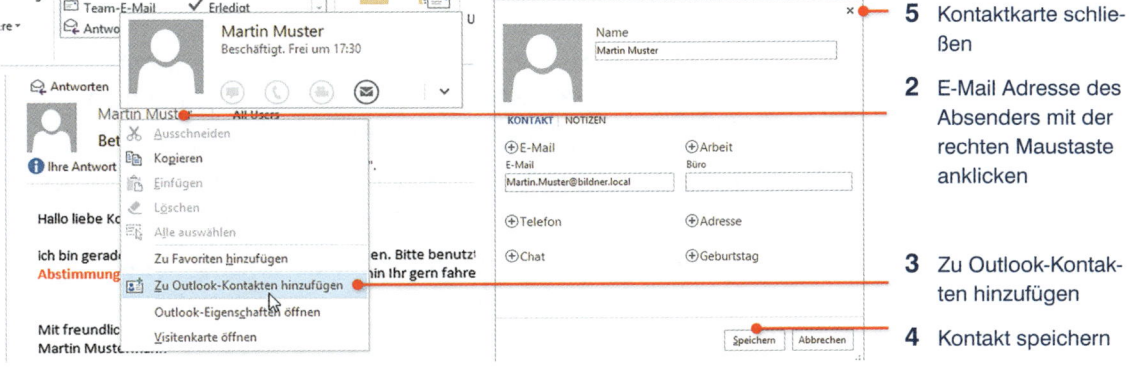

5	Kontaktkarte schließen
2	E-Mail Adresse des Absenders mit der rechten Maustaste anklicken
3	Zu Outlook-Kontakten hinzufügen
4	Kontakt speichern

Bild 3.28 Absender einer E-Mail als neuen Kontakt anlegen; Kontaktkarte mit Informationen

Kontakt aus der Globalen Adressliste übernehmen

Sofern Ihnen eine Globale Adressliste zur Verfügung steht (nur mit Microsoft Exchange, können Sie Kontaktdaten aus dieser in den Ordner *Kontakte* übernehmen.

1 Rufen Sie das Adressbuch über *START* ▶ Gruppe *Suchen* ▶ *Adressbuch* auf.

2 Wählen Sie gegebenenfalls über das Dropdown-Feld *Adressbuch* die Globale Adressliste aus.

3 Klicken Sie mit der rechten Maustaste auf den Kontakt, welchen Sie zu Ihren Kontakten hinzufügen möchten und wählen Sie *Zu den Kontakten hinzufügen* aus.

4 Das Kontaktformular öffnet sich. Weitere Informationen können ergänzt werden. Beenden Sie die Eingabe über die Schaltfläche *Speichern & schließen.*

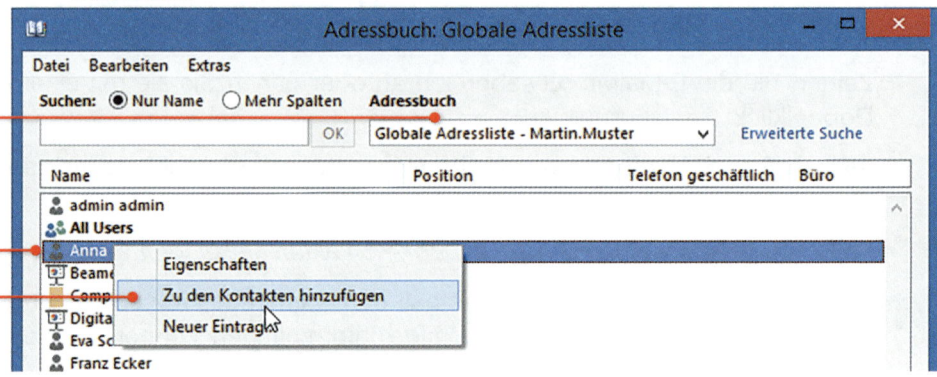

2. Globale Adressliste anzeigen

3. Rechtsklick auf gewünschten Kontakt

Zu den Kontaktdaten hinzufügen

Bild 3.29 Kontakt aus der Globalen Adressliste kopieren

Neuer Kontakt in dieser Firma

Sofern Sie innerhalb einer Firma mehrere Ansprechpartner haben, können Sie einen bestehenden Kontakt zu dieser Firma nutzen, um allgemeine Informationen, z. B. die Adresse für einen neuen Kontakt, zu übernehmen. Sie tragen dann nur noch die personenspezifischen Details ein.

1 Markieren Sie einen bereits gespeicherten Kontakt und klicken Sie dann auf *START* ▶ Gruppe *Neu* ▶ *Neue Elemente* ▶ *Kontakt in dieser Firma*.

2 Es öffnet sich ein neues Kontaktformular, welches bereits die Anschrift und die Telefonnummern *Geschäftlich...* und *Fax geschäftlich...* der Firma enthält. Sie müssen nur noch die fehlenden Angaben ergänzen.

 Enthält der erste Kontakt zu dieser Firma eine Telefonnummer mit Durchwahl, so wird diese ebenfalls übernommen. Auch eine vereinbarte Bilddatei wird dem neuen Kontakt hinzugefügt.

Kontakt aus Visitenkarte erstellen

E-Mails können neben einer Textsignatur auch eine Visitenkarte enthalten. Die Visitenkarte stellt Kontaktinformationen des Absenders zur Verfügung und kann einfach in den Ordner Kontakte übernommen werden.

Mehr zu Visitenkarten erfahren Sie gleich im nächsten Kapitel.

Um eine Visitenkarte zu speichern, klicken Sie mit der rechten Maustaste auf die Visitenkarte im Nachrichtentext der E-Mail und wählen im Kontextmenü *Zu Outlook-Kontakten hinzufügen* aus. Das Kontaktformular öffnet sich. Speichern Sie den Kontakt über die Schaltfläche *Speichern & Schließen*.

Speichern & schließen

Bild 3.30 Visitenkarte hinzufügen   Bild 3.31 Kontaktformular

Mehrfach vorhandener Kontakt

Sofern der Name des neuen Kontakts mit einem vorhandenen Namen übereinstimmt, erhalten Sie eine Meldung und entscheiden, ob ein neuer Kontakt hinzugefügt oder der alte aktualisiert werden soll.

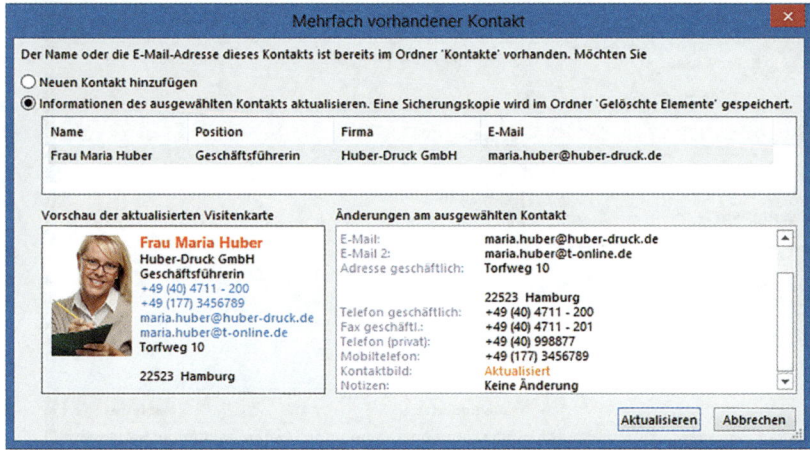

Bild 3.32 Abgleich - Importierter Kontakt schon vorhanden

3.5   Visitenkarte erstellen und versenden

Visitenkarten enthalten eigene oder fremde Kontaktdaten und erleichtern die Übernahme von Kontaktinformationen in den Ordner Kontakte.

Nutzungsmöglichkeiten:

■   Sie versenden eine Visitenkarte mit Ihren persönlichen Kontaktdaten. Dabei legen Sie entweder fest, dass jede gesendete E-Mail eine Visitenkarte enthalten soll oder Sie fügen diese manuell zu bestimmten E-Mails hinzu.

■   Sie versenden Visitenkarten mit Kontaktdaten anderer Personen.

■   Sie erhalten eine Visitenkarte und speichern die Informationen im Ordner Kontakte, wie im vorigen Abschnitt gezeigt.

Erstellen und Bearbeiten einer persönlichen Visitenkarte

1   Speichern Sie Ihre Daten in einem neuen Kontaktformular oder übernehmen Sie, falls vorhanden, Ihren Kontakt aus der Globalen Adressliste.

2   Im Kontaktformular klicken Sie doppelt auf die Vorschau Ihrer Visitenkarte oder klicken auf *KONTAKT* ▶ Gruppe *Optionen* ▶ *Visitenkarte*.

3   Das Dialogfenster *Visitenkarte bearbeiten* öffnet sich. Hier legen Sie das Aussehen und die Reihenfolge der Informationen auf Ihrer Visitenkarte fest. Selbstverständlich steht dieses Feature für alle gespeicherten Kontakte zur Verfügung, jedoch möchte man meist nur seiner eigenen Visitenkarte ein besonderes Aussehen verleihen.

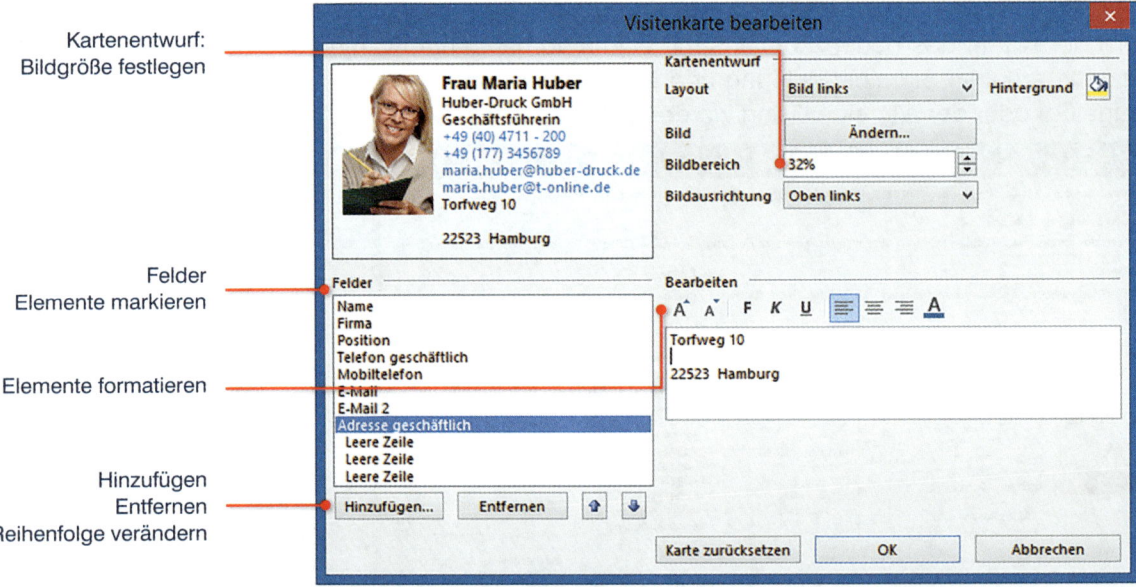

Bild 3.33 Visitenkarte gestalten

- Über den Abschnitt *Kartenentwurf* legen Sie den Hintergrund Ihrer Visitenkarte fest und fügen ein Foto hinzu. Im Feld *Bildbereich* legen Sie fest, wieviel Prozent der Visitenkarte von der Grafik eingenommen werden.

- Im Abschnitt *Felder* markieren Sie Elemente der Visitenkarten, um im nächsten Schritt die Reihenfolge zu verändern, Elemente hinzuzufügen oder zu entfernen.

- Zur Veränderung der Reihenfolge der Visitenkarteninformationen markieren Sie das Element, welches Sie verschieben möchten und setzen es durch Anklicken der blauen Pfeile an eine neue Position. Sie können auch eine *Leere Zeile* markieren und diese verschieben, um einen Abstand auf Ihrer Visitenkarte zu erhalten.

- Um ein Element hinzuzufügen, markieren Sie im Abschnitt *Felder* die Zeile, unter der die neue Information eingefügt werden soll und klicken dann auf die Schaltfläche *Hinzufügen*. In der sich öffnenden Auswahl klicken Sie die Information an, die Sie hinzufügen möchten.

- Ein Element entfernen Sie, indem Sie es markieren und dann auf die Schaltfläche *Entfernen* klicken. Sie können auch Leere Zeilen entfernen.

- **Besonderheit Adresse:** Die leere Zeile zwischen Straße und Ort des Adressfeldes kann nicht wie oben beschrieben gelöscht werden. Markieren Sie die Adresse im Abschnitt *Felder*; diese wird im Abschnitt *Bearbeiten* angezeigt und die leere Zeile kann manuell über die Tastatur gelöscht werden.

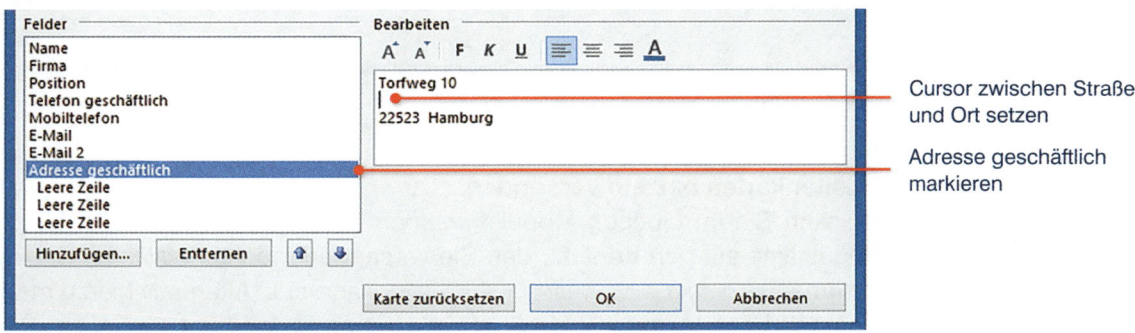

Bild 3.34 Leere Adresszeile löschen

- **Formatierung:** Im Abschnitt *Bearbeiten* können Sie den markierten Feldern der Visitenkarte andere Formate zuweisen.

- Über die Schaltfläche *Karte zurücksetzen*, stellen Sie den Ursprungszustand der Visitenkarte wieder her.

- Ihre Änderungen bestätigen Sie zunächst über die Schaltfläche *OK* und speichern Sie dann über die Schaltfläche *Speichern & schließen* des Kontaktformulars.

Visitenkarte versenden

Eigene Visitenkarten in jeder E-Mail versenden

Wenn Sie an alle Ihre Korrespondenzpartner eine persönliche Visitenkarte von sich verschicken möchten, legen Sie zunächst im Modul Personen einen Kontakt mit Ihren Daten an und gestalten gegebenenfalls die Visitenkarte, wie im vorigen Abschnitt beschrieben. Wenn die Visitenkarte automatisch Bestandteil jeder neuen E-Mail sein soll, muss Sie zur Signatur hinzugefügt werden.

Dies geschieht entweder gleich beim Erstellen der Signatur oder Sie wählen *DATEI* ▸ *Optionen* ▸ *E-Mail* und klicken im Abschnitt *Nachrichten verfassen* auf die Schaltfläche *Signaturen*. Wählen Sie die Signatur aus und klicken Sie dann auf die Schaltfläche *Visitenkarte*.

Schaltfläche Visiten-
karte zur Auswahl
anklicken

Bild 3.35 Visitenkarte zur Signatur hinzufügen

Visitenkarten einzeln versenden

Klicken Sie im Outlook Modul *Personen* im Anzeigebereich mit der rechten Maustaste auf den Kontakt, den Sie versenden möchten. Wählen Sie im Kontextmenü *Kontakt weiterleiten* ▸ *Als Visitenkarte* aus. Alternativ hierzu markieren Sie den Kontakt und wählen *START* ▸ Gruppe *Freigeben* ▸ *Kontakt weiterleiten* ▸ *Als Visitenkarte*.

Hinzugefügte Visitenkarten werden im Nachrichtentext der E-Mail angezeigt. Außerdem werden die Kontaktdaten als Anlage in Form einer vcf-Datei angefügt. Benutzt der Empfänger ebenfalls Outlook als E-Mail-Programm, so kann er die Visitenkarte aus dem Nachrichtentext schnell zu den Kontakten hinzufügen. Die vcf-Datei wird versendet, um auch Benutzern anderer E-Mail-Programme die Übernahme des Kontakts zu ermöglichen.

3.6 Arbeiten mit dem Popup Personen

Um das Popup *Personen* einzublenden, zeigen Sie in der Navigationsleiste mit der Maus auf die Schaltfläche des Outlook-Moduls *Personen*. Sofern Sie schon einzelne Kontakte als Favoriten gekennzeichnet haben, sehen Sie diese sofort in der Liste. Wie Sie einen Kontakt als Favorit kennzeichnen, erfahren Sie gleich. Zusätzlich bietet das Popup eine Suchfunktion.

Favoriten

Der Zugriff auf ausgewählte Kontaktdaten wird über das Popup *Personen* erleichtert. Um Kontakte im Popup anzuzeigen, müssen diese als Favoriten gekennzeichnet werden.

Der favorisierte Kontakt kann schnell ausgewählt werden, um eine E-Mail- oder Kurznachricht zu versenden oder die Person anzurufen: Zeigen Sie im Popup *Personen* mit der Maus auf den Kontakt und stellen durch Anklicken des entsprechenden Symbols in der Vorschau die Verbindung her.

Zur Anzeige weiterer Informationen des Kontakts, öffnen Sie die Visitenkarte durch Anklicken des Pfeilsymbols. Um Informationen hinzuzufügen oder zu ändern, klicken Sie auf *Bearbeiten* und gehen wie unter „Bearbeitung von Kontakten" auf Seite 107 beschrieben, vor.

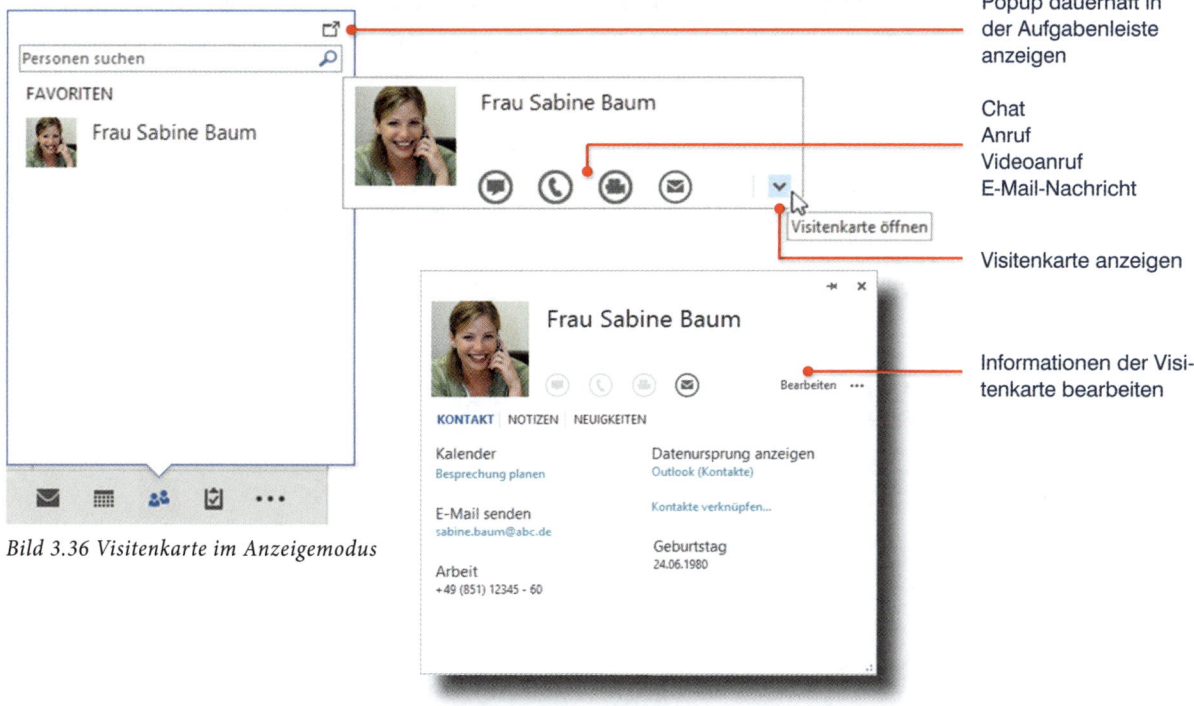

Popup dauerhaft in der Aufgabenleiste anzeigen

Chat
Anruf
Videoanruf
E-Mail-Nachricht

Visitenkarte anzeigen

Informationen der Visitenkarte bearbeiten

Bild 3.36 Visitenkarte im Anzeigemodus

Bild 3.37 Popup Personen

Kontakt zu Favoriten hinzufügen

Um einen Kontakt als Favorit im Popup *Personen* zu verankern, klicken Sie im Anzeigebereich des Outlook-Moduls Personen mit der rechten Maustaste auf den gewünschten Kontakt und wählen *Zu Favoriten hinzufügen*.

Dieser Befehl fehlt, wenn der Kontakt bereits zu den Favoriten hinzugefügt wurde, wenn es sich um eine Kontaktgruppe handelt, oder Sie nicht in der Ansicht *Personen* arbeiten.

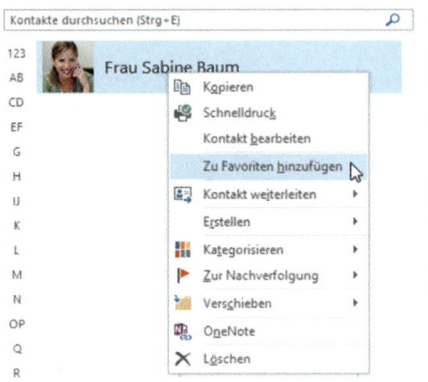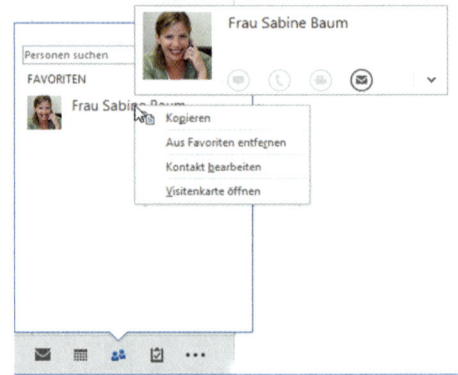

Bild 3.38 Kontakt zu Favoriten hinzufügen   *Bild 3.39 Kontakt aus Favoriten entfernen*

Zum Entfernen eines Kontaktes aus den Favoriten, zeigen Sie das Popup *Personen* an und wählen im Kontextmenü den Befehl *Aus Favoriten entfernen*.

Personen suchen

Merke!

Kontakte, die nicht im Standardordner *Kontakte,* sondern in einem weiteren, von Ihnen erstellten Ordner, gespeichert wurden, werden nicht in die Suche einbezogen.

Zum Auffinden eines bestimmten Kontakts verwenden Sie das Feld *Personen suchen*. Geben Sie einfach den gewünschten Nachnamen oder Vornamen ein. Sofern Personen mit der eingegebenen Zeichenfolge im Ordner *Kontakte* gespeichert sind, werden diese angezeigt.

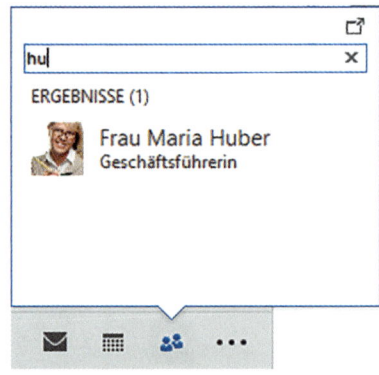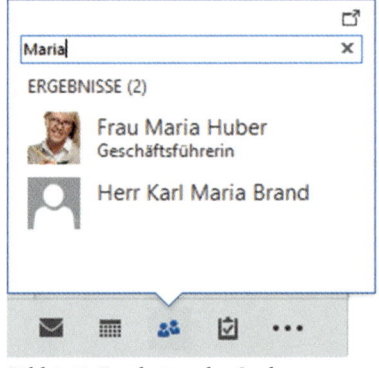

Bild 3.40 Name eingeben   *Bild 3.41 Ergebnisse der Suche*

3.7 Kontaktgruppe

Sie versenden regelmäßig Informationen an einen bestimmten Personenkreis und müssen immer wieder mühsam die einzelnen E-Mail-Adressen aus dem Adressbuch auswählen. Hier lohnt sich die Erstellung einer Kontaktgruppe, in der die E-Mail-Adressen zusammengefasst werden. Durch Auswahl der Kontaktgruppe als Empfänger Ihrer E-Mail, erhalten alle Personen die Information. Die zur Kontaktgruppe zusammengefassten Empfänger können anhand der erhaltenen E-Mail nicht erkennen, dass sie zu einer Kontaktgruppe gehören. Sie sehen nach wie vor die E-Mail-Adressen der anderen Adressaten.

Kontaktgruppen werden zusammen mit den übrigen Adressen im Ordner *Kontakte* oder anderen Ordnern dieses Typs gespeichert. In einer Microsoft Exchange-Umgebung können Kontaktgruppen auch vom Administrator bereitgestellt werden; oftmals findet man hier Kontaktgruppen für die einzelnen Abteilungen.

Der Begriff Kontaktgruppe wurde für Outlook 2010 erstmals eingeführt. In früheren Versionen wurde die Kontaktgruppe als Verteilerliste bezeichnet.

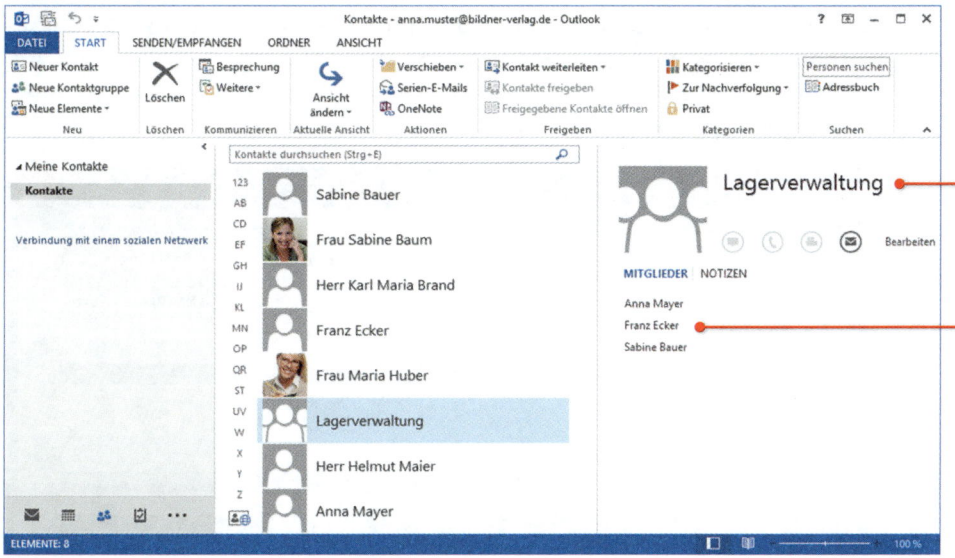

Bild 3.42 Kontaktgruppe in der Ansicht Personen

Erstellen einer Kontaktgruppe

1 Im Outlook-Modul *Personen* klicken Sie auf *START* ▶ Gruppe *Neu* ▶ *Neue Kontaktgruppe*.

2 Das Formular *Unbenannt Kontaktgruppe* öffnet sich. Vergeben Sie einen Namen für die Kontaktgruppe – z. B. Lagerverwaltung (siehe Bild nächste Seite.

3 Klicken Sie auf *KONTAKTGRUPPE* ▶ Gruppe *Mitglieder* ▶ *Mitglieder hinzufügen*. Hier stehen drei Auswahlmöglichkeiten zur Verfügung. *Outlook-*

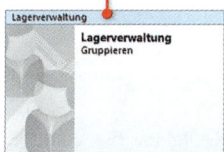

Kontakte und *Adressbuch* verweisen beide auf die Auswahl von Adressen aus Ihrem Adressbuch. Mit *Neuer E-Mail-Kontakt* kann eine neue E-Mail-Adresse eingegeben werden. Diese wird gleichzeitig im Ordner *Kontakte* gespeichert.

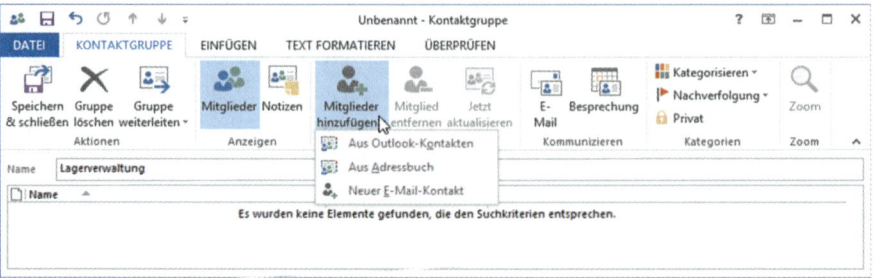

Bild 3.43 Mitglieder der Kontaktgruppe auswählen

4 Durch Doppelklick auf die Adressen wählen Sie Mitglieder für die Kontaktgruppe aus. Alternativ hierzu können Sie auch alle gewünschten Adressen markieren. Halten Sie dazu die Strg-Taste gedrückt. Durch Anklicken der Schaltfläche *Mitglieder* werden die Adressen übernommen. Bestätigen Sie die Auswahl mit *OK*.

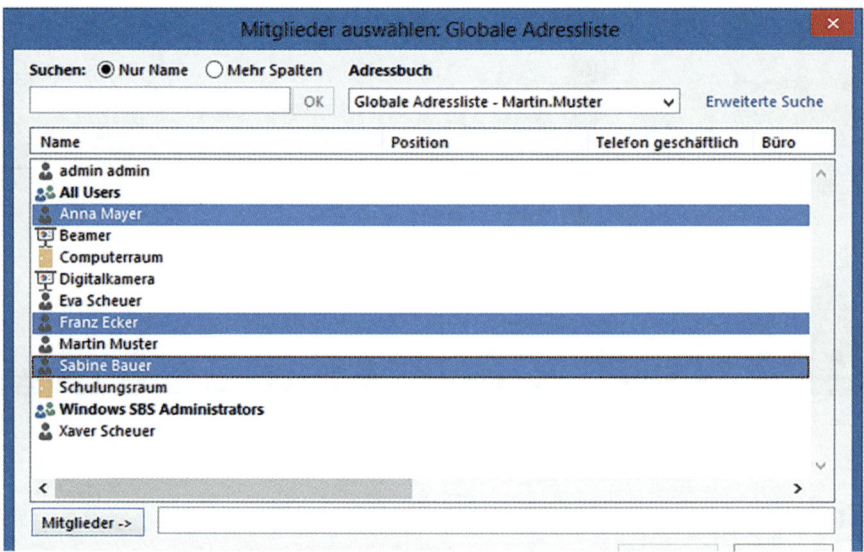

Bild 3.44 Mehrere Personen gleichzeitig auswählen

Kontakte, die keine E-Mail-Adresse enthalten, werden hier nicht angezeigt!

5 Nach Auswahl der Mitglieder Ihrer Kontaktgruppe, speichern Sie diese über die Schaltfläche *Speichern & schließen*. Die Kontaktgruppe erscheint im Anzeigebereich des Ordners *Kontakte* und trägt den vergebenen Namen.

Kontaktgruppe bearbeiten

Zum Entfernen oder Hinzufügen von Mitgliedern zu einer Kontaktgruppe, öffnen Sie die Kontaktgruppe mit einem Doppelklick. Die notwendigen Schaltflächen stehen Ihnen in *KONTAKTGRUPPE* ▸ Gruppe *Mitglieder* zur Verfügung.

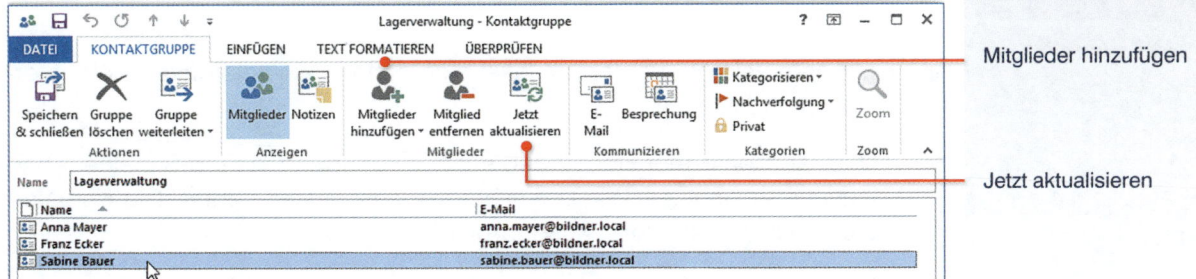

Mitglieder hinzufügen

Jetzt aktualisieren

Bild 3.45 Bearbeitung der Kontaktgruppe

■ Einen neuen Kontakt fügen Sie zur bestehenden Kontaktgruppe über die Schaltfläche *Mitglieder hinzufügen* hinzu.

■ Um ein Mitglied aus einer Kontaktgruppe zu löschen, markieren Sie den Kontakt und entfernen diesen über die Schaltfläche *Mitglied entfernen* (siehe Bild 3.45).

Änderungen in den Kontaktdaten eines Kontaktgruppenmitglieds, z. B. die Änderung einer E-Mail-Adresse, werden nicht automatisch in der Kontaktgruppe aktualisiert. In der Kontaktgruppe ist zunächst noch die alte E-Mail-Adresse hinterlegt. Um geänderte Kontaktdaten in die Kontaktgruppe zu übernehmen, klicken sie auf die Schaltfläche *Jetzt aktualisieren*.

3.8   Kontakte drucken

Zum Ausdruck von Kontaktdaten stellt Outlook verschiedene Druckformate zur Verfügung. Diese unterscheiden sich im Aufbau, in der gewählten Papiergröße und im Umfang der Informationen.

Die Auswahlmöglichkeiten bei Druckformate sind abhängig von der aktuellen Ansicht. Für die Ansicht *Visitenkarte* erhalten Sie beispielsweise andere Druckformate als für die Ansicht *Telefonliste*.

■ Im Kartenformat werden die Kontaktinformationen, wie sie in der Ansicht *Visitenkarte* vorliegen, ausgedruckt. Allerdings sind nur Texte enthalten und nur die Namen sind formatiert.

- Die Heftformate bieten dieselben Informationen, sind aber auf kleinere Papiergrößen ausgelegt, um ein Abheften in entsprechenden Adressbüchern zu ermöglichen.

- Im Memoformat werden alle Informationen des markierten Kontakts ausgedruckt, also z. B. Notizen, sämtliche E-Mail-Adressen oder der Geburtstag.

- Mit dem Telefonbuchformat lässt sich schnell ein Telefonverzeichnis erstellen und drucken.

- Das Tabellenformat steht Ihnen nur zur Verfügung, sofern Sie eine tabellarische Ansicht, wie z. B. *Telefonliste*, ausgewählt haben. Die Kontakte werden in Tabellenform ausgedruckt.

Um ein Druckformat auszuwählen, rufen Sie im Outlook-Modul *Personen* die Registerkarte *DATEI* auf und wählen *Drucken* aus. Im Abschnitt *Einstellungen* bestimmen Sie durch Anklicken das Druckformat.

Für die Auswahl des Memoformats müssen ein oder mehrere Kontakte vorher im Ordner *Kontakte* markiert werden. Halten Sie die Strg-Taste gedrückt und klicken Sie nacheinander auf die gewünschten Kontakte. Für jeden Kontakt wird eine neue Seite mit allen Informationen ausgedruckt.

Über die Schaltfläche *Druckoptionen* gelangen Sie in das Dialogfenster, in welchem Sie unter anderem die Anzahl der auszudruckenden Exemplare bestimmen können. Hier finden Sie auch die die Schaltfläche *Seite einrichten*, über die Anpassungen an den einzelnen Druckformaten vorgenommen werden können. Beachten Sie, dass das zweite Dialogfenster drei Registerkarten mit unterschiedlichen Einstellungsmöglichkeiten bereithält.

- **Format:** Vereinbarung von Schriftart, -größe und der Anzahl der Spalten. Außerdem können in Abhängigkeit vom gewählten Druckformat am Ende des Ausdrucks Blankoformulare angezeigt werden, in die handschriftlich Adressen eingefügt werden können.

- **Papier:** Hier legen Sie die Blattgröße, Hoch- oder Querformat und die Seitenränder fest.

- **Kopfzeilen/Fußzeilen:** Beachten Sie, dass viele Druckformate eine vordefinierte Fußzeile enthalten.

- Möchten Sie weder Benutzername noch Seitenzahl oder Datum in Ihrer Fußzeile anzeigen, so löschen Sie die Informationen aus den einzelnen Feldern.

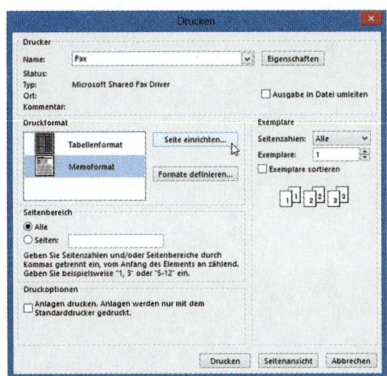

Bild 3.46 *Dialogfenster Drucken, Seite einrichten*

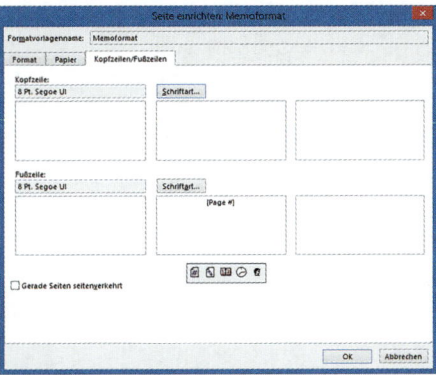

Bild 3.47 *Seite einrichten, Register Kopfzeilen/ Fußzeilen*

3.9 Zusammenfassung

■ Zur Adressverwaltung stellt Outlook das Modul *Personen* bereit. Zur Eingabe neuer Kontakte öffnet Outlook ein Kontaktformular. Viele Schaltflächen innerhalb des Formulars bieten Eingabehilfen. Diese sollten Sie verwenden, um die Felder einheitlich und korrekt auszufüllen. Insbesondere wenn Sie Adressen auch für Seriendrucke in Word verwenden wollen, müssen Sie sich um Einheitlichkeit und Vollständigkeit bemühen.

■ Möchten Sie Ihre oder die Kontaktdaten einer anderen Person weitergeben und benutzt der Empfänger ebenfalls Outlook, dann geschieht dies am einfachsten über die Versendung von Visitenkarten. Diese kann der Empfänger sofort in seinen Kontaktdaten speichern.

■ Mailen Sie oft einem bestimmten Personenkreis, so ist die Erstellung einer Kontaktgruppe sinnvoll, die die E-Mail-Adressen der Empfänger zusammenfasst. Beim Erstellen einer E-Mail, wählen Sie als Empfänger der Nachricht nur die Kontaktgruppe aus.

■ Kontakte können in verschiedenen Formaten gedruckt werden, z. B. Ausdruck einer Telefonliste oder eines Adressbuchs in Papierformat.

Notizen:

4 Kalender

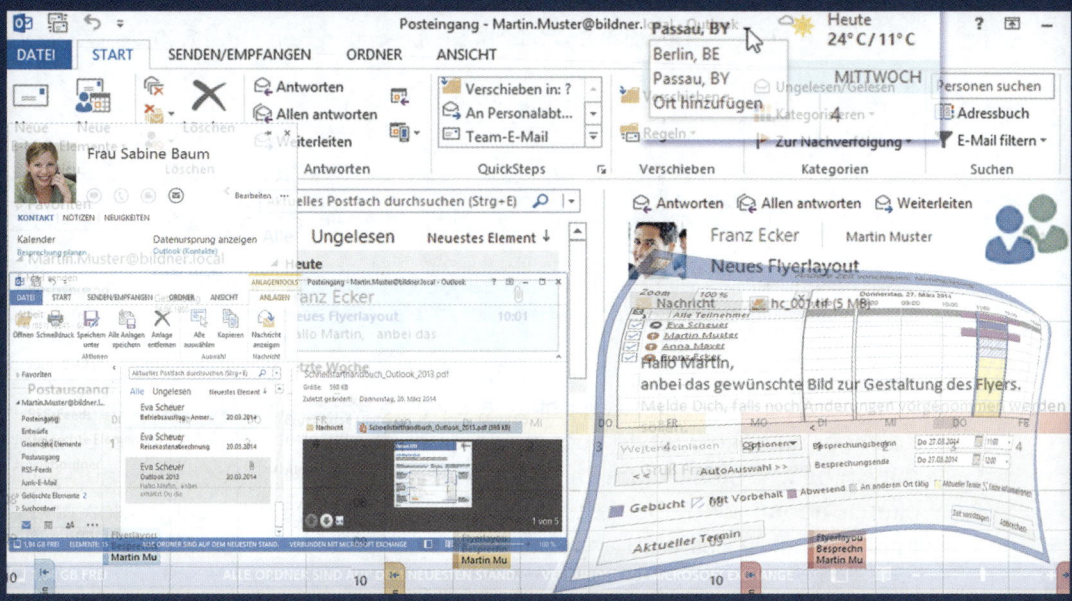

In dieser Lektion lernen Sie...

- Termine und Ereignisse zu speichern und zu bearbeiten
- Termin- und Ereignisserien einzutragen
- Kalender für andere Benutzer freizugeben
- Besprechungen zu planen

Diese Kenntnisse sollten Sie bereits mitbringen...

- E-Mail Grundlagen

4.1   Elemente und Anordnung des Moduls Kalender

Der Outlook-Kalender hilft Ihnen, Termine zu planen, andere Teilnehmer zu Besprechungen einzuladen und zeigt auch Geburtstage und Feiertage an. Neben der Terminübersicht auf Kalenderblättern bietet Outlook die Möglichkeit der rechtzeitigen Erinnerung an Ihre Termine. Outlook unterscheidet im Kalender zwischen verschiedenen Kategorien von Einträgen:

Termin	Ein Termin wird immer zu einem bestimmten Datum eingetragen. Er beginnt und endet zu einer festgelegten Uhrzeit. Beispiel: 25.03.2014 Besprechung Herr Ott, 11:00 bis 17:00 Uhr.
Ereignis	Ereignisse sind Aktivitäten die mindestens 24 Std. dauern, aber auch über mehrere Tage festgelegt werden können. Beispiel: 07.01.2015 – 09.01.2015 Messe Frankfurt Weitere Ereignisse sind z. B. Feiertage oder Geburtstage.
Besprechung	Die Besprechung trägt dieselben Eigenschaften wie der Termin. Allerdings laden Sie zu einer Besprechung andere Teilnehmer ein.

Um zur Terminverwaltung zu gelangen, wählen Sie in der Navigationsleiste den *Kalender* aus. Sie können auch in einem anderen Outlook-Modul (z. B. E-Mail) auf ein bestimmtes Datum im Datumsnavigator der Aufgabenleiste doppelt klicken. Dadurch wird ebenfalls das Outlook-Modul *Kalender* aufgerufen und der entsprechende Zeitraum angezeigt.

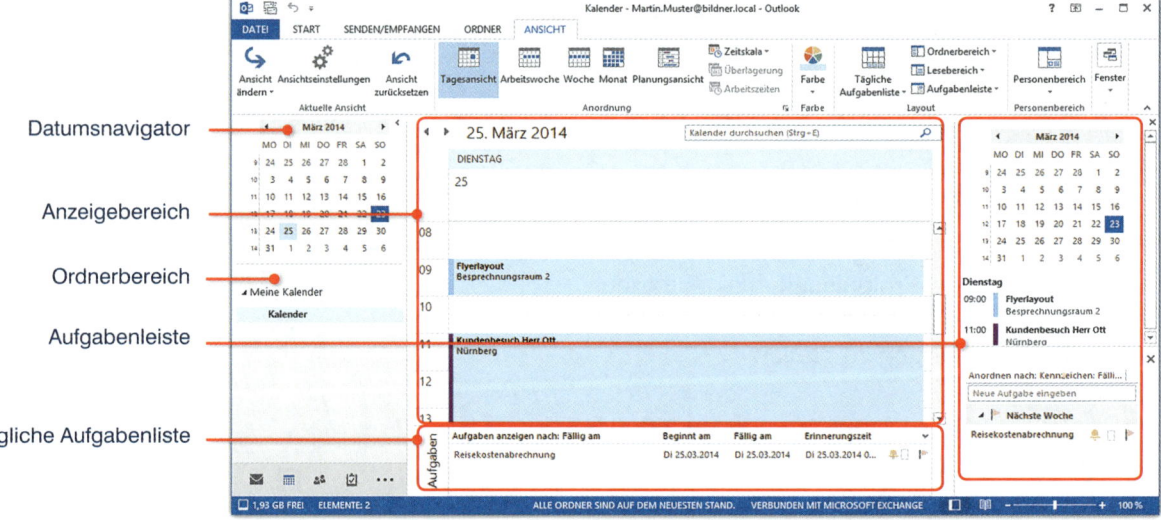

Bild 4.1 Die Tagesansicht im Outlook-Modul Kalender

Anordnung des Kalenders

Um die Übersichtlichkeit Ihres Kalenders zu erhöhen, stehen Ihnen verschiedene Ansichten zur Verfügung. Sie finden diese auf *START* ▶ Gruppe *Anordnen*. Durch Anklicken der Schaltflächen ändern Sie den angezeigten Zeitraum:

■   In der *Tagesansicht* wird nur das ausgewählte Datum angezeigt.

■   Die Ansicht *Arbeitswoche* zeigt die Woche ohne Wochenenden an, sonst wählen Sie die Ansicht *Woche*.

■   Mit der Ansicht *Monat* erhalten Sie eine Übersicht des gesamten Monats.

■   Die *Planungsansicht* stellt mehrere Kalender untereinander dar, z. B. um Termine in verschiedenen freigegebenen Kalendern zu vergleichen.

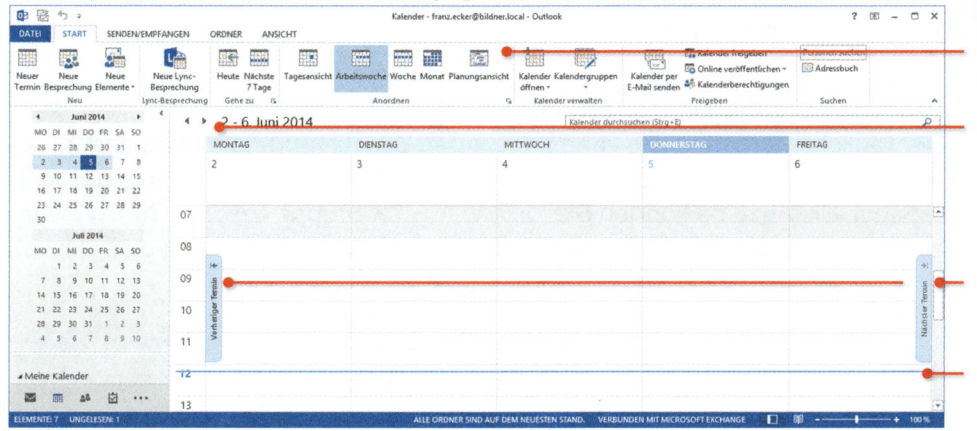

Anordnung Kalender

Dreieck anklicken zur Anzeige der vorherigen/nächsten Woche

Wechseln zum vorherigen bzw. nächsten Termin

Blaue Linie - Uhrzeit

Bild 4.2 Navigation in Kalender-Ansicht

Im Kalender navigieren

Die Datumsnavigatoren im Ordnerbereich ermöglichen den schnellen Wechsel zu einem anderen Datum, einer anderen Woche oder einem anderen Monat. Die im Kalender angezeigten Tage sind *hellblau*, das aktuelle Datum ist *dunkelblau* hinterlegt. Tage mit Terminen werden *fett* dargestellt. Zum Wechseln klicken Sie auf das gewünschte Datum. Entsprechend der gewählten Ansicht, wird nun der Tag bzw. die Woche angezeigt. Zur Auswahl eines anderen Monats, klicken Sie auf die Dreiecke für den vorigen bzw. kommenden Monat.

Abhängig von der gewählten Ansicht wechseln Sie zum folgenden Tag, zur folgenden Woche bzw. Monat durch Anklicken der Dreiecke über dem Kalender. Um zu einem anderen Termin zu gelangen, klicken Sie *Nächster Termin* bzw. *vorheriger Termin* an. Der Wechsel zum heutigen Datum, die Anzeige der nächsten sieben Tage oder der Wechsel zu einem bestimmten anderen Datum erfolgt über *START* ▶ Gruppe *Gehe zu*. Das Dialogfenster *Gehe zu Datum* wird durch Anklicken des Gruppensymbols ⌐ aufgerufen.

Die blaue Linie zeigt die aktuelle Uhrzeit an und hilft bei der zeitlichen Orientierung im Kalender.

Info!

125

Aufgabenleiste

Standardmäßig wird die Aufgabenleiste im Outlook-Modul *Kalender* nicht angezeigt. Sie kann über *ANSICHT* ▶ Gruppe *Layout* ▶ *Aufgabenleiste* und Auswahl von *Aufgaben* und/oder *Personen* zugeschaltet werden. Den *Kalender*
hier noch einmal darzustellen, ist wahrscheinlich nicht sinnvoll.

Tägliche Aufgabenliste

Im Kalender werden die zu erledigende Aufgaben in der Täglichen Aufgabenliste dargestellt. Sie bietet den Vorteil, die fälligen Aufgaben gleich unterhalb
der Termine anzuzeigen und so einen schnellen Überblick über das tägliche
Arbeitspensum zu erhalten.

Tägliche Aufgabenliste anzeigen

Die Tägliche Aufgabenliste kann am unteren Bildschirmrand eingeblendet werden, ist allerdings nur in den Ansichten *Tagesansicht*, *Arbeitswoche* und *Woche*
sichtbar. Die Anzeige können Sie mit *ANSICHT* ▶ Gruppe *Layout* ▶ *Tägliche Aufgabenliste* bestimmen. Um mehr Platz im Kalender zu erhalten, mag es sinnvoll
sein, diese auszuschalten.

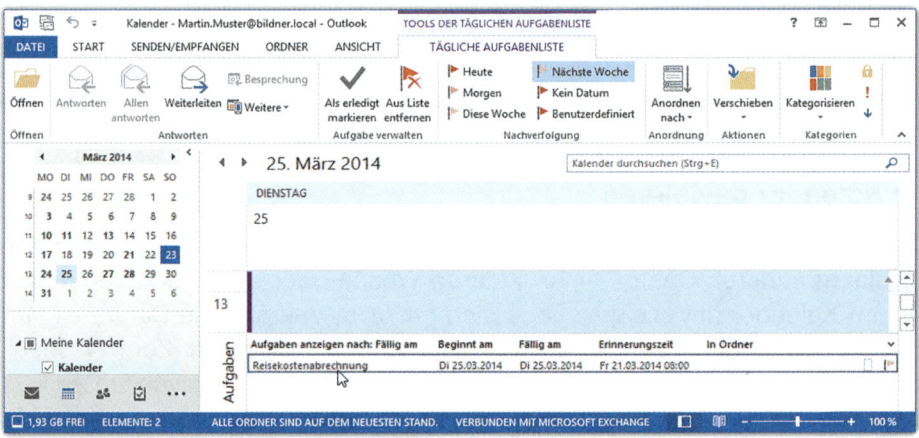

Bild 4.3 Tägliche Aufgabenliste - Registerkarte Tägliche Aufgabenliste

Aufgabe eintragen und bearbeiten

In die tägliche Aufgabenliste können durch Anklicken einer leeren Zeile neue
Aufgaben eingetragen werden. Alle Änderungen werden im Outlook-Modul
Aufgaben übernommen. Beim Klicken in die Tägliche Aufgabenliste wird die
kontextbezogene Registerkarte *TÄGLICHE AUFGABENLISTE* angezeigt.

Für genaue Erläuterun-
gen der hier aufgezähl-
ten Punkte lesen Sie
Lektion 5: Aufgaben
verwalten.

■   Hier können Sie in der Gruppe *Aufgabe verwalten*, die markierte Aufgabe
    Als erledigt markieren oder *Aus der Liste entfernen*.

- Mit den Befehlen in *TÄGLICHE AUFGABENLISTE* ▶ Gruppe *Nachverfolgung* weisen Sie der markierten Aufgabe einen neuen Zeitraum zu.

- Über die Schaltfläche *Anordnen nach* in der Gruppe *Anordnen* legen Sie fest, nach welchem Kriterium die Aufgaben angezeigt werden und ob erledigte Aufgaben aufgeführt sind.

Größe verändern

Zeigen Sie mit der Maus auf die Trennlinie zwischen Aufgabenliste und Kalender und ziehen Sie die Täglichen Aufgabenliste auf die gewünschte Höhe. Die Aufgabenliste kann durch Anklicken des Pfeilsymbols auf der rechten Seite des Fensters minimiert bzw. später wieder maximiert werden.

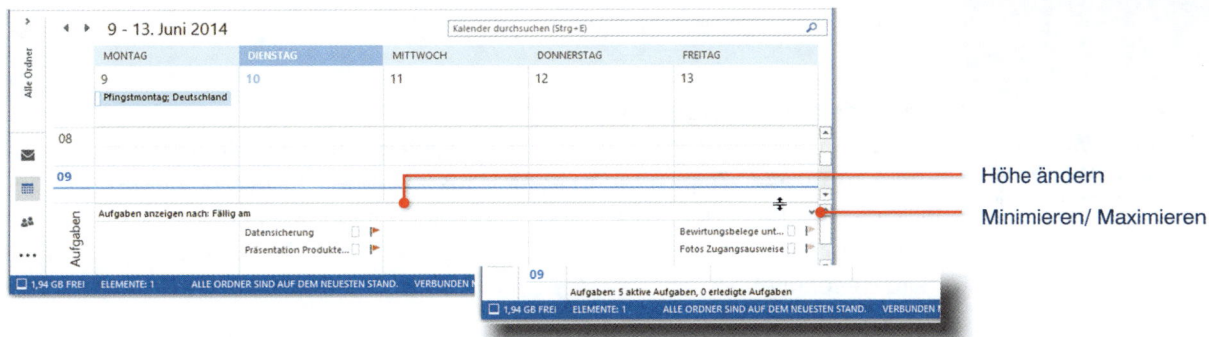

Höhe ändern

Minimieren/ Maximieren

Bild 4.4 Tägliche Aufgabenliste maximiert und   minimiert

Kalenderansicht

Neben der Ansicht Kalender stehen mit *ANSICHT* ▶ Gruppe *Aktuelle Ansicht* ▶ *Ansicht ändern* weiter Anzeigeoptionen zur Verfügung. Mit der Ansicht Liste zeigen Sie beispielsweise Termine und Ereignisse in getrennten Gruppen an. In der Regel verändern Sie die Ansicht nur, um etwas zu suchen oder um mehrere Termine, Ereignisse etc. gleichzeitig zu löschen, z. B. die Feiertage eines Landes, die Sie nicht mehr im Kalender einzeigen möchten.

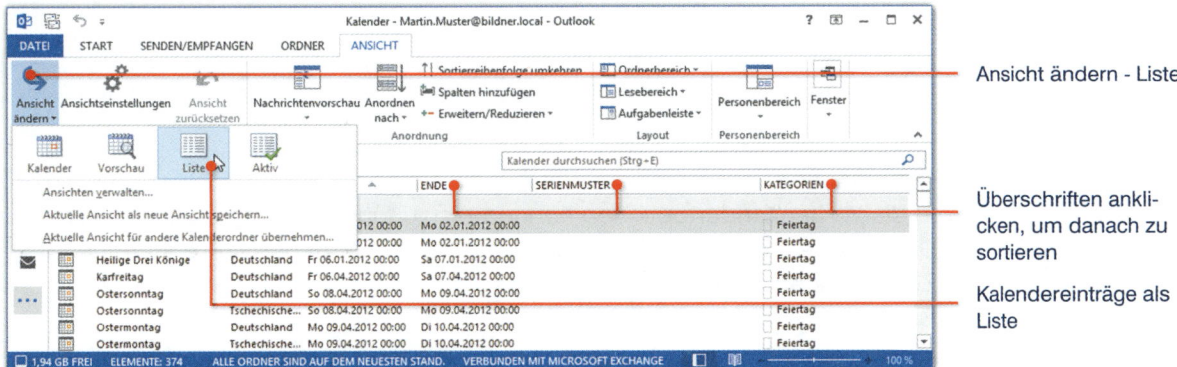

Ansicht ändern - Liste

Überschriften anklicken, um danach zu sortieren

Kalendereinträge als Liste

Bild 4.5 Ansicht Kalender ändern

Wetteranzeige nutzen

Wetterleiste

Wetterstandortoptionen

detailllierte Informationen

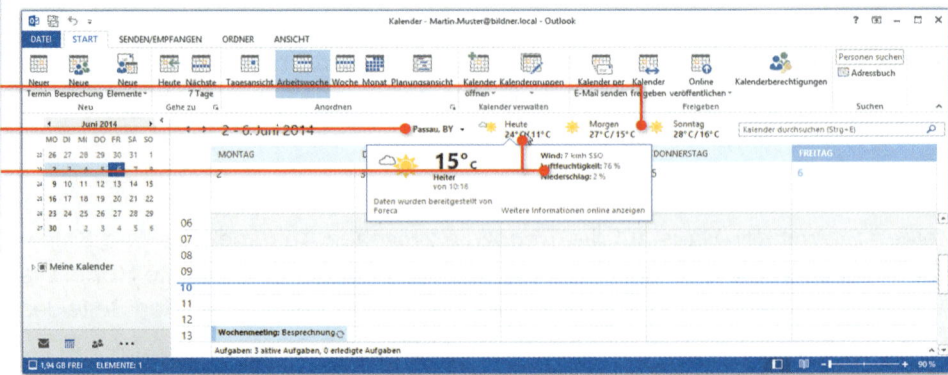

Bild 4.6 Wetterinformation

Wetterdetails anzeigen

Wie Sie die Wetterleiste aktivieren bzw. deaktivieren, erfahren Sie im Kapitel 4.2.

Standardmäßig wird im Kalender eine Wetterleiste mit 3-Tages-Vorschau für Berlin angezeigt. Zeigen Sie mit der Maus auf einen Tag (z. B. *Heute*), um detaillierte Informationen zu erhalten. Für ausführliche Berichte klicken Sie auf den Link *Weitere Informationen online anzeigen*, der Sie zur msn-Wetter Webseite weiterleitet.

Orte hinzufügen

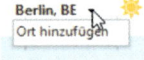

Über das Dropdown-Feld *Wetterstandortoptionen*, wechseln Sie den Standort und fragen das Wetter für andere Städte ab (siehe Bild 4.7). Standardmäßig wird hier nur *Berlin* zur Auswahl angezeigt. Um weitere Orte in die Liste aufzunehmen, klicken Sie auf *Ort hinzufügen* und geben Ortsnamen oder Postleitzahl ein, drücken die Enter-Taste und schon beginnt die Suche. In der Regel erhalten Sie eine Auswahlmöglichkeit, um Ihre Eingabe zu konkretisieren (siehe Bild 4.8).

Bild 4.7 Wetterstandortoptionen mit Ortsliste   *Bild 4.8 Auswahl des Ortes bei ungenauer Suche*

Orte löschen

In die Wetterstandortoptionen können bis zu fünf Orte aufgenommen werden. Um Andere anzuzeigen, müssen zunächst vorhandene Orte entfernt werden. Zeigen Sie auf einen Ort in den *Wetterstandortoptionen* und klicken Sie auf das Schließen-Symbol.

4.2 Darstellung des Kalenders verändern

Alle Änderungen am Aufbau und Design des Kalenders werden über die Registerkarte *DATEI* und Auswahl von *Optionen* vorgenommen. In den Outlook-Optionen wählen Sie den Bereich *Kalender* aus. Hier ändern Sie Einstellungen zur Anzeige der *Arbeitszeit*, *Kalenderoptionen*, *Anzeigeoptionen* etc. Alle vorgenommenen Änderungen beziehen sich auf den gesamten Kalender.

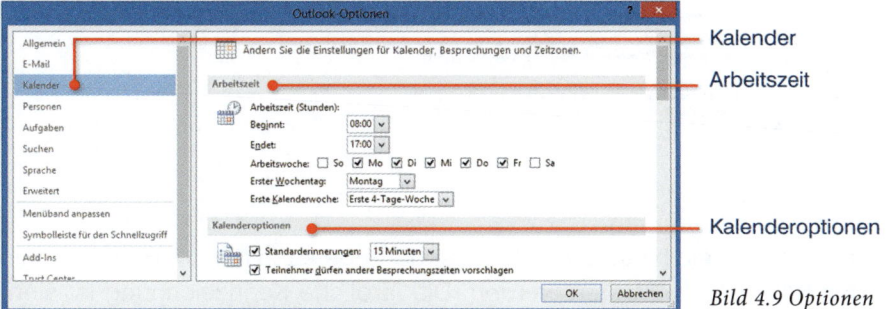

Kalender

Arbeitszeit

Kalenderoptionen

Bild 4.9 Optionen

Arbeitszeit visualisieren

Der Kalender ist in helle und dunkle Bereiche unterteilt. Die dunklen Bereiche visualisieren Zeiten außerhalb Ihrer gewöhnlichen Arbeitszeit (in der Regel vor 08:00 Uhr, nach 17:00 Uhr und am Wochenende).

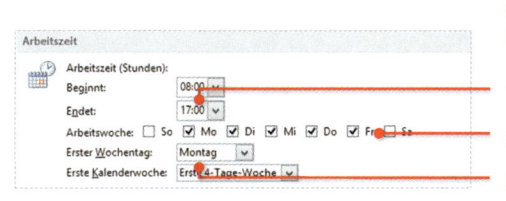

Zeiten außerhalb der regelmäßigen Arbeitszeit

1 Arbeitszeit

2 Arbeitswoche

3 Wochenbeginn, Kalenderwoche

Bild 4.10 Arbeitsfreie Zeit in Kalender-Ansicht   *Bild 4.11 Einstellung der Arbeitszeit*

1 Die regelmäßige Arbeitszeit legen Sie im Abschnitt *Arbeitszeit* fest. Beachten Sie, dass die festgelegte Zeit für alle Tage gilt.

2 Weicht Ihre Arbeitswoche von den Voreinstellungen ab, entfernen Sie Häkchen bei den entsprechenden Tagen und /oder aktivieren andere. In der Anordnung *Arbeitswoche* werden nur die Tage angezeigt, die mit einem Häkchen versehen sind.

3 Hier sind die geltenden Regelungen für Deutschland bereits voreingestellt. In Europa ist die erste Kalenderwoche die erste Woche im Jahr, die vier Tage enthält. In den USA beginnt die erste Kalenderwoche mit dem ersten Tag des neuen Jahres.

Farbe und Kalenderwoche

In den Anzeigeoptionen erhalten Sie die Möglichkeit eine andere Kalenderfarbe auszuwählen und die Kalenderwoche in Outlook anzuzeigen.

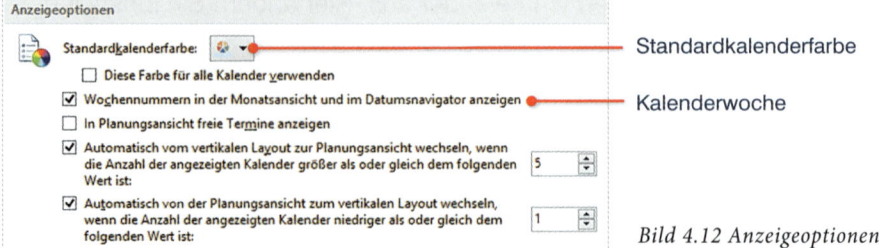

Bild 4.12 Anzeigeoptionen

Kalenderfarbe bestimmen

Über das Auswahlfeld hinter *Standardkalenderfarbe* kann die Kennzeichnungsfarbe des Kalenders verändert werden. Die farbliche Kennzeichnung ist sinnvoll, wenn Sie mit mehreren Kalendern gleichzeitig arbeiten.

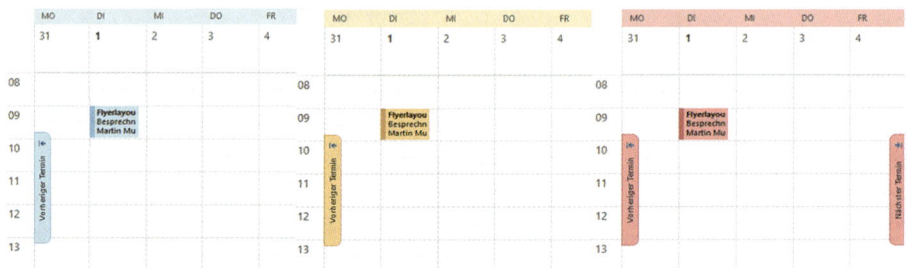

Bild 4.13 Wirkung der Kalenderfarbe

Kalenderwoche anzeigen

Wenn Sie die Kalenderwoche im Outlook-Fenster anzeigen möchten, setzen Sie ein Häkchen vor *Wochennummern in der Monatsansicht und im Datumsnavigator* anzeigen.

Feiertage hinzufügen

Feiertage werden nicht automatisch im Kalender angezeigt, sondern müssen für jedes Land ausgewählt und hinzugefügt werden.

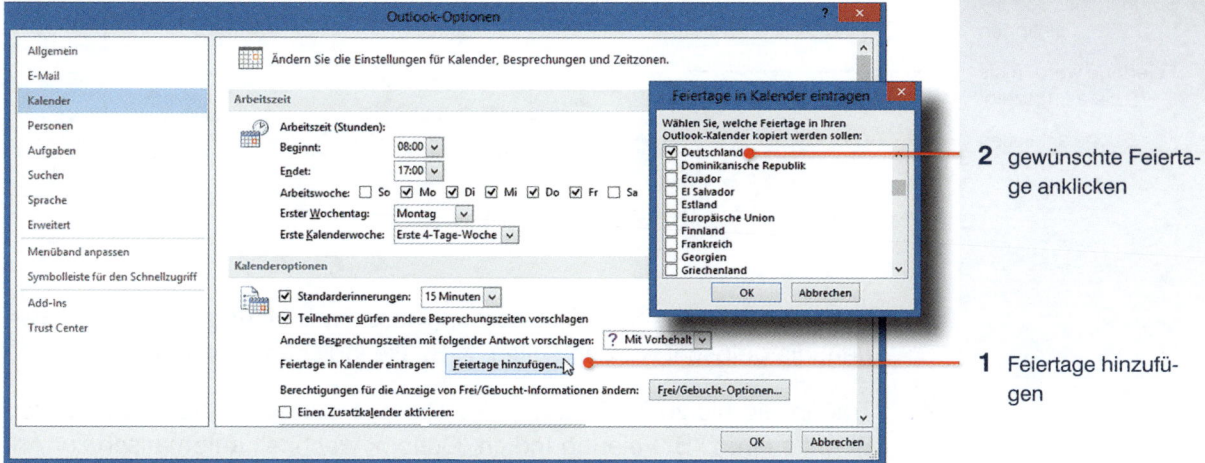

2 gewünschte Feiertage anklicken

1 Feiertage hinzufügen

Bild 4.14 Kalenderoptionen

■ Klicken Sie im Abschnitt *Kalenderoptionen* auf die Schaltfläche *Feiertage hinzufügen*.

■ Im folgenden Fenster aktivieren Sie die Kontrollkästchen der Länder, deren Feiertage Sie hinzufügen möchten und bestätigen die Auswahl über *OK*. Die Feiertage werden im Kalender als Ereignis angezeigt.

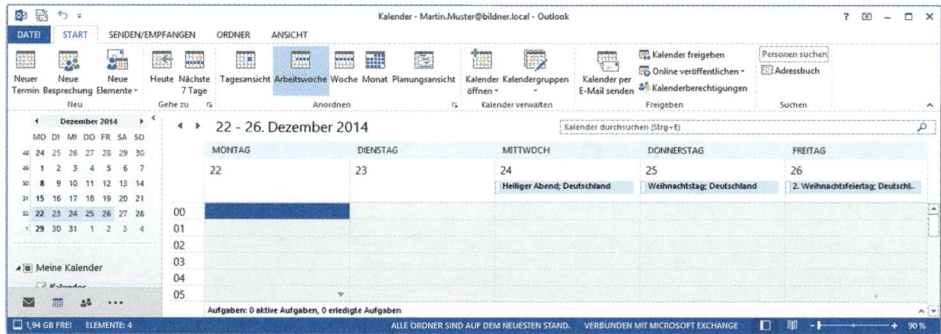

Bild 4.15 Feiertage im Kalender

Beachten Sie, dass beim Einfügen von Feiertagen das Häkchen vor Deutschland automatisch gesetzt wird. Fügen Sie also nachträglich Feiertage weiterer Länder hinzu, sollten Sie das Häkchen vor Deutschland entfernen. Falls nicht, erhalten Sie eine Meldung, die Sie vor der doppelten Anzeige der deutschen Feiertage warnt. Falls Sie alle Warnungen in den Wind schlagen, werden die Feiertage doppelt angezeigt.

Feiertage entfernen

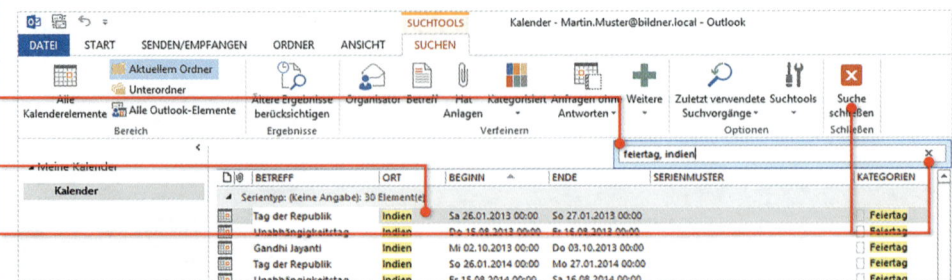

Sofortsuche: Begriffe
eintippen

Feiertage werden als
Liste angezeigt

Suche schließen

Bild 4.16 Suchergebnis in Ansicht Liste

1   Zunächst müssen Sie dafür sorgen, dass nur Feiertage angezeigt werden, die gelöscht werden sollen, z. B. alle indischen Feiertage.

2   Tragen Sie hierzu im Feld *Sofortsuche* des Kalenders die gewünschten Begriffe ein, z. B. Feiertag Indien. Outlook wechselt automatisch zur Ansicht *Liste* und zeigt nur die indischen Feiertage an.

Eine Suche mit dem Stichwort „Feiertage" würde zu keinem Ergebnis führen, da die Bezeichnung der Kategorie *Feiertag* lautet.

3   Markieren Sie alle gefunden Datensätze mit der Tastenkombination Strg+A. Drücken Sie dann die Entf-Taste zum Löschen der Datensätze. Alle Feiertage werden in den Ordner *Gelöschte Elemente* verschoben.

4   Schließen Sie nun Ihre Suchanfrage im Suchfeld oder mit dem *Befehl SUCHTOOLS – SUCHEN ▶ Suche Schließen*.

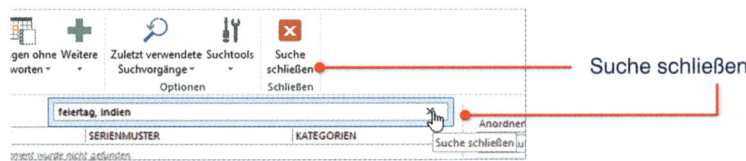

Suche schließen

Bild 4.17 Suche schließen

5   Danach zeigt Outlook automatisch die übliche Ansicht *Kalender* wieder an.

Sollte Outlook nicht zur gewohnten Ansicht zurückkehren, klicken Sie auf *ANSICHT ▶ ANSICHT ändern* und wählen Sie *Kalender* aus.

Zeitzonen festlegen

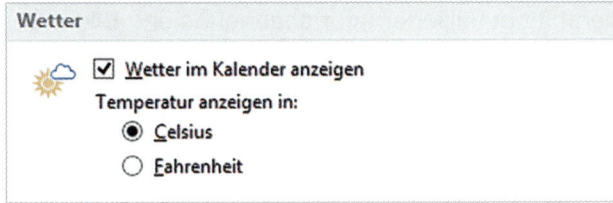

Bild 4.18 Einstellung zweite Zeitzone

Die Anzeige anderer Zeitzonen ist dann sinnvoll, wenn Sie beispielsweise Videokonferenzen mit dem Ausland in Ihren Kalender eintragen. Damit erleichtern Sie das Finden der richtigen Uhrzeit und müssen nicht umständlich vor- oder zurückrechnen. Scrollen Sie zum Abschnitt *Zeitzonen*. Die Standard-Zeitzone ist bereits eingetragen. Tragen Sie eine Beschriftung für die zweite Zeitzone ein und wählen Sie diese aus. Das Häkchen bei *Zweite Zeitzone anzeigen* wird automatisch gesetzt. In der Kalenderansicht wird eine weitere Spalte mit den Uhrzeiten der zweiten Zeitzone angezeigt. Wenn zwei Zeitzonen angezeigt werden, kann es sinnvoll sein, auch eine Beschriftung für die erste Zeitzone einzugeben. Mit der Schaltfläche *Zeitzonenwechsel* tauschen Sie lediglich die erste mit der zweiten Zeitzone.

Um die zweite Zeitzone nicht mehr in der Kalenderansicht anzuzeigen, entfernen Sie das Häkchen vor *Zweite Zeitzone anzeigen*. Dann sollten Sie auch Beschriftung für die erste Zeitzone entfernen.

Wetteranzeige aktivieren

In diesem Abschnitt können Sie die Wetteranzeige im Outlook-Modul Kalender aktivieren bzw. deaktivieren sowie die Anzeige-Einheit festlegen. Die Anzeige der Wetterinformationen geschieht über einen Online-Dienst – es wird also eine bestehende Internetverbindung benötigt. Besteht eine solche nicht, fehlt die Wetteranzeige. Stattdessen kann es sein, dass sich an dieser Stelle eine Schaltfläche *Anfordern* befindet.

Bild 4.19 Einstellen der Wetteranzeige

4.3   Termine festlegen und bearbeiten

Schnelle Handhabung am Beispiel der Arbeitswochenansicht

1 Klicken Sie im Datumsnavigator auf das Datum, dem ein neuer Termin hinzugefügt werden soll. Der entsprechende Tag bzw. die entsprechende Woche wird angezeigt.

2 Die Kalender-Ansicht ist in Uhrzeiten unterteilt. Grundsätzlich stehen Ihnen für jede Stunde zwei Bereiche zur Verfügung, die es ermöglichen Termine im Halbstundentakt einzutragen. Klicken Sie auf der Höhe der entsprechenden Uhrzeit in die Zelle und geben Sie eine Bezeichnung für Ihren Termin ein.

Anklicken, um Termin einzutragen

3 Der Termin „Meeting Messevorbereitung" beginnt um 09:00 Uhr und endet um 09:30 Uhr. Wichtige weitere Einstellungen können Sie bei dieser Form der Terminfestlegung über die Registerkarte *KALENDERTOOL – TERMIN* vornehmen, die jetzt eingeblendet wurde. Die Befehle entsprechen denen im Terminformular, welches Sie in folgenden Abschnitt kennenlernen.

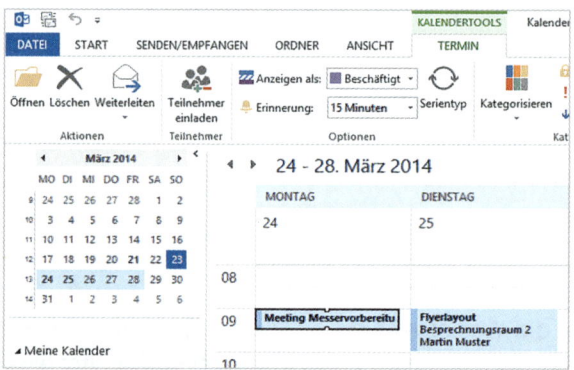

Bild 4.20 eingetragener Termin

Bild 4.21 Terminvorschau

Im Kalender wird in der Regel von einem Termin sehr wenig zu sehen sein. Bewegen Sie die Maus jedoch über den Termin, ohne auf ihn zu klicken, erscheint eine Terminvorschau. Diese enthält detaillierter Informationen (siehe Bild 4.21) und blendet automatisch ab, wenn Sie die Maus bewegen.

Detaillierte Termineingabe

Möchten Sie genauere Angaben zu einem Termin speichern, sollten Sie zur Eingabe ein Terminformular öffnen. Klicken Sie auf *START* ▶ Gruppe *Neu* ▶ *Neuer Termin*.

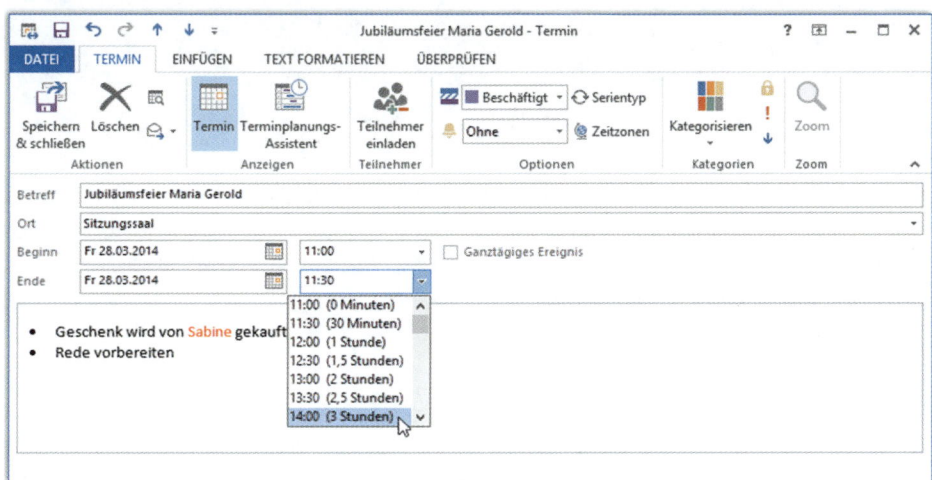

Sie können das Formular auch mit einem Doppelklick auf die entsprechende Zelle des Kalenders öffnen. Das entsprechende Datum und die Uhrzeit werden dadurch in das Terminformular übernommen.

In der Ansicht *Monat* öffnen Sie durch einen Doppelklick auf eine Zelle ein Ereignisformular, d. h. der Termin wird zunächst als ganztägig angezeigt.

Terminformular ausfüllen

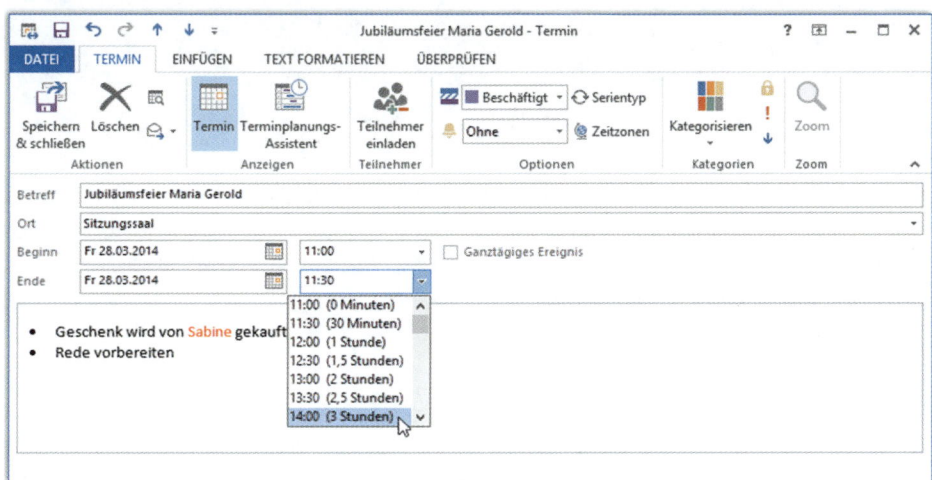

Bild 4.22 Termineingabe mit Kalenderblatt

- Tragen Sie die einzelnen Informationen in die Felder ein. Zum Wechseln zwischen den Feldern, können Sie die Tabulator-Tasten verwenden. *Betreff* und *Ort* erscheinen in der Kalenderübersicht.

- In das Feld *Notizen* können weitere beliebige Informationen eintragen. Sie können hier auch größere Mengen an Text eingeben, den Text formatieren und alles einfügen, was Sie auch in eine E-Mail einfügen können, inklusive von Dateianhängen.

- Für *Datum* und *Uhrzeit* stehen Ihnen die Spezialfelder mit Kalenderblatt bzw. Liste zur Verfügung. Natürlich können Sie Datum und Uhrzeit auch über die Tastatur eingeben (siehe nächste Seite).

- Sie beenden die Termineingabe mit *TERMIN* ▶ Gruppe *Aktionen* ▶ *Speichern & schließen*.

Für die Eingabe von Datum und Uhrzeit stehen Ihnen verschiedene zulässige Schreibweisen zur Verfügung.

	Eingabemöglichkeiten
Datum	■ 1-9-14 oder 1/9/14 wird umgewandelt in Mi 01.09.2014 ■ Sie können auch Worte eingeben: morgen, über-morgen, in 3 Wochen, St. Martin. ■ Wenn Sie das Jahr weglassen, wird von Outlook in der Regel das aktuelle Jahr automatisch er-gänzt.
Uhrzeit	■ 1045 wird umgewandelt in 10:45 ■ Uhrzeiten können auch ohne Doppelpunkt ein-gegeben werden.

Tipp!
Aufgaben siehe Kap. 5

Im Beispiel (Bild 4.22) wurde für den Termin als zusätzliche Information „Rede vorbereiten" eingetragen. Dies sollte unbedingt auch als Aufgabe festgelegt werden. Die Informationen im Terminformular werden nur dort angezeigt und können leicht vergessen werden.

Terminüberschneidung
Überschneidet sich der Termin mit einem bereits bestehenden, so werden Sie mit einer Infoleiste im Terminformular darauf aufmerksam gemacht. Dennoch kann der Termin gespeichert werden und wird zusammen mit dem anderen angezeigt.

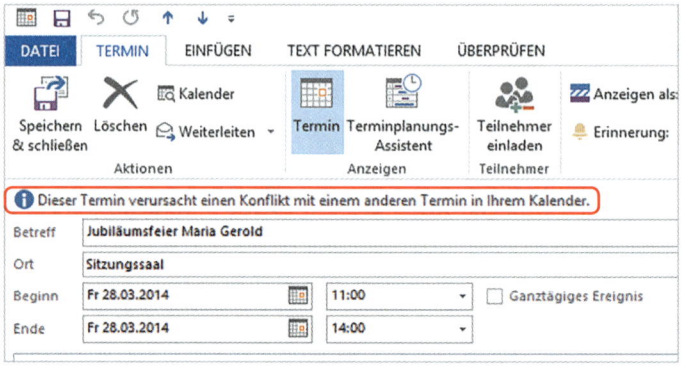
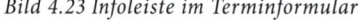

Bild 4.23 Infoleiste im Terminformular

Bild 4.24 Anzeige paralle-ler Termine im Kalender

Termine ändern, verschieben und löschen

Termininformationen nachträglich ändern

■ Klicken Sie doppelt auf den Termin, den Sie aktualisieren möchten.

■ Alternative: Markieren Sie den Termin. Dadurch wird die Registerkarte *KA-LENDERTOOLS - TERMIN* angezeigt. In deren Gruppe *Aktionen* klicken Sie auf die Schaltfläche *Öffnen*.

Öffnen

■ Das Terminformular öffnet sich; berichtigen Sie die Informationen und schließen Sie das Terminformular über die Schaltfläche *Speichern & schließen*.

Verändert sich nur die Dauer eines Termins, so können Sie zur Änderung dieser Information auf das Terminformular verzichten. Bewegen Sie den Mauszeiger im Kalender an den unteren oder oberen Rand des Termins, bis ein schwarzer Doppelpfeil erscheint. Ziehen Sie den Rand bei gedrückter Maustaste nach unten oder oben. Damit verlängern bzw. verkürzen Sie den Termin.

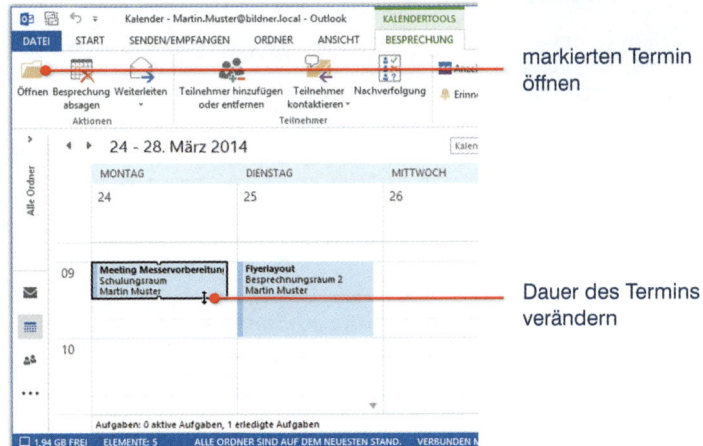

markierten Termin öffnen

Dauer des Termins verändern

Bild 4.25 Dauer eines Termins verändern

Termin verschieben

Zum Verschieben eines Termins, bewegen Sie den Mauszeiger auf den Termin und verschieben ihn bei gedrückter linker Maustaste auf eine andere Uhrzeit oder ein anders Datum. Sie können den Termin auch über ein Datum im Datumsnavigator (im Ordnerbereich, nicht in der Aufgabenleiste) ziehen und dort fallen lassen.

Termin löschen

Um einen Terminzu löschen, markieren Sie diesen und löschen ihn über *KA-LENDERTOOLS -TERMIN* ▶ Gruppe *Aktionen* ▶ *Löschen.* Sie können den Termin auch mit der rechten Maustaste anklicken und im Kontextmenü *Löschen* auswählen. Auch die *Entf-Taste* löscht einen markierten Termin. Der gelöschte Termin wird in den Ordner *Gelöschte Elemente* verschoben.

Erinnerung

Sofern Sie Outlook geöffnet haben, blendet automatisch eine Erinnerung für anstehende Termine ein. Die Frist beträgt standardmäßig 15 Minuten vor Beginn eines Termins und 0,5 Tage vor einem Ereignis.

Sie können im Terminformular auch einen anderen Zeitraum für die Meldung festlegen. Klicken Sie dazu in das Feld *TERMIN* ▶ Gruppe *Optionen* ▶ *Erinnerung* und wählen Sie einen neuen Zeitraum aus. Alternativ markieren Sie den Termin und wählen im Register *KALENDERTOOLS - TERMIN* über das Dropdown-Feld bei *Erinnerung* eine neue Frist aus (siehe Bild 4.26).

Erinnerung an
nachverfolgte E-Mail
Termin
Aufgabe

anderen Zeitraum
für die Erinnerung
festlegen

Zeitraum für die
erneute Erinnerung
bestimmen

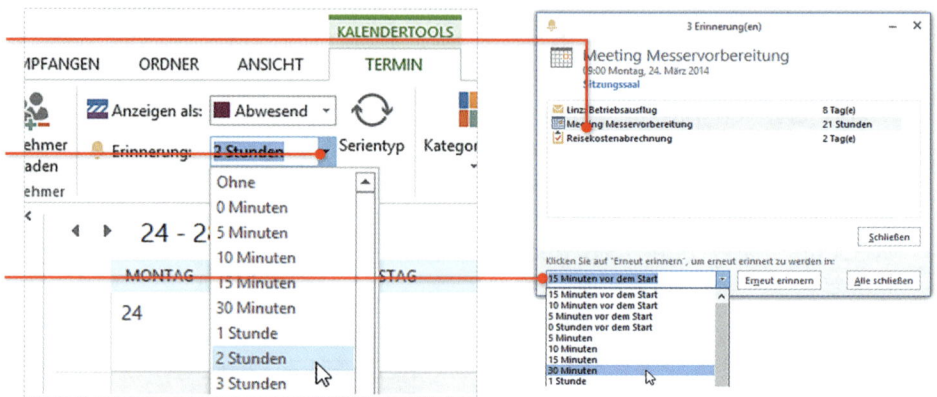

Bild 4.26 Einstellung Erinnerung *Bild 4.27 Meldung mit mehreren Erinnerungen*

Im Fenster Erinnerungen können auch mehrere Termine gleichzeitig erscheinen. Oftmals handelt es sich dabei um alte Terminerinnerungen, die Sie nicht deaktiviert haben. Meldungen können hier auch für (über-)fällige Aufgaben und Aufgabenelemente, die aus der Nachverfolgungen von E-Mails entstanden sind erscheinen. Für Aufgaben und bei Erstellung der Nachverfolgung muss explizit eine Erinnerung hinzugefügt werden. Hier gibt es keine Standardeinstellung, die automatisch 15 Minuten vor Beginn erinnert.

Bearbeitung der Erinnerungsmeldung

Die Bearbeitung durch Anklicken der Schaltflächen bezieht sich immer auf die markierte Erinnerung. Sie können auch mehrere Erinnerungen mit der STRG-Taste markieren, um sie gemeinsam zu bearbeiten.

Wenn Sie den Termin, auf welchen sich die Erinnerung bezieht, direkt öffnen möchten, klicken Sie die entsprechende Zeile einfach doppelt an. Das selbe gilt natürlich auch für eine Erinnerung an eine Aufgabe oder eine E-Mail.

Schaltfläche	Funktion
Schließen	Das Erinnerungsfenster wird geschlossen und die Erinnerung deaktiviert, d. h. im Terminformular wird im Feld Erinnerung nun „ohne" angezeigt. Das Fenster *Erinnerung* wird geschlossen, wenn keine Erinnerung mehr übrig ist
Erneut erinnern	Über die Schaltfläche *Erneut erinnern* können Sie sich zu einem späteren Zeitpunkt nochmals auf den Termin aufmerksam machen lassen. Sie wählen eine neue Zeitspanne über das Listenfeld aus.
Alle schließen	Über die Schaltfläche werden alle Erinnerungen deaktiviert, auch ohne dass diese markiert wurden und das Fenster wird geschlossen.

Termine kennzeichnen

Anzeigen als

Termine können als *Frei*, *An anderem Ort tätig*, *Mit Vorbehalt*, *Beschäftigt* oder *Abwesend* gekennzeichnet werden. Dadurch sollen sich in erster Linie Kollegen, denen Sie Zugriff auf Ihren *Kalender* gewähren, besser orientieren können. Sie vereinbaren diese Kennzeichnungen im Terminformular mit *TERMIN* ▶ Gruppe *Optionen* ▶ *Anzeigen als*. Standardmäßig wird jeder Termin als *Beschäftigt* ausgewiesen. Im Kalender werden die einzelnen Termine mit einer farbigen Markierung dargestellt, die auf die jeweilige Kennzeichnung hinweist – blau = Beschäftigt, violett = Abwesend.

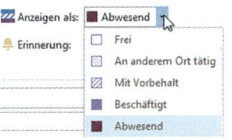

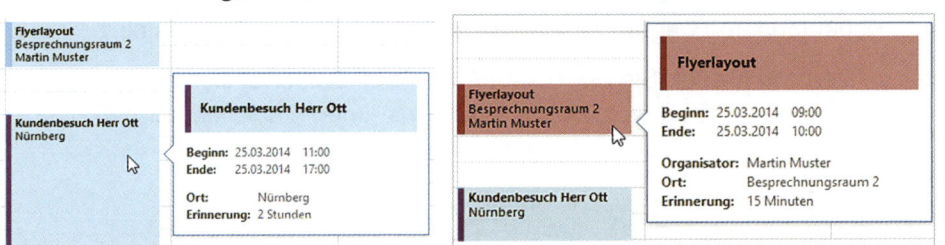

Bild 4.28 Anzeigen als beschäftigt, abwesend...   *Bild 4.29 Kategorisierte Termine*

Kategorisieren

Farbkategorien stehen Ihnen in allen Outlook-Modulen, wie z. B. Aufgaben oder Kontakte, zur Verfügung. Sie können Ihre Termine verschieden farbig kategorisieren und so visuelle Zusammenhänge herstellen. Markieren Sie den Termin und klicken Sie auf *TERMIN* ▶ Gruppe *Kategorien* ▶ *Kategorisieren*. und wählen Sie eine Kategorie aus. Dies führt dazu, dass die Darstellung der Termine im Kalender besser unterscheidbar wird.

Farbkategorie auswählen

4.4   Ereignisse festlegen

Ereignisse sind im Gegensatz zu Terminen immer ganztägig, wie z. B. ein Geburtstag. Sie können aber auch mehrere Tage andauern, z. B. ein Messebesuch oder ein Betriebsausflug. Sie werden im oberen Bereich der Kalender-Ansicht angezeigt. Wenn ein Ereignis mit Abwesend gekennzeichnet ist und/oder mit eine Farbe kategorisiert, wird der ganze Tag in diese Farbe getönt.

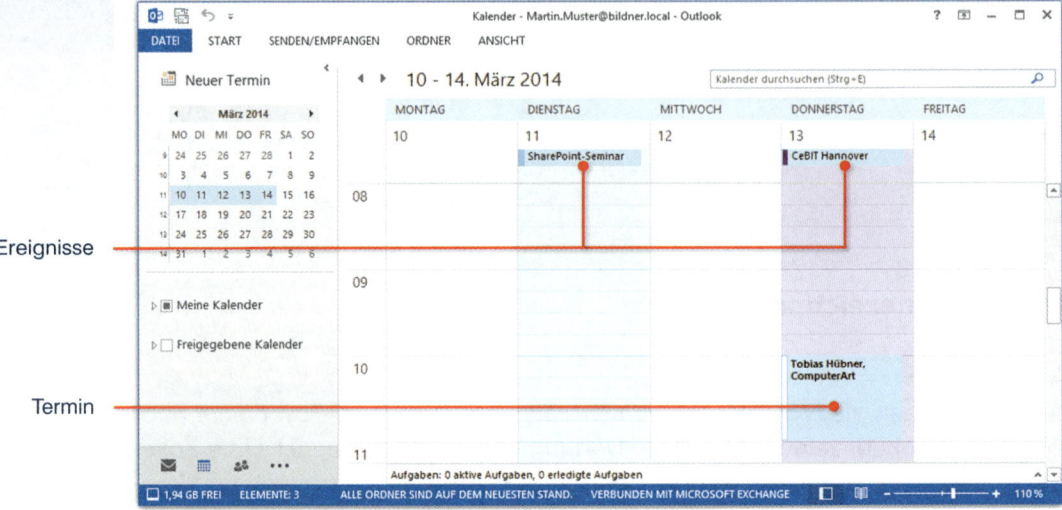

Bild 4.30 Ereignis und Termin

Um ein Ereignis festzulegen...

- Klicken Sie in der Kalender-Ansicht in den Bereich unterhalb des Wochentags und tragen Sie eine Bezeichnung für das Ereignis ein.

- Alternativ klicken Sie doppelt auf das Feld. Es öffnet sich ein Ereignisformular, in welches Sie detaillierte Informationen eingeben können.

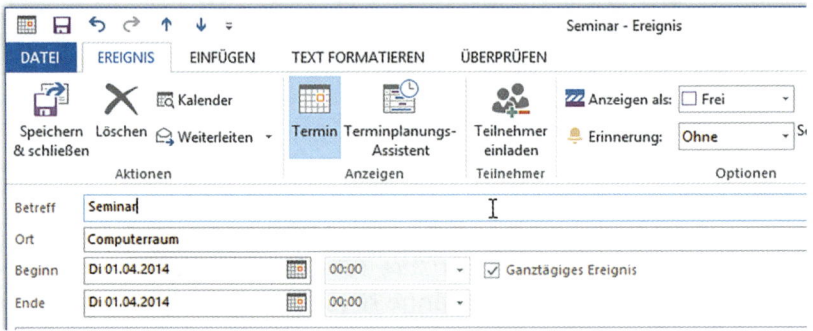

Bild 4.31 Eingabe im Ereignisformular

Geben Sie in das Ereignisformular die gewünschten Informationen ein. Das Datum ist bereits eingetragen. Dauert das Ereignis mehrere Tage, können Sie im Feld *Endet* ein späteres Datum vereinbaren. Die Uhrzeit ist nicht aktiv, da das

Ereignis per Definition den ganzen Tag andauert. Speichern Sie Ihre Eingabe über die Schaltfläche *Speichern & schließen.* Ereignisse werden wie Termine bearbeitet und gelöscht.

Ein Ereignis wird standardmäßig als *Frei* angezeigt. Sie können daher am gleichen Tag auch Termine eintragen, ohne dass eine Warnmeldung aufgrund von Überschneidungen angezeigt wird. Nur wenn Sie das Ereignis als *Beschäftigt* oder *Abwesend* kennzeichnen, erscheint ein entsprechender Hinweis.

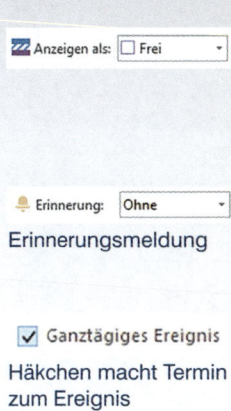

Erinnerungsmeldung

Wenn Sie ein Ereignis auf diesem Weg erstellen, ist eine Erinnerungsmeldung standardmäßig nicht vorgesehen. Analog zum Termin kann dies auch für das Ereignis eingestellt werden.

Aus jedem Termin können Sie ein Ereignis erstellen, indem Sie auf dem Terminformular ein Häkchen vor *Ganztägiges Ereignis* setzen. Beachten Sie jedoch, dass beim Wechsel die bereits vorgenommenen Einstellungen für *Anzeigen als* und *Erinnerung* unter Umständen verändert werden.

Häkchen macht Termin zum Ereignis

4.5   Arbeiten mit dem Popup Kalender

Im Kalenderpopup werden die aktuellen Termine und Ereignisse in einer Liste zusammengefasst. Das Kalenderpopup wird angezeigt, wenn Sie mit der Maus auf die Schaltfläche des Outlook-Moduls *Kalender* in der Navigationsleiste zeigen. Durch einen Doppelklick auf einen Tag im Datumsnavigator gelangen in das Outlook-Modul Kalender zu dem entsprechenden Zeitraum. Durch einen Doppelklick auf einen Termin öffnen Sie diesen in einem separaten Fenster.

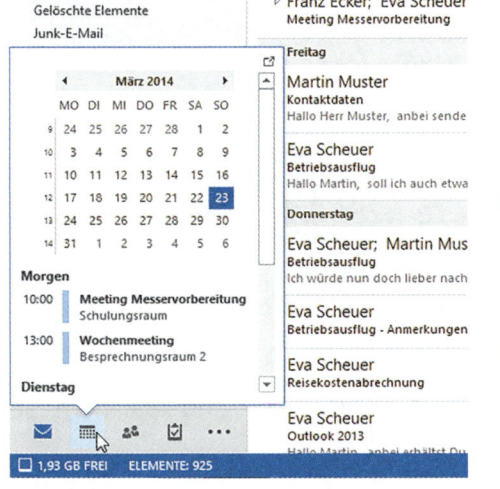

- Klicken Sie im Datumsnavigator ein anderes Datum an, um Termine für diesen und ggf. die nächsten sieben Tage anzuzeigen.

- Mit einem Doppelklick auf ein Datum zeigen Sie das Modul Kalender am entsprechenden Datum an.

- Klicken Sie doppelt auf einen Termin, um das Terminformular anzuzeigen.

Bild 4.32 Popup Kalender mit Terminen

4.6   Termin- und Ereignisserien

Wiederkehrende Termine oder Ereignisse, z. B. die wöchentliche Teambespre-
chung, müssen nicht einzeln in den Kalender eingetragen werden, sondern
können als Termin- oder Ereignisserie ein einziges Mal eingegeben werden.
Sie legen nur Beginn und gegebenenfalls Ende der Serie sowie das Serienmuster und Informationen zum Termin fest. Danach erscheint der Termin zu
den festgelegten Zeiten automatisch im Kalender.

Termin- oder Ereignisserie festlegen

Serientyp

1   Öffnen Sie ein Termin- oder
Ereignisformular und tra-
gen Sie alle Informationen
ein .

2   Klicken Sie auf *Termin* ▸
Gruppe Optionen ▸ *Serientyp*. Das Formular für die
Terminserie öffnet sich und
die Informationen aus dem
Terminformular werden
übernommen.

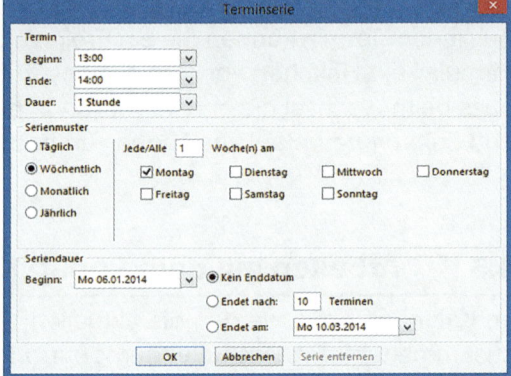

Bild 4.33 Dialogfenster für Termin- bzw. Ereignisserie

Feld	Aktion
Termin	Beginn, Ende und Dauer des Termins wurden aus dem Terminformular übernommen
Serienmuster	Vereinbaren Sie ein Serienmuster und entscheiden Sie, ob der Termin wöchentlich, monatlich etc. stattfinden soll. Je nach im linken Bereich gewähltem Serienmuster kön-nen Sie in rechten Bereich Ihre Angaben konkretisieren
Seriendauer	Geben Sie an, ob der Termin zu einem bestimmten Da-tum, nach einer Anzahl von Treffen endet oder kein End-datum besitzt.

3   Bestätigen Sie Ihre Auswahl über die Schaltfläche *OK* und speichern Sie
das Terminformular über die Schaltfläche *Speichern & schließen.*

Die Terminserie erscheint entsprechend der eingegebenen Daten im Kalender. Sie erkennen eine Serie an den kreisförmig angeordneten Pfeilen
hinter der Terminbezeichnung.

Serien bearbeiten

Sie können jederzeit einzelne Informationen einer Serie ändern. Dies gilt sowohl für die ganze Serie als auch für einen einzelnen Termin innerhalb der Serie.

Einen einzelnen Termin innerhalb einer Serie ändern:

Doppelklicken Sie auf den Termin einer Serie, den Sie ändern möchten und aktivieren Sie *Nur diesen Termin* (Bild 4.34). Sie können nun die Änderungen für den Termin vornehmen und ihn über die Schaltfläche *Speichern & schließen* bestätigen.

Verschieben Sie ein Element einer Serie mit der Maus, wirken sich die Änderungen der Uhrzeit oder des Datums ohne Rückfrage nur auf den Einzeltermin aus.

Eine Serie ändern

Doppelklicken Sie auf einen Termin der Serie und aktivieren Sie im folgenden Fenster *Die gesamte Serie*. Sie können nun Änderungen für die Serie eingeben. Über die Schaltfläche *Serientyp* kann auch das Muster der Serie verändert werden. Bestätigen Sie die Änderungen über die Schaltfläche *Speichern & schließen*.

 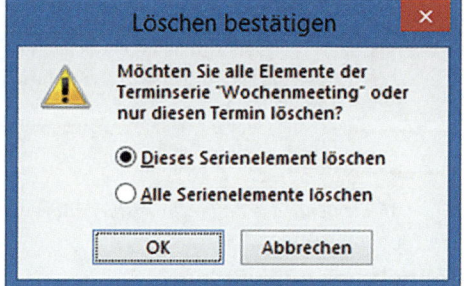

Bild 4.34 Rückfrage beim Öffnen Serienelement *Bild 4.35 Rückfrage beim Löschen Serienelement*

Einzeltermin oder Serie löschen

Wenn Sie einen Termin aus einer Serie löschen, müssen Sie ebenfalls entscheiden, ob Sie nur diesen Termin oder die ganze Serie löschen wollen (siehe Bild 4.35).

4.7   Besprechungen organisieren

Termin festlegen und Teilnehmer einladen

Bei einer Besprechung handelt es sich um einen Termin, zu dem Sie andere Personen einladen. Diese Funktion steht auch ohne Microsoft Exchange zur Verfügung. Ressourcen und die Features zur Terminabgleichung sind nur innerhalb einer Organisation mit Microsoft Exchange nutzbar.

Neue Besprechung erstellen

Neue
Besprechung

■ Klicken Sie auf *START* ▸ Gruppe *Neu* ▸ *Neue Besprechung*.

■ Alternative: Termine können zu Besprechungsanfrage umgewandelt werden. Klicken Sie im Terminformular auf *TERMIN* ▸ Gruppe *Teilnehmer* ▸ *Teilnehmer einladen* oder markieren Sie den Termin und wählen Sie auf der kontextbezogenen Registerkarte *KALENDERTOOLS-TERMIN* die Schaltfläche *Teilnehmer einladen*.

Ein Besprechungsformular öffnet sich, in das Sie die notwendigen Infos eintragen und dann versenden.

Teilnehmer auswählen
und Ressourcen buchen

Ort eintragen / Raum-
suche

Termin festlegen

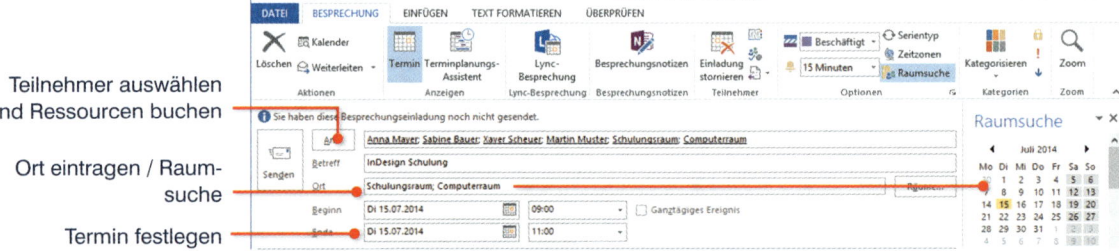

Bild 4.36 Elemente des Besprechungsformulars

Teilnehmer auswählen

Sie können auch in das
Feld hinter *An* die E-Mail
Adresse der Teilnehmer
eingeben.

Laden Sie über die Schaltfläche *An* Personen oder Kontaktgruppen zur Besprechung ein. Entscheiden Sie, ob die Teilnahme der Person wichtig ist, dann klicken Sie die Schaltfläche *erforderlich*, sonst *optional*.

Ressource, z. B. Schu-
lungsraum

Teilnehmer erforderlich
oder optional

notwendige Ressource

*Bild 4.37 Teilnehmer und
Ressourcen auswählen*

Ressourcen auswählen

Ressourcen sind Besprechungsräume, Beamer, Firmenwagen etc.; also alles, was von mehreren Mitarbeitern genutzt werden können und deshalb reserviert werden müssen. Diese Aufgabe kann Outlook übernehmen, sofern Besprechungsräume, Beamer etc. vom Administrator als Ressourcen angelegt wurden. Das ist allerdings nur in einer Microsoft Exchange-Umgebung möglich.

Ressourcen werden in der Globalen Adressliste angezeigt und können dort ausgewählt werden. Markieren Sie die benötigte Ressource und klicken Sie auf die Schaltfläche *Ressourcen* (siehe Bild 4.37) Bestätigen Sie die Auswahl mit *OK*. Sofern Sie einen Raum als Ressource hinzugefügt haben, wird dieser automatisch im Besprechungsformular in das Feld *Ort* eingetragen.

Es empfiehlt sich, zunächst mehrere mögliche Besprechungsräume in die Planung aufzunehmen. Später können Sie sich, je nach Verfügbarkeit, für einen entscheiden und die anderen aus der Planung löschen.

Passenden Termin finden

Datum und Uhrzeit können wie gewohnt in das Formular eingetragen werden. Bei vielen Teilnehmern und vollen Terminkalendern kann es allerdings schwierig werden, einen Termin zu finden, an dem alle Teilnehmer Zeit haben und ein Raum verfügbar ist. Dafür bietet Outlook einiges an Unterstützung an:

Die Leiste *Raumsuche* kann zur Überprüfung der Belegung des Besprechungsraums und zum Finden eines passenden Zeitpunktes bei Terminkonflikten einzelner Teilnehmer genutzt werden. Die Leiste wird ein- bzw. ausgeblendet mit *BESPRECHUNG* ▶ Gruppe *Optionen* ▶ *Raumsuche*.

- ■ Im Datumsnavigator oben werden die Tage verschiedenfarbig dargestellt, entsprechend der Verfügbarkeit der Teilnehmer und Räume. Klicken Sie auf einen Tag, um den aktuellen Termin auf diesen Tag zu verschieben. Die Uhrzeit wird nicht verändert.

- ■ Bei *Verfügbaren Raum auswählen* sehen Sie, welche der in die Planung aufgenommen Räume am ausgewählten Termin verfügbar sind. Durch Anklicken der Zeilen, nehmen Sie den jeweiligen Raum aus der Planung heraus oder nehmen ihn wieder auf. In unserem Beispiel wird zum aktuellen Termin nur ein Raum (Schulungsraum) angezeigt. Der andere Raum (Computerraum) ist erst später wieder verfügbar. ——

- ■ Im unteren Teil *Vorgeschlagene Zeiten* erhalten Sie Vorschläge und Informationen, die die Verfügbarkeit der Räume und der Teilnehmer berücksichtigen. Durch Anklicken der Zeilen verschieben Sie den Termin auf den vorgeschlagenen Zeitraum, wobei Sie sich jedoch nur innerhalb des oben gewählten Tages bewegen. Termine mit roten Doppelpfeilen zeigen an, dass einer oder mehrere der eingeladenen Teilnehmer hier einen anderen Termin hat.

Terminkonflikte werden in der Raumsuche nur angezeigt, wenn Sie Zugriff auf die Termine Ihrer Kollegen haben.

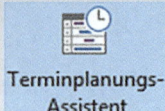

Terminplanungs-
Assistent

Terminplanungsassistent

Sofern Sie Zugriff auf die Termine Ihrer Kollegen haben, erhalten Sie über *BE-SPRECHUNG* ▸ Gruppe *Anzeigen* ▸ *Terminplanungsassistent* eine übersichtliche Darstellung aller verfügbaren und gebuchten Zeiten. Durch Balken und Schraffierungen werden die Termine der anderen Teilnehmer angezeigt. Beachten Sie die Legende am unteren Rand des Fensters. Ein gebuchter Termin erscheint beispielsweise als blauer Balken (z. B. Anna Mayer Termin von 9:00 - 10:00).

Terminplanungsassistent

hellblauer Balken - aktueller Termin der Besprechung

gebuchter Termin

Schulungsraum nicht verfügbar

Schaltfläche Optionen

Beginn und Ende des Termins

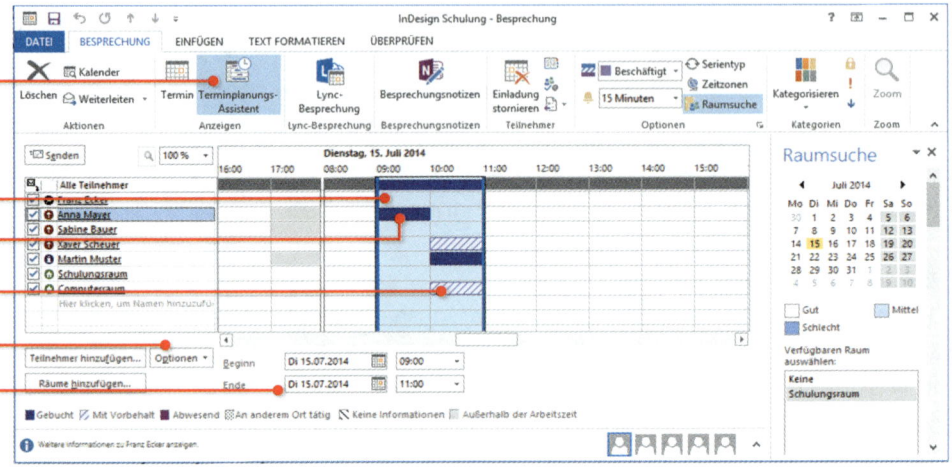

Bild 4.38 Terminplanungsassistent

Auch die Belegungen der Besprechungs- oder Schulungsräume sind hier vermerkt. Diese werden als blau schraffierte Fläche, d.h. *Mit Vorbehalt* angezeigt. Der Raum gilt damit als reserviert und ist nicht verfügbar; in diesem Beispiel von 09:00 – 10:00 Uhr. Terminüberschneidungen bei Ressourcen werden nicht notwendigerweise durch eine Warnmeldung gekennzeichnet.

Der senkrechte hellblaue Balken zeigt die aktuelle Uhrzeit Ihrer Besprechungsanfrage an. Ziehen Sie mit der Maus an den Rändern des Balkens, um die neue Uhrzeit einzustellen. Natürlich ist eine Eingabe der neuen Zeiten in die Felder *Beginn* und *Ende* auch möglich. Ebenso kann auch die Leiste Raumsuche verwendet werden, um ein anders Datum oder eine andere Uhrzeit auszuwählen.

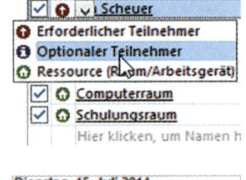

In der Teilnehmerliste kann eine Person von *Erforderlicher Teilnehmer* auf *Optionaler Teilnehmer* gesetzt werden.

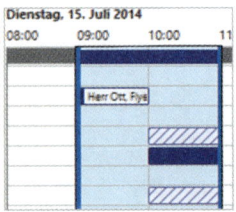

Mit welchen Informationen die einzelnen Termine der Teilnehmer angezeigt werden, hängt einerseits von den Einstellungen am Exchange Server ab, ob und mit welchen Informationenen Kalender von Kollegen freigegeben wurden bzw. ob *Kalenderdetails* über die Schaltfläche *Optionen* (siehe Bild 4.38) aktiviert sind.

Antwortoptionen

Über *BESPRECHUNG* ▸ Gruppe *Teilnehmer* ▸ *Antwortoptionen* bestimmen Sie, ob die Teilnehmer auf die Anfrage antworten sollen, was durchaus sinnvoll ist. Außerdem können Sie erlauben, dass die Eingeladenen andere Besprechungszeiten vorschlagen können. Entfernen Sie das Häkchen, falls Sie diese Option nicht zulassen möchten.

Bild 4.39 Antwortoptionen

Planung abschließen

Nachdem die optimale Zeit eingestellt wurde, wechseln Sie wieder zur vorherigen Ansicht auf *BESPRECHUNG* ▸ Gruppe *Anzeigen* ▸ *Termin*. Tragen Sie den Betreff und gegebenenfalls Notizen ein – sofern nicht schon am Anfang geschehen. Über die Schaltfläche *Senden* wird die Besprechungsanfrage versandt und gegebenenfalls die Ressource gebucht. Gleichzeitig wird der Termin in Ihren Kalender eingetragen.

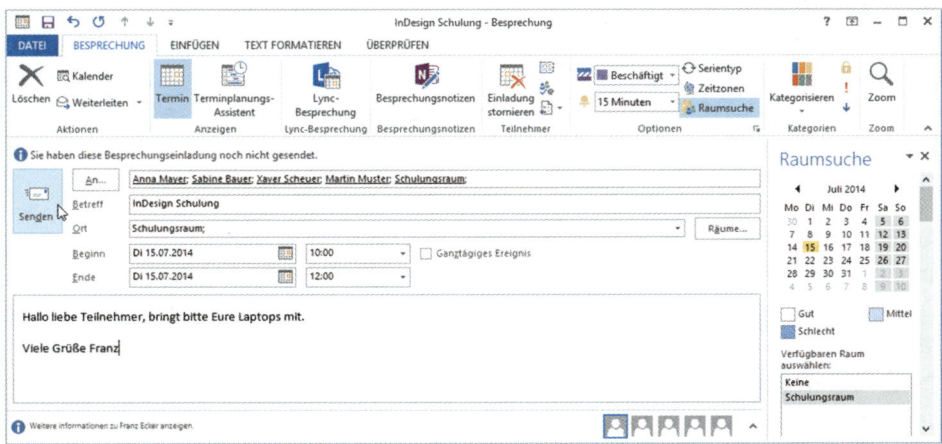

Bild 4.40 ausgefüllte Besprechungsanfrage

Besprechungsanfragen beantworten

Eine Einladung zu einer Besprechung befindet sich zunächst im Posteingangs-ordner. Im Lesebereich erhalten Sie eine Reihe von Informationen. Neben Thema, Zeit und Ort der Besprechung entnehmen Sie der Anfrage, ob Ihre Anwesenheit *erforderlich* oder *optional* ist. Sie sehen, ob Sie eine Antwort geben sollen und ob der Besprechungstermin in Konflikt mit anderen Terminen steht.

Schaltflächen für Zu-
und Absage

Infos zur Besprechung

Kalendervorschau

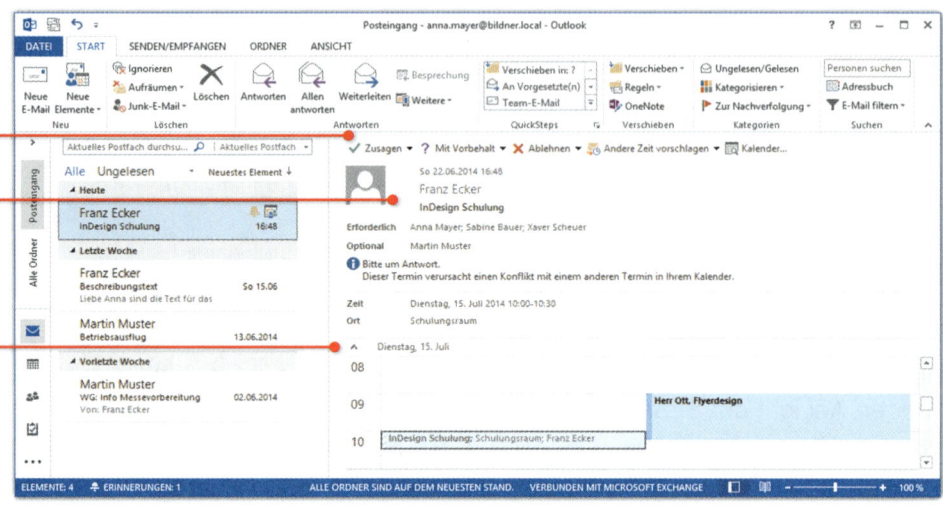

Bild 4.41 Darstellung Besprechungsanfrage im Lesebereich des Posteingangs

Terminkonflikt

Die Besprechungsanfrage enthält einen Ausschnitt Ihres Kalenders zum angefragten Zeitpunkt. Hier sehen Sie, ob die Besprechung mit anderen Terminen kollidiert. Wird die *Kalendervorschau* nicht angezeigt, klicken Sie auf den kleinen Pfeil. Alternativ können Sie mit der Schaltfläche *Kalender* im Lesebereich gleich in das Modul Kalender wechseln.

Antwortalternative auswählen und versenden

Wenn Sie die Besprechungsanfrage nicht im Lesebereich anzeigen, sondern mit einem Doppelklick öffnen, finden Sie die Schaltflächen für Zu- und Absage auf der Registerkarte BESPRECHUNG.

Im Lesebereich finden Sie die Schaltflächen zur Beantwortung der Anfrage: *Zusagen*, *Mit Vorbehalt*, *Ablehnen* und *Andere Zeit vorschlagen* (sofern von Organisator nicht unterbunden). Mit Ihnen müssen Sie auf die Anfrage reagieren.

Durch Anklicken einer Antwortschaltfläche erhalten Sie Alternativen zur Versendung (sofern von Organisator nicht unterbunden): *Antwort vor dem Senden bearbeiten*, *Antwort jetzt senden*, *Keine Antwort senden*. Für eine Absage oder eine Antwort mit Vorbehalt ist eine Erläuterung oft angemessen. Wählen Sie in diesem Fall *Antwort vor dem Senden bearbeiten* aus.

 Wählen Sie nicht die Option *Keine Antwort senden*, da der Organisator sonst nicht über Ihre Absichten informiert wird. Falls der Organisator Zugriff auf Ihren Kalender hat, könnte er zwar hier nachschauen, in der Regel sollte aber eine Antwort gesendet werden.

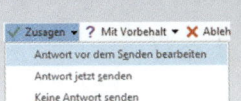

Bedeutung der Schaltflächen

■ *Zusagen*: Die Besprechungsanfrage wird zum vereinbarten Termin in Ihrem Kalender eingetragen mit dem Status *Beschäftigt*.

■ *Mit Vorbehalt*: Die Besprechungsanfrage erscheint als Termin im Kalender, wird allerdings als *Mit Vorbehalt* gekennzeichnet.

■ *Ablehnen*: Durch Ihre Absage wird die Besprechungsanfrage nicht als Termin im Kalender vermerkt. Sollten sich seitens des Organisators der Besprechung Änderungen ergeben, werden Sie mit großer Wahrscheinlichkeit nicht informiert.

■ *Andere Zeit vorschlagen:* Sie können ein anderes Datum oder eine andere Uhrzeit vorschlagen, in Verbindung mit einer Absage oder einer vorbehaltlichen Zusage.

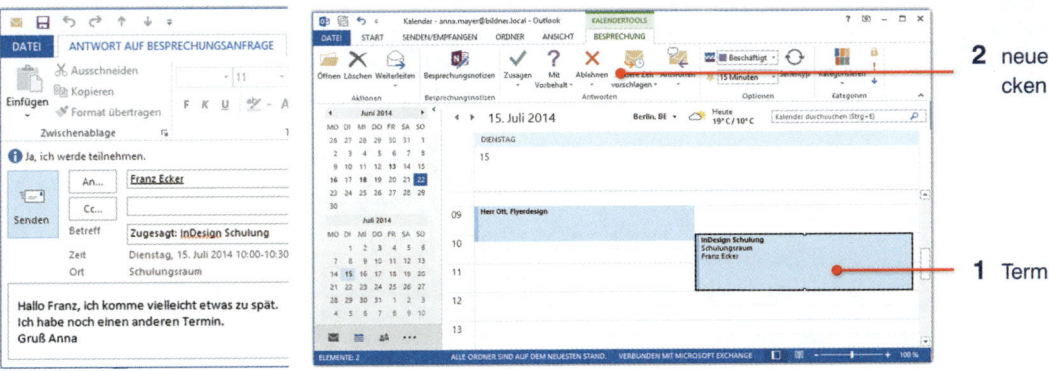

Bild 4.42 Zusage E-Mail   *Bild 4.43 Zusage bzw. Vorbehalt nachträglich verändern*

Sie können zu einem späteren Zeitpunkt Ihre definitive oder vorbehaltliche Zusage ändern. Markieren Sie dazu den Termin im Kalender und wählen Sie auf der kontextbezogenen Registerkarte *KALENDERTOOLS - BESPRECHUNG* eine andere Antwort aus. Bei einer Korrektur überschreibt immer die letzte Reaktion die vorherige(n). Öffnen Sie den Termin mit einem Doppelklick, um in der Infoleiste zu erfahren, wann Sie wie geantwortet haben.

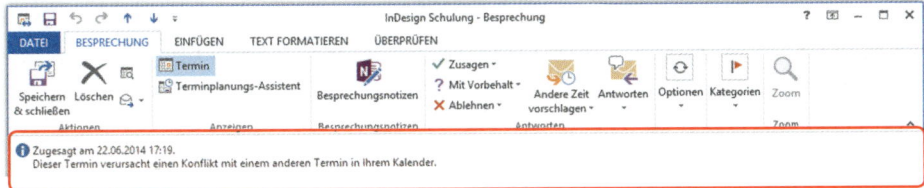

Bild 4.44 Infoleiste im Besprechungsformular

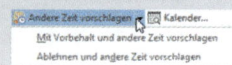

Andere Zeit vorschlagen

1 Klicken Sie im Lesebereich der Besprechungsanfrage auf die Schaltfläche *Andere Zeit vorschlagen* und wählen Sie eine Alternative aus. Antworten Sie *mit Vorbehalt* wird der Termin in den Kalender eingetragen. Antworten Sie mit *Ablehnen* wird der Termin nicht eingetragen. Sie bleiben aber im Verteiler des Organisators.

2 Das folgende Dialogfenster ist Ihnen schon aus der Erstellung der Besprechungsanfrage bekannt. Farbige und schraffierte Flächen markieren Termine anderer Teilnehmer. So erkennen Sie schnell, welche anderen Zeiten Sie vorschlagen können, ohne weitere Terminkonflikte hervorzurufen.

Bild 4.45 Andere Zeit vorschlagen

3 Tragen Sie bei Besprechungsbeginn und Besprechungsende neue Zeiten ein oder ziehen Sie die Balken mit der Maus auf eine neue Position. Wenn Sie nach Verschiebung der Zeit zum ursprünglichen Termin zurück möchten, klicken Sie auf die Schaltfläche *Aktueller Termin*. Klicken Sie auf die Schaltfläche *Zeit vorschlagen*.

4 Outlook öffnet ein Nachrichtenformular mit dem neuen Zeitvorschlag, adressiert an den Organisator. Versenden Sie die Nachricht. Sofern Sie *Mit Vorbehalt* geantwortet haben, wird der Termin mit den Besprechungszeiten des Organisators in Ihren Kalender eingetragen.

Nur der Organisator kann Termin und Uhrzeit für eine Besprechung ändern und eine aktualisierte Besprechungsanfrage erneut an alle Teilnehmer senden.

Antworten auf eine Besprechungsanfrage auswerten

Nachdem Sie eine Besprechungsanfrage verschickt haben, erhalten Sie die Antworten der eingeladenen Teilnehmer im *Posteingang*. Schon am Betreff und am Symbol erkennen Sie, wer zugesagt, abgelehnt oder mit Vorbehalt geantwortet hat.

Um zu erfahren, wer zu Ihrer Besprechung kommt, müssen Sie die Zu- und Absagen nicht umständlich im *Posteingang* heraussuchen. Die Statusanzeige der Besprechungsabfrage gibt darüber Auskunft.

■ Öffnen Sie im *Kalender* die Besprechung mit einem Doppelklick. In der Infoleiste des Formulars erhalten Sie den aktuellen Stand der Antworten.

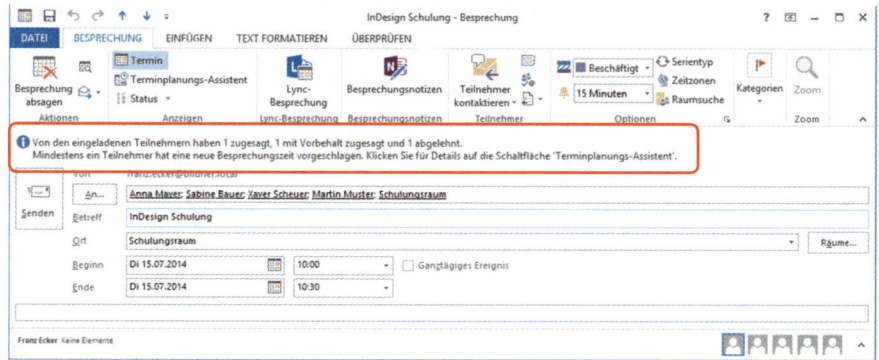

Bild 4.46 Zusammenfassung aller Antworten

■ Über *BESPRECHUNG* ▸ Gruppe *Anzeigen* ▸ *Status* finden Sie detailliert heraus, wer ab- oder zugesagt hat. Über *BESPRECHUNG* ▸ Gruppe *Anzeigen* ▸ *Termin* kehren Sie zur vorigen Ansicht zurück.

■ Auch der Personenbereich filtert nach Zu- und Absagen.

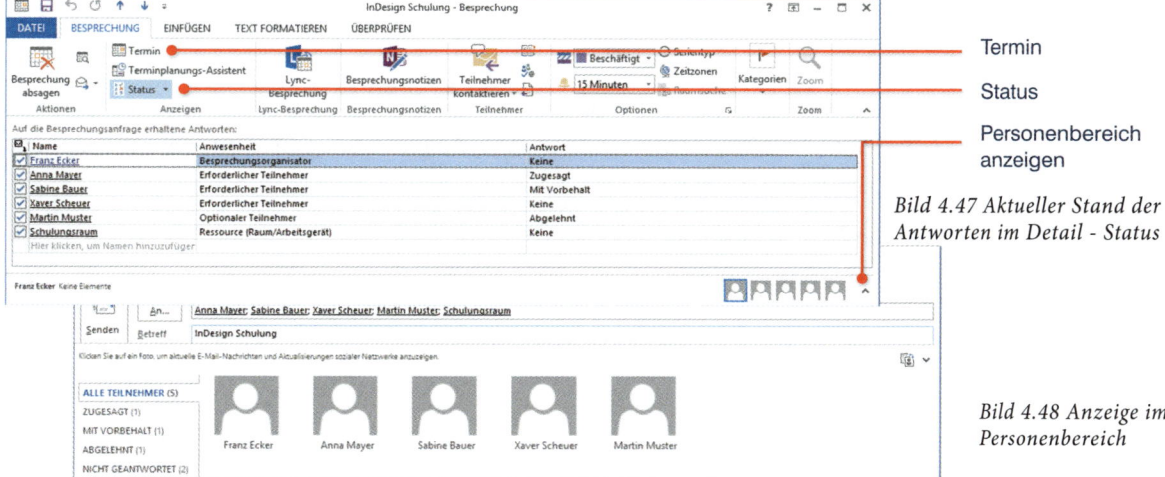

Termin

Status

Personenbereich
anzeigen

Bild 4.47 Aktueller Stand der Antworten im Detail - Status

Bild 4.48 Anzeige im Personenbereich

Besprechung verschieben oder absagen

Besprechung ändern

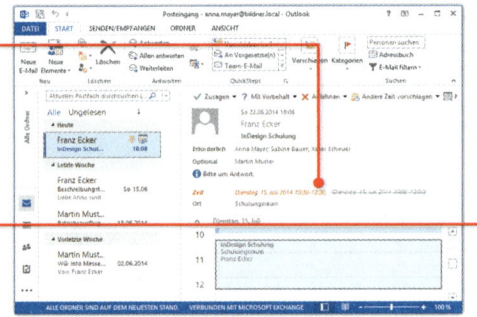

Nimmt der Organisator Änderungen an den Besprechungsdetails vor, müssen die Teilnehmer unterrichtet werden. Klicken Sie dazu nach erfolgter Änderung im Besprechungsformular auf die Schaltfläche *Senden*. Das Besprechungsformular kann nicht geschlossen werden, ohne geänderte Details zu versenden.

Alle Änderungen werden den Teilnehmern in Form einer E-Mail übersandt. Die Änderungen sind in orangener Schrift hervorgehoben. Die Teilnehmer müssen erneut über die Schaltflächen zu- oder absagen. Auch Teilnehmer, die die Besprechung abgesagt haben, erhalten die Änderungsinformationen. Das ist durchaus sinnvoll, da bei einer Terminänderung der Teilnehmer vielleicht zum neuen Termin Zeit hat.

Teilnehmer erhält geänderte Besprechungsdetails

abgesagte Besprechung aus dem Kalender entfernen

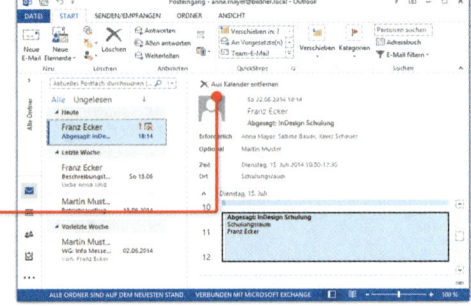

Bild 4.49 Mitteilung über Terminänderungen   *Bild 4.50 Besprechung wird abgesagt*

Besprechung absagen

Eine Besprechung kann nur vom Organisator – also dem Ersteller der Besprechungsanfrage abgesagt werden.

- Öffnen Sie die Besprechung im Kalender. Klicken Sie auf *BESPRECHUNG* ▶ Gruppe *Aktionen* ▶ *Besprechung absagen.*

- Übermitteln Sie die Information an die anderen Teilnehmer über die Schaltfläche *Absage senden*. Die Besprechung wird aus Ihrem Kalender gelöscht.

Die Teilnehmer erhalten eine Absage der Besprechung. Mit Erhalt der Absage wird die Besprechung im Kalender als *Abgesagt* ausgewiesen. Die im Posteingang vorliegende Absage enthält die Schaltfläche *Vom Kalender entfernen*, über die Sie die Besprechung aus dem Kalender löschen können.

4.8 Zusätzliche Kalender anlegen

Sie können weitere Kalender anlegen, um beispielsweise private von geschäftlichen Terminen zu trennen.

1 Klicken Sie im Ordnerbereich mit der rechten Maustaste auf *Kalender* und wählen Sie im Kontextmenü *Neuer Kalender* aus.

Sollte *Kalender* nicht sichtbar sein, klicken Sie auf das weiße Dreieck vor *Meine Kalender*.

2 Tragen Sie bei Name (siehe Bild 4.52) den Namen des neuen Kalenders ein. Bei ORDNER enthält Elemente des Typs sollte *Kalender* schon ausgewählt sein. Bei ORDNER soll angelegt werden unter sollte *Kalender* markiert sein. Bestätigen Sie die Eingabe über die Schaltfläche OK.

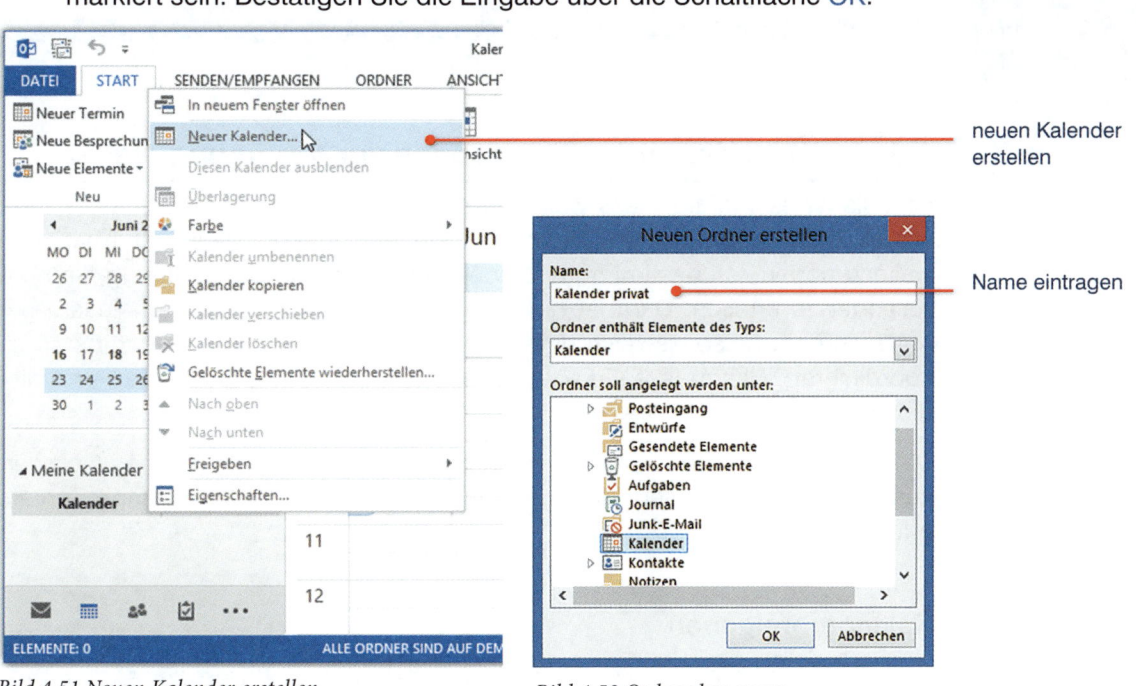

neuen Kalender erstellen

Name eintragen

Bild 4.51 Neuen Kalender erstellen

Bild 4.52 Ordner benennen

Im Ordnerbereich wird der neue Kalender angezeigt. Aktivieren Sie den neuen Kalender durch Anklicken. Dieser wird neben Ihrem Standardkalender dargestellt. Um einen Kalender auszublenden, deaktivieren Sie das Kontrollkästchen vor dem Kalender (siehe Bild 4.53).

Wie Sie mit der Darstellung mehrere Kalender arbeiten können, erfahren Sie im Abschnitt 4.9.

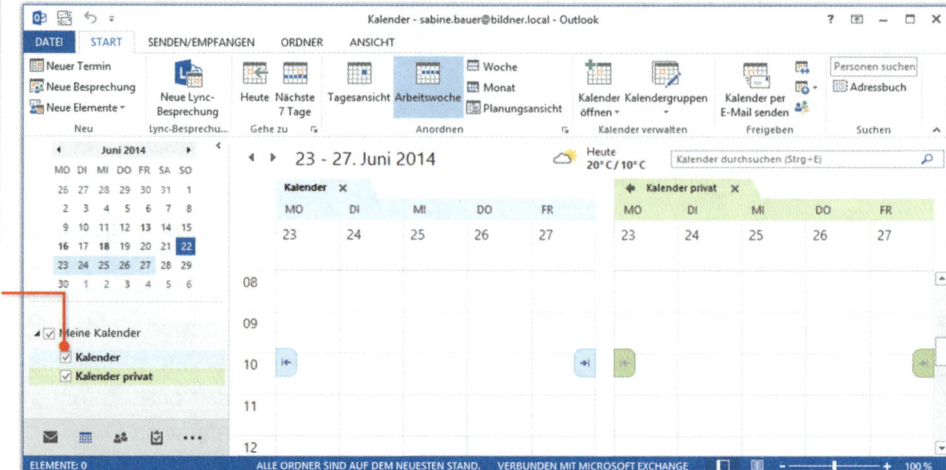

Kalender aktivieren
bzw. deaktivieren

Bild 4.53 aktivierter
Kalender privat

4.9   Kalender anderen Personen zur Verfügung stellen

Oftmals ist es wichtig, dass Kollegen oder Vorgesetzte einen Überblick Ihrer aktuellen Termine erhalten. Die einfachste Möglichkeit, diese Informationen weiterzugeben, ist, bestimmten Personen eine Freigabeberechtigung für Ihren Kalender zu erteilen. Darüber hinaus können Kalender auch gemeinsam genutzt werden, beispielsweise um die Belegung von Besprechungsräumen zu koordinieren. Hierzu legt ein Mitarbeiter einen weiteren Kalender an und gibt diesen für die Kollegen frei.

! Diese Features stehen in dieser Form nur Benutzern innerhalb eines Netzwerkes zur Verfügung, sofern die Kommunikation mittels eines Exchange Servers erfolgt.

Kalender freigeben

Die wichtigste Frage bei der Freigabe von Kalendern ist: Darf der andere meinen Kalender nur anschauen oder soll er auch etwas eintragen können? Outlook unterscheidet hier zwischen der Freigabe Ihres Standardkalenders und eines weiteren, erstellten Kalenders.

- Die Freigabe Ihres Standardkalenders dient primär der Information von Kollegen und berechtigt diese in der Standardeinstellung nur zum Lesen der Kalenderinhalte.

- Für weitere Kalender können mit der Freigabe des Kalenders Rechte zum Eintragen von Terminen etc. vergeben werden.

- Alle Einstellungen können auch nachträglich verändert werden.

Freigabeeinladung für den persönlichen Outlook-Kalender

1 Verfügen Sie über mehrere Kalender, wählen Sie zunächst den Kalender aus, den Sie freigeben möchten. Deaktivieren Sie die Kontrollkästchen bei allen anderen Kalendern, die Sie nicht freigeben möchten.

2 Klicken Sie auf *START* ▶ Gruppe *Freigeben* ▶ *Kalender freigeben*. Das Formular *Freigabeeinladung* öffnet sich.

Kalender
freigeben

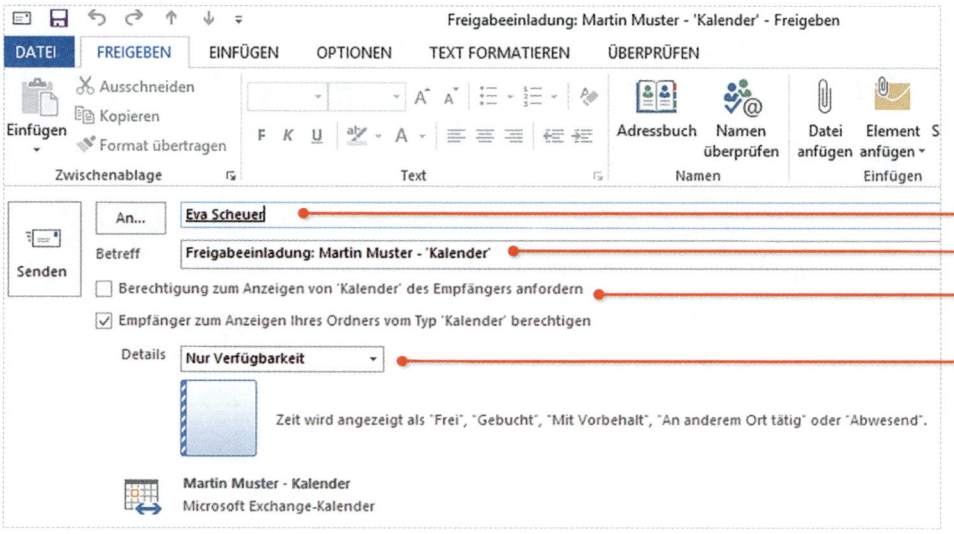

3 Empfänger
4 korrekter Kalender
5 Berechtigung anfordern
6 Details

Bild 4.54 Freigabeeinladung für Standard-Kalender

3 Über die Schaltfläche *An* wählen Sie die Empfänger aus, die eine Freigabeeinladung für Ihren Kalender erhalten sollen.

4 Anhand des Kalendernamens im Betreff können Sie nochmals überprüfen, dass die Freigabeberechtigung für den korrekten Kalender erteilt wird.

5 Möchten Sie im Gegenzug eine Freigabeberechtigung für den Kalender des Empfängers erhalten, so aktivieren Sie das Kontrollkästchen vor *Berechtigung zum Anzeigen von Kalender des Empfängers anfordern*.

6 Über das Listenfeld bei *Details* stellen Sie ein, wie viel Informationen der andere Ihrem Kalender entnehmen soll, z. B. Anzeige des Betreffs (Termindetails) oder nur frei, gebucht etc.

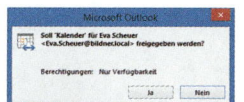

7 Klicken Sie auf die Schaltfläche Senden und bestätigen Sie das folgende Dialogfenster über die Schaltfläche Ja.

Noch hat keiner der Empfänger das Recht, einen Termin in Ihren Kalender einzutragen. Falls gewünscht, muss das gesondert eingestellt werden.

Freigabeeinladung für einen weiteren Kalender

Beispiel: Sie haben einen Kalender Besprechungsraum erstellt. Dieser dient der Koordinierung der Raumbelegung und soll für alle Mitarbeiter freigegeben werden. Die Freigabeeinladung ermöglicht Ihnen, bei einem zusätzlich erstellten Kalender automatisch weitere Rechte einzuräumen. Durch Setzen des Häkchens (siehe Bild 4.55) erlauben Sie den Empfängern, Termine in den Kalender einzutragen und zu löschen.

Anklicken, um andere zum Eintragen von Terminen zu berechtigen

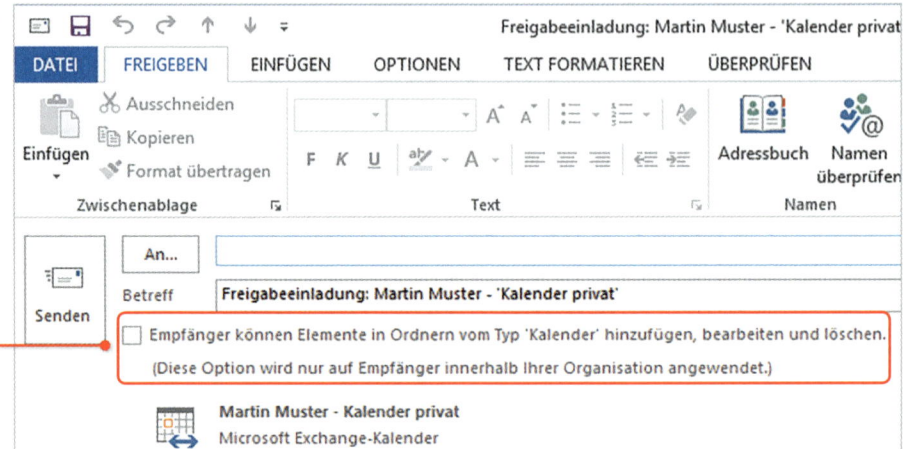

Bild 4.55 Freigabeeinladung für weitere Kalender

Private Termine

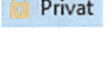

Enthält der freigegebene Kalender auch private Termine, sollten Sie diese als *Privat* kennzeichnen. Personen, die eine Freigabe für diesen Kalender erhalten haben, sehen dann keine Details zum Termin. Einen Termin können Sie als privat kennzeichnen mit *TERMIN* ▸ Gruppe *Kategorien* ▸ *Privat*.

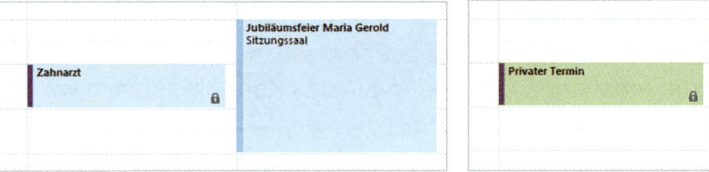

Bild 4.56 Privater Termin im eigenen Kalender   *Bild 4.57 Termin im freigegebenen Kalender*

Kalenderberechtigung ändern

Mit der Freigabe Ihres Standardkalenders erteilen Sie einer Person oder einer Gruppe in der Regel das Recht, Ihren Kalender anzuzeigen. Soll ein Kollege auch Termine eintragen können, müssen die Kalenderberechtigungen erweitert werden. Klicken Sie auf *START* ▸ Gruppe *Freigeben* ▸ *Kalenderberechtigungen*.

Im Dialogfenster *Kalender: Eigenschaften* wird das Register *Berechtigungen* angezeigt. Hier können die Freigabeberechtigung für Ihren Kalender geändert werden:

1 Zunächst müssen Sie den Namen der Person markieren, der Sie weitere Rechte einräumen möchten. Ist diese Person noch nicht in der Liste, können Sie sie mit der Schaltfläche *Hinzufügen* aufnehmen.

2 Über das Listenfeld können Sie bei *Berechtigungsstufe* eine andere Stufe auswählen. Die Stufen sind hier nach Level sortiert. *Besitzer* gewährt maximale Rechte, *Frei/Gebucht-Zeit* berechtigt lediglich zur Anzeige der Verfügbarkeit.

3 Im unteren Teil des Fensters sehen Sie die dazugehörigen Rechte. Natürlich können Sie durch Anklicken der Kontrollkästchen die einzelnen Rechte individuell aktivieren bwz. deaktivieren. Die *Berechtigungsstufe* wechselt dann auf *benutzerdefiniert*.

4 Bestätigen Sie die Einstellungen über die Schaltfläche *OK*.

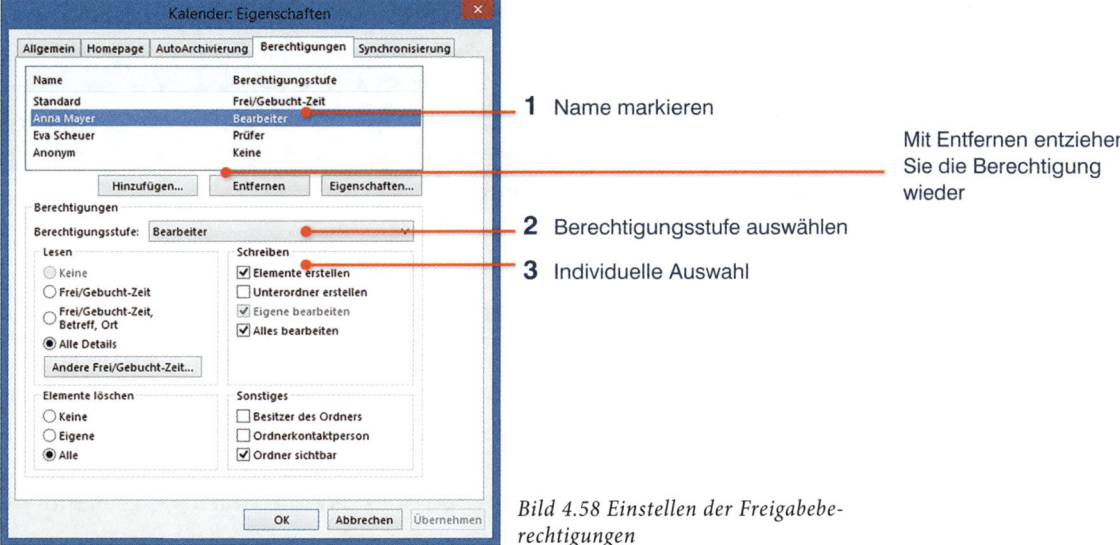

Bild 4.58 Einstellen der Freigabeberechtigungen

Kalenderberechtigung entziehen
Über die Schaltfläche *Entfernen* wird markierten Personen das Recht entzogen, Termine Ihres Kalenders einzusehen. Zwar wird Ihr Kalender bei der Person noch angezeigt, neue Termine aber nicht mehr eingetragen.

Freigegebenen Kalender öffnen

Wurde Ihnen die Freigabe für einen fremden Kalender erteilt, erhalten Sie eine Freigabeeinladung via E-Mail übersandt. Die E-Mail enthält die Schaltfläche *Kalender öffnen*, über die Sie den freigegebenen Kalender Ihres Kollegen in Ihr Outlook-Modul *Kalender* integrieren.

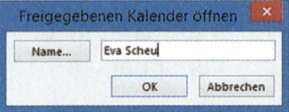

Bild 4.59 Freigabeeinladung im Lesebereich des Moduls E-Mail   *Bild 4.60 Freigegebenen Kalender öffnen*

Automatische Freigabe

Unter Umständen hat der Administrator die Kalender innerhalb einer Organisation freigegeben, d.h. jeder Benutzer hat die Berechtigung die freien und gebuchten Zeiten in Kalendern von Kollegen einzusehen. Dann muss kein Anwender einem anderen explizit Rechte einräumen. Um in diesem Fall einen Kalender anzuzeigen, klicken Sie auf *START* ▶ Gruppe *Kalender verwalten* ▶ *Kalender öffnen* ▶ *Freigegebenen Kalender öffnen*. Im folgenden Dialogfenster wählen Sie über die Schaltfläche *Name* die Person aus oder tragen den Namen der Person ein und bestätigen mit *OK*.

4.10   Anzeige mehrerer Kalender

Haben Sie eine Freigabeeinladung für einen fremden Kalender erhalten und bearbeitet, wird der freigegebenen Kalender im Ordnerbereich des Outlook-Moduls *Kalender* angezeigt. Gleiches geschieht, wenn Sie mit *START* ▶ Gruppe *Kalender verwalten* ▶ *Kalender öffnen* ▶ *Freigegebenen Kalender öffnen* aktiv einen andern Kalender geöffnet haben oder einen zusätzlichen Kalender-Ordner angelegt haben.

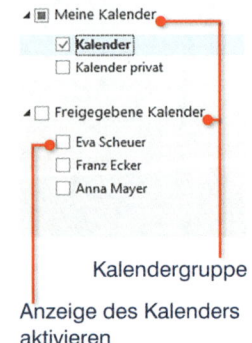

Kalendergruppe

Anzeige des Kalenders aktivieren

Kalendergruppen

Sofern freigegebene Kalender vorhanden sind, werden von Outlook automatisch zwei Kalendergruppen gebildet:

■   Die Gruppe *Meine Kalender* enthält Ihren Standard-Kalender und gegebenenfalls weitere persönlich erstellte Kalender. Diese Gruppe kann weder umbenannt noch gelöscht werden.

- Die Gruppe *Freigegebene Kalender* enthält Verweise auf fremde Kalender. Diese Gruppe kann zwar auch nicht umbenannt, aber gelöscht werden. Dabei werden nur die Verweise auf die anderen Kalender entfernt.

Anzeige aktivieren bzw. deaktivieren

Durch Aktivierung bzw. Deaktivierung des Kontrollkästchens vor dem Kalender wird dieser ein- bzw. ausgeblendet. Mit den Kontrollkästchen vor den Gruppen, können alle Kalender einer Gruppe mit einem Klick ein- bzw. ausgeblendet werden. Wenn Sie mehr als einen Kalender aktiviert haben, werden diese in der in der Regel nebeneinander dargestellt. Dabei spielt es keine Rolle, ob es sich um eigene und / oder freigegebene Kalender handelt. In den Registerfahnen steht der Name des Kalenders.

Freigegebene und weitere persönliche Kalender können nur in den Ansichten *Kalender* und *Vorschau* dargestellt werden.

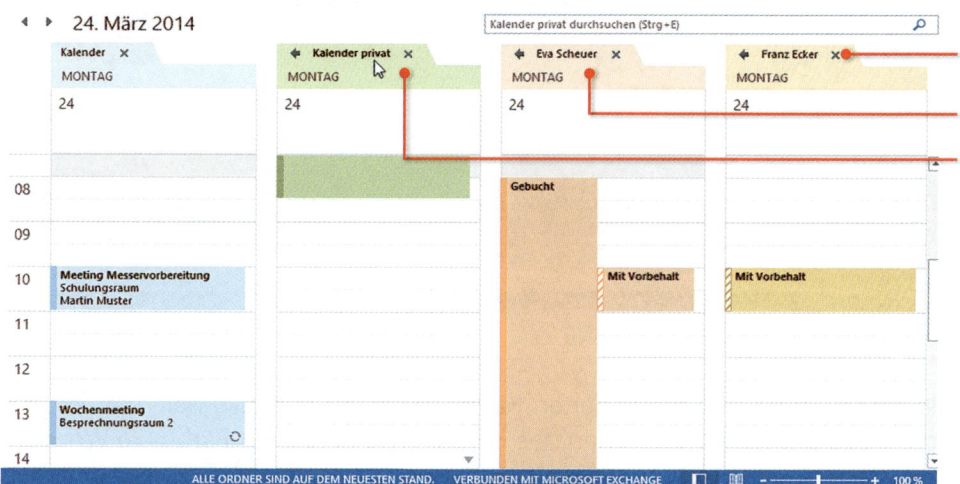

X anklicken, um Kalender auszublenden

Registerfahne

Kalender privat zur Bearbeitung auswählen

Bild 4.61 Kalender nebeneinander dargestellt

Durch Anklicken der Registerfahne wählen Sie einen Kalender zur Bearbeitung aus, z. B. den *Kalender privat* (siehe Bild 4.61). Auf den aktiven Kalender bezieht sich auch die Sofortsuche. Durch Anklicken der Schließen-Schaltfläche blenden Sie einen aktivierten Kalender wieder aus.

Die Kalender werden nicht nebeneinander dargestellt...

- Wenn Sie die Anordnung *Überlagerung* ausgewählt haben (siehe Abschnitt *Überlagerung*).

- Wenn die Kalendergrenze erreicht ist (standardmäßig maximal 5 Kalender), wechselt Outlook automatisch in die *Planungsansicht*, in der die Kalender untereinander dargestellt werden (siehe Abschnitt *Planungsansicht*).

Überlagerung

Unter Umständen kann es zur Übersichtlichkeit beitragen, Kalender überlagert anzuzeigen. Dadurch werden die Termine aller überlagerten Kalender zum gewählten Zeitraum gemeinsam angezeigt. Nicht alle aktivierten Kalender müssen überlagert angezeigt werden. Es kann auch eine Mischform gewählt werden.

Kalender auswählen durch Anklicken der Registerfahne

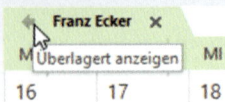

■   Sie ändern die Darstellungen für den ausgewählten Kalender mit *ANSICHT* ▶ Gruppe *Anordnung* ▶ *Überlagerung*.

■   Alternativ verwenden Sie zur Änderung der Anordnung die Pfeile in den Registerfahnen.

Schaltfläche Überlagerung

Pfeil in Registerfahne

zwei Kalender werden überlagert; der Kalender Anna Mayer ist aktiv

Termin von Franz Ecker

Termin von Anna Mayer

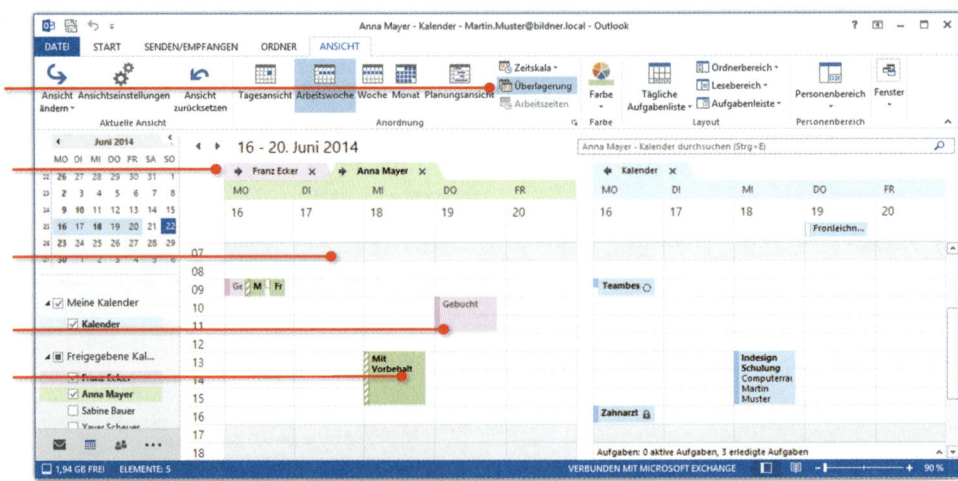

Bild 4.62 Kalender überlagert dargestellt

In einem Stapel von überlagerten Kalendern wird der aktive Kalender im Vordergrund angezeigt. Sie sehen das daran, dass mit seiner Farbe die Wochentagezeile hinterlegt ist. Außerdem steht der entsprechende Namen in der Titelleiste von Outlook. Der aktive Kalender kann (sofern Sie über die notwendigen Berechtigungen verfügen) wie gewohnt bearbeitet werden. An den einzelnen Kalenderfarben erkennen Sie ebenfalls, welcher, der angezeigten Termine, welchem Kalender im Stapel zuzuordnen ist.

Tipp!

Farbe

Für den ausgewählten Kalender können Sie über *ANSICHT* ▶ Gruppe *Anordnung* ▶ *Farbe* eine andere Farbe festlegen.

Planungsansicht

Ab einer gewissen Menge an aktiven Kalendern schaltet Outlook automatisch in die *Planungsansicht*, um mehr Übersichtlichkeit herzustellen. Sie können auch jederzeit manuell in die Planungsansicht wechseln mit *START* ▶ Gruppe *Anordnen* ▶ *Planungsansicht*. In der Planungsansicht werden die Kalender untereinander anstatt nebeneinander angezeigt. Dies ist hilfreich bei der Koordinierung von Terminen bzw. Besprechungen. Die Darstellung ist hier vergleichbar mit dem Terminplanungs-Assistenten für Besprechungen (siehe Seite 146).

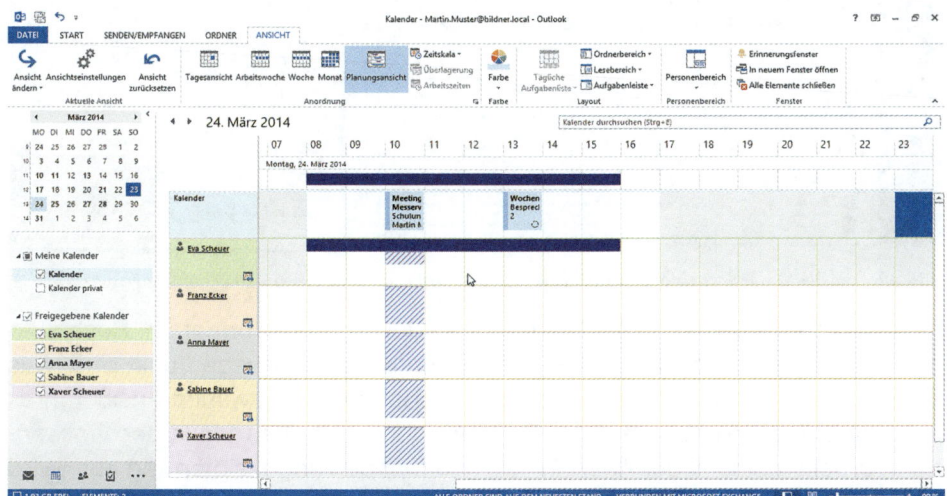

Bild 4.63 Planungsansicht

Für diese Ansicht erwähnenswert ist, dass Sie mit dem Zoom, bzw. dem Befehl *ANSICHT* ▶ *Anordnung* ▶ *Zeitskala* einstellen können, wie viele oder wie detailliert der Kalender angezeigt werden soll.

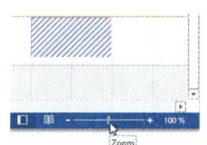

4.11   Kalender drucken

Outlook stellt Ihnen für den Ausdruck Ihres Kalenders verschiedene Druckformate zur Verfügung. Rufen Sie diese über die Registerkarte *DATEI* ▶ *Drucken* auf.

Kalender drucken
Druckvorschau
Druckoptionen
verschiedene Formate

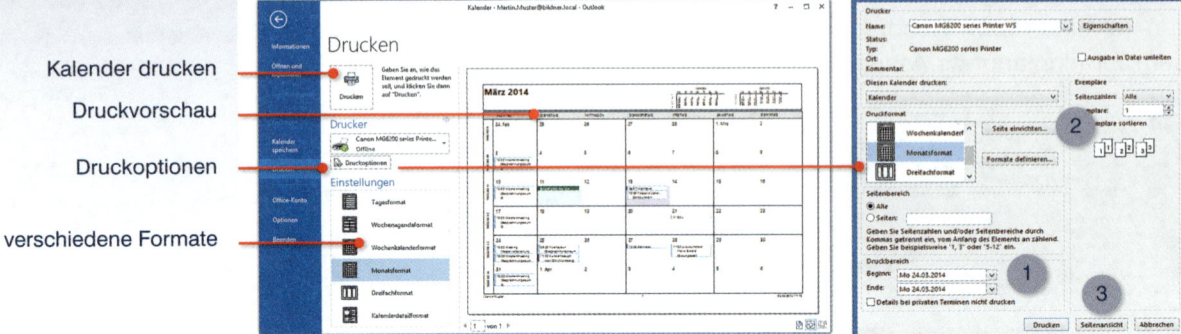

Bild 4.64 Auswahl der Druckformate und Druckvorschau   *Bild 4.65 Druckoptionen*

Klicken Sie im Abschnitt *Einstellungen* das gewünschte Format an. Rechts erhalten Sie eine Vorschau auf den gedruckten Kalender. Ausgedruckt wird, was Sie gerade in Ihrem Kalender anzeigen. Dabei hat die gewählte Ansicht Ihres Kalenders Auswirkungen auf das Druckergebnis. Arbeiten Sie in der *Tagesansicht*, drucken Sie mit der Auswahl *Tagesformat* den angezeigten Tag aus. Wird Ihr Kalender allerdings in der Ansicht *Arbeitswoche* angezeigt, drucken Sie mit dem *Tagesformat* 5 Seiten aus – für jeden Arbeitswochentag eine. Dasselbe gilt für das *Dreifachformat*.

Über die Schaltfläche *Druckoptionen* nehmen Sie weiterer Einstellungen vor:

1   **Druckbereich**: Legen Sie zunächst im Druckbereich den gewünschten Zeitraum fest, den Sie ausdrucken möchten.

2   **Seite einrichten**: Über die Schaltfläche *Seite einrichten*, passen Sie die einzelnen Formate an, z. B. Schriftart, ob die Aufgaben auch ausgedruckt werden sollen, etc.

3   **Seitenansicht**: Über die Schaltfläche *Seitenansicht* gelangen Sie wieder zum vorherigen Fenster und können überprüfen, ob die Änderungen Ihren Wünschen entsprechen.

Zum Starten des Ausdrucks klicken Sie auf die Schaltfläche *Drucken* im oberen Teil der Backstage-Ansicht.

4.12   Zusammenfassung

■ Bei der Termineingabe im Kalender unterscheidet Outlook zwischen mehreren Arten: Ein Termin hat einen festen Beginn und ein festes Ende. Ereignisse sind dagegen Einträge, die mindestens 24 Stunden dauern. Besprechungen sind Termine, zu denen Sie andere Teilnehmer per E-Mail einladen.

■ Die wichtigsten Kalender-Ansichten sind die Tagesansicht, Arbeitswoche und Monat. Datumsnavigatoren erleichtern die Auswahl eines bestimmten Tages.

■ Termine können Sie schnell direkt in den Kalender eintragen oder Sie öffnen durch einen Doppelklick auf den Kalender ein Terminformular, in welchem Sie genauere Einträge vornehmen. Erinnerungsmeldungen werden automatisch mit jedem Termin generiert.

■ Regelmäßig wiederkehrende Termine oder Ereignisse werden als Terminserien gespeichert. Sie bestimmen das Muster der Serie und Outlook trägt die einzelnen Termine automatisch ein.

■ Zu einer Besprechung laden Sie andere Teilnehmer ein, erhalten Zu- oder Absagen und behalten über die Statusanzeige den Überblick über die Teilnehmeranzahl.

■ Sofern Sie Zugriff auf die Termine Ihrer Kollegen haben, können Besprechungen noch effizienter geplant werden. Der Terminplanungs-Assistent hilft, einen Termin zu finden, zu dem möglichst alle Teilnehmer verfügbar sind.

■ Werden Sie zu einer Besprechung eingeladen, antworten Sie über die in die E-Mail integrierten Schaltflächen.

■ In einer Microsoft Exchange-Umgebung können Sie Ihren Kalender anderen zugänglich machen. Dabei entscheiden Sie, ob Kollegen den Kalender nur lesen oder auch bearbeiten dürfen.

Notizen:

....

....

....

....

....

....

....

....

....

....

....

....

....

....

....

....

....

....

5 Aufgaben und Notizen verwalten

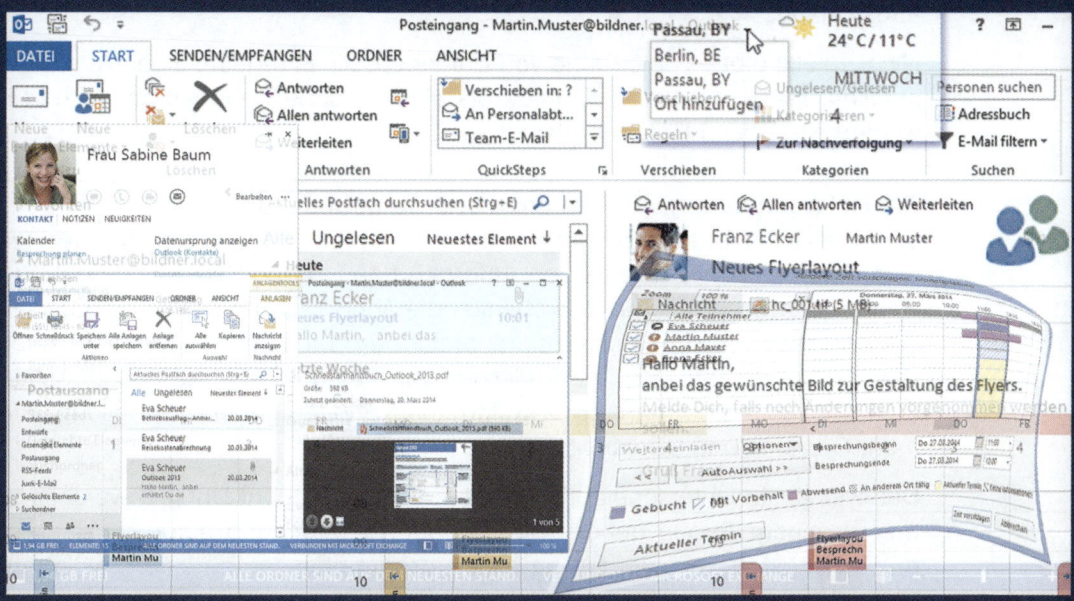

In dieser Lektion lernen Sie...

- neue Aufgaben und Aufgabenserien zu erstellen
- wie Sie Aufgaben übertragen
- Notizen zu erstellen

Diese Kenntnisse sollten Sie bereits mitbringen...

- E-Mail-Grundlagen

5.1   Elemente und Anordnung des Moduls Aufgaben

Im Outlook-Modul *Aufgaben* steht Ihnen die Möglichkeit zur Verfügung, schnell Arbeitsaufträge zu notieren und mit einem Erledigungsdatum zu versehen. Sie erhalten eine übersichtliche Liste aller Aufgaben getrennt nach dem Zeitpunkt Ihrer Fälligkeit, z. B. Heute oder nächste Woche.

So unterstützt Sie Outlook bei der Planung und Erledigung Ihres täglichen Arbeitspensums. Praktisch ist auch die Möglichkeit, Aufgaben anderen Personen zuzuweisen, um die Erledigung an Kollegen zu delegieren, z. B. für die Zeit Ihres Urlaubs.

Nicht zuletzt gibt es eine Reihe von Aufgaben, die in regelmäßigen Abständen anfallen. Diese werden in Outlook als eine Aufgabenserie festgelegt und im wiederkehrenden Muster angezeigt.

Zur Unterscheidung von Terminen und Aufgaben

Vielen fällt die Unterscheidung zwischen Termin und Aufgabe schwer, was dazu führt, dass alle anfallenden Anforderungen in den Kalender eingetragen werden. Ein Grund hierfür ist sicherlich die übersichtliche Darstellung der einzelnen Tage im Kalender. Allerdings bietet der Aufgabenbereich, nicht zuletzt durch die Aufgabenleiste, eine Vielzahl von Features, die Sie nutzen sollten. Eine konsequente Trennung von Terminen und Aufgaben ermöglicht Ihnen mehr Ordnung und Übersicht.

Das wichtigste Unterscheidungskriterium ist das Attribut Uhrzeit, welches immer zu einem Termin gehört. Den Termin "Besprechung aufgrund des neuen Firmenlogos" müssen Sie an einem bestimmten Tag zu einer bestimmten Uhrzeit wahrnehmen. Die Aufgabe „Covergestaltung ändern" ist zu einem bestimmten Zeitpunkt fällig. Sie sollte bis dahin abgeschlossen sein, kann aber innerhalb eines bestimmten Zeitraums beliebig erledigt werden.

Aufgaben können Sie als erledigt markieren. Das können Sie mit einem Termin nicht. Es ist möglich ihn zu löschen, aber generell gilt ein Termin in der Vergangenheit als erledigt. Eine Aufgabe wird solange angezeigt, bis Sie diese erfüllt haben.

Um zur Aufgabenverwaltung zu gelangen, wählen Sie im Ordnerbereich das Outlook-Modul *Aufgaben* aus.

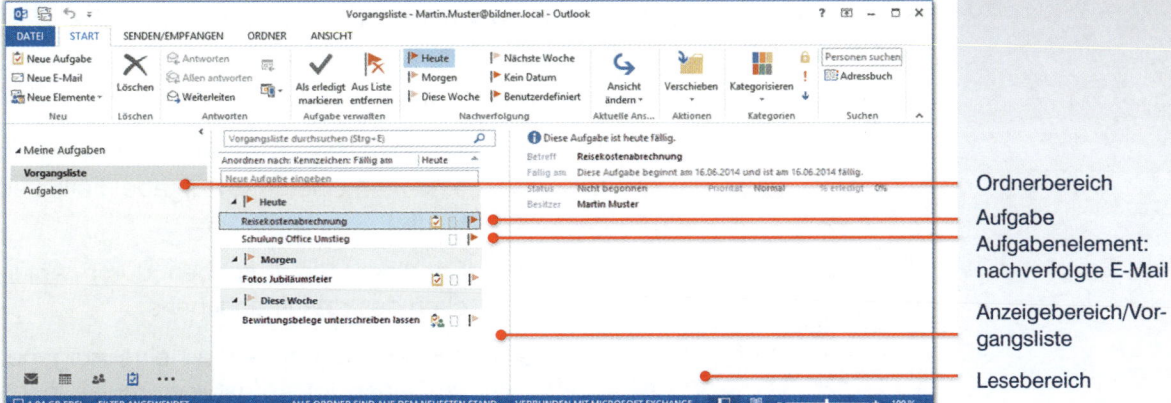

Bild 5.1 Das Outlook-Fenster im Modul Aufgaben

Ordner Vorgangsliste und Aufgaben

Im Ordnerbereich des Outlook-Moduls *Aufgaben* sehen Sie in der Regel die beiden Ordner *Vorgangsliste* und *Aufgaben*. In Wirklichkeit handelt es sich bei *Vorgangsliste* nicht um einen echten Ordner, sondern um einen Schnellzugriff auf bestimmte Aufgaben.

Alle in Outlook angelegten Aufgaben befinden sich in beiden Ordnern. In der *Vorgangsliste* werden jedoch zusätzlich noch Aufgabenelemente angezeigt, die entstehen, wenn E-Mails mit einer Nachverfolgungskennzeichnung versehen werden (siehe Bild 5.1). Ein weiterer Unterschied ist, dass im Ordner *Aufgaben* alle - auch die erledigten - Aufgaben angezeigt werden. In der *Vorgangsliste* sehen Sie nur Aufgaben, die noch nicht erledigt wurden.

Lesebereich und Aufgabenleiste

Der Lesebereich zeigt den Inhalt der Aufgabe an, die in der *Vorgangsliste* markiert wurde. Der *Lesebereich* ist in der Ansicht *Vorgangsliste* automatisch sichtbar. Für alle anderen Ansichten muss er über *ANSICHT* ▶ Gruppe *Layout* ▶ *Lesebereich* und Auswahl von *Rechts* (oder *Unten*) zugeschaltet werden.

Die Aufgabenleiste am rechten Rand des Outlookfensters zeigt Ihre aktuellen Aufgaben an und bietet Ihnen die Möglichkeit, schnell neue Aufgaben festzulegen. Die Aufgabenleiste kann über *ANSICHT* ▶ Gruppe *Layout* ▶ *Aufgabenleiste* verändert werden. In der obigen Darstellung ist diese nicht eingeblendet.

Arbeiten mit dem Popup Aufgaben

Zeigen Sie in der Navigationsleiste auf das Outlook-Modul *Aufgaben*, um das Popup Aufgaben einzublenden. Dieses zeigt Ihnen eine Liste der in Kürze fälligen Aufgaben an, wie Sie sie aus der Aufgabeleiste kennen.

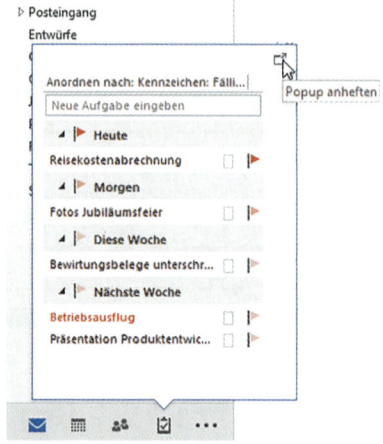

Bild 5.2 Popup Aufgaben

Bedienung

- Erstellen Sie im Feld *Neue Aufgabe eingeben* eine neue Aufgabe (Fälligkeit Heute).

- Erledigen Sie Aufgaben durch Anklicken des roten Fähnchens.

- Klicken Sie doppelt auf eine Aufgabe, um diese im Aufgabenformular in einem neuen Fenster anzuzeigen.

- Durch Anklicken der Schaltfläche *Popup anheften*, zeigen Sie die Informationen dauerhaft in der Aufgabenleiste an.

Ansicht und Anordnung

Beim Starten von Outlook wird im Modul *Aufgaben* der Inhalt des Ordner *Vorgangsliste* angezeigt. Standardmäßig ist für diesen Ordner die Ansicht *Vorgangsliste* eingestellt. In dieser Ansicht werden Aufgaben chronologisch nach Fälligkeitsdatum geordnet dargestellt. Der Ordner *Aufgaben* wird standardmäßig in der Ansicht *Einfache Liste* dargestellt (siehe Bild 5.3).

Ansicht wechseln

Mit *START* ▶ Gruppe *Aktuelle Ansicht* ▶ *Ansicht ändern* können Sie schnell eine andere Ansicht wählen. Andere Ansichten bieten zum Teil mehr Informationen auf einen Blick oder bieten die Möglichkeit der Filterung bestimmter Aufgaben. So zeigt beispielsweise die Ansicht *Überfällige* nur die Aufgaben an, deren Fälligkeitsdatum überschritten wurde.

Ordner Vorgangsliste mit Ansicht Vorgangsliste

Ordner Aufgaben mit Ansicht Einfache Liste

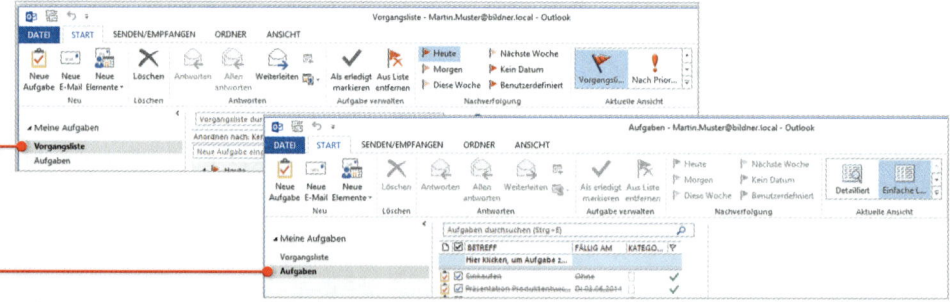

Bild 5.3 Standardansicht der Vorgangsliste und der Aufgaben

Ansicht anpassen

Die gewählte Ansicht kann selbstverständlich angepasst werden, z. B. die *Vorgangsliste*. Diese ist nach Fälligkeit geordnet. Zunächst werden alle Aufgaben angezeigt, die *Heute* fällig sind, dann *Morgen*, *Nächste Woche* etc. Die Anordnung kann durch einen Mausklick auf die Spaltenbezeichnung *Heute* im Anzeigebereich umgekehrt werden. Durch Anklicken der Spaltenüberschrift *Anordnen nach: Kennzeichen: Fällig am* wählen Sie ein anderes Anordnungskriterium, z. B. *Typ* zur getrennten Anzeige der Aufgaben und nachverfolgten E-Mails. Darüberhinaus ist die Vorgangsliste in Gruppen eingeteilt, also *Heute*, *Nächste Woche* etc. Um die Gruppenbildung ein- oder auszuschalten, klicken Sie wieder auf die Spaltenüberschrift und im Menü auf *In Gruppen anzeigen*.

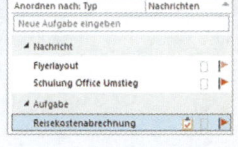

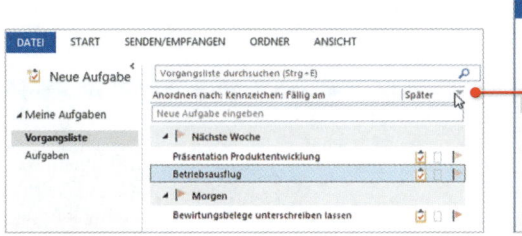

Bild 5.4 Änderung der Anordnungsreihenfolge

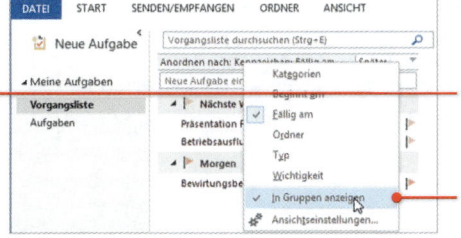

Bild 5.5 Anordnungskriterium und Gruppen

Anklicken, um von Heute zu Später zu wechseln

Anklicken, um die Liste nach einem anderen Kriterium anzuzeigen und die Gruppen zu deaktivieren

Änderungen schnell zurücknehmen

Um zu den Standardeinstellungen zurückzukehren, klicken Sie auf *ANSICHT* ▶ Gruppe *Aktuelle Ansicht* ▶ *Ansicht zurücksetzen*. Diese Aktion stellt die Standardeinstellungen für die gewählte Ansicht (in unserem Beispiel die Vorgangsliste) wieder her.

Ansicht
zurücksetzen

5.2 Aufgaben eintragen

Sie können schnell eine Aufgabe über die Aufgabenleiste oder im Outlook-Modul *Aufgaben* über die Vorgangsliste hinzufügen. Bei dieser Handhabung haben Sie nur die Möglichkeit, einen Betreff einzutragen. Die Aufgabe wird immer mit Fälligkeit *Heute* hinzugefügt. Zur Eingabe detaillierter Informationen und anderer Fälligkeiten müssen Sie ein Aufgabenformular öffnen.

Schnelle Eingabe einer Aufgabe

Um eine neue Aufgabe zu erfassen, klicken Sie in das Feld *Neue Aufgabe eingeben*. Dieses Feld finden Sie im Modul *Aufgaben*, aber auch im Aufgaben-Popup oder der Aufgabenleiste. Tragen Sie eine kurze Beschreibung ein und bestätigen Sie die Eingabe mit der Enter-Taste. Die Aufgabe wird mit Fälligkeit *Heute* zur Liste hinzugefügt und erscheint im Outlook-Modul *Aufgaben* und allen weiteren Bereichen, die zur Anzeige von Aufgaben geeignet sind.

Eingabefeld Neue
Aufgabe:

im Outlook-Modul
Aufgaben

im Popup Aufgaben

in der Aufgabenleiste

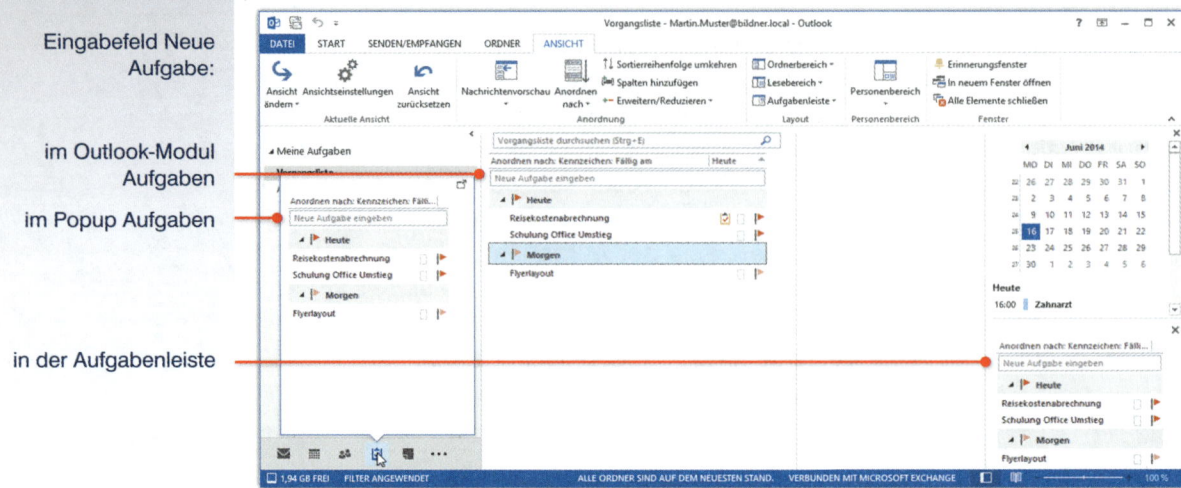

Bild 5.6 Eingabefeld für neue Aufgabe

Aufgabenformular ausfüllen

Neue
Aufgabe

Neues Aufgaben-
formular öffnen

Um detaillierte Angaben zu einer Aufgabe festzulegen, öffnen Sie ein Aufgabenformular durch einen Doppelklick auf die Zeile *Neue Aufgabe eingeben*.

Alternativ öffnen Sie ein neues Aufgabenformular durch Klicken auf *START* ▶
Gruppe *Neu* ▶ *Neue Aufgabe*.

Bild 5.7 Aufgabenformular

■ Geben Sie im Feld *Betreff* eine kurze Aufgabenbeschreibung ein. Diese
   Bezeichnung erscheint später in der Vorgangsliste.

■ Im Feld *Beginnt am* muss kein Datum eingetragen werden, da diese Information oftmals nicht relevant ist. Sollten Sie hier allerdings ein Datum festlegen, wird dieses automatisch bei *Fällig am* übernommen. Selbstverständlich können Sie hier ein anderes Datum verwenden oder über die Schaltfläche ▦ im Kalenderblatt auswählen.

■ Definieren Sie eine Erinnerungsmeldung für wichtige Aufgaben, indem Sie das Kontrollkästchen vor *Erinnerung* aktivieren sowie Tag und Uhrzeit der Erinnerung angeben.

■ Geben Sie eine Beschreibung der Aufgabe oder weitere Informationen im Notizenfeld ganz unten ein.

■ Bestätigen Sie die Eingabe über die Schaltfläche *Speichern & schließen*.

5.3   Aufgaben bearbeiten, erledigen und löschen

Alle gespeicherten Aufgaben erscheinen im Outlook-Modul *Aufgaben*, in der Aufgabenleiste und im Popup Aufgaben. In beiden Darstellungen haben Sie dieselben Bearbeitungsmöglichkeiten.

Durch einmaliges Anklicken einer Aufgabe im Aufgaben-Popup oder in der Aufgabenleiste öffnet sich auf dem Menüband die kontextbezogene Registerkarte *AUFGABENTOOLS - AUFGABENLEISTE* und stellt passende Bearbeitungsmöglichkeiten zur Verfügung.

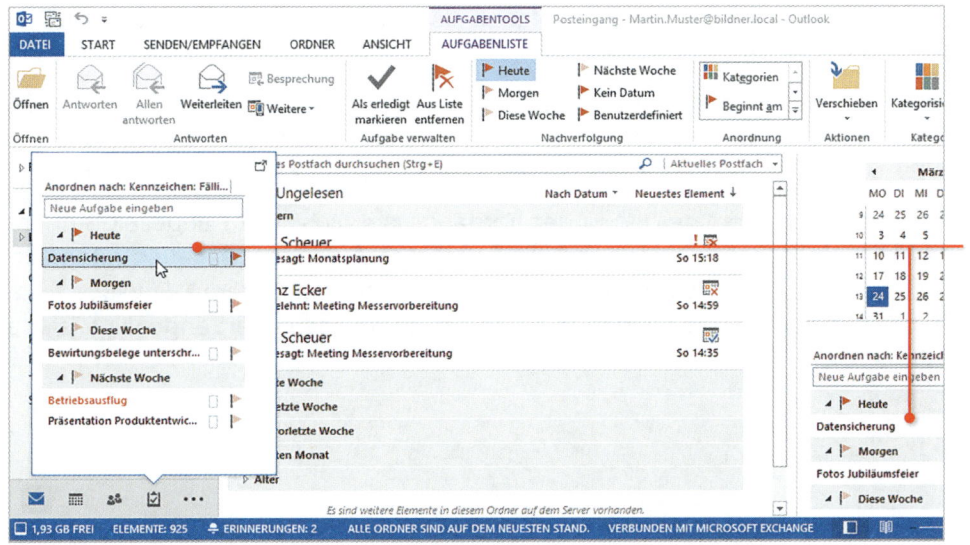

Bild 5.8 Kontextbezogene Registerkarte AUFGABENTOOLS - AUFGABENLEISTE

Aufgabe bearbeiten

Fälligkeit ändern

■ Markieren Sie die Aufgabe im Modul Aufgaben. Wählen Sie im Register *START* ▶ Gruppe *Nachverfolgung* eine andere Fälligkeit, z. B. *Morgen*, *Nächste Woche* etc. durch Anklicken aus. Über *Benutzerdefiniert* können Sie ein Datum eingeben.

■ Alternativ markieren Sie eine Aufgabe in der Aufgabenleiste oder im Aufgabenpopup. Dadurch wird die Registerkarte *AUFGABENTOOLS - AUFGABENLISTE* angezeigt. Auch hier finden Sie in der Gruppe *Nachverfolgung* die bekannten Schaltflächen.

Andere Aufgabeninformationen ändern

Um eine Aufgabe zu bearbeiten, öffnen Sie das Aufgabenformular mit einem Doppelklick auf die Aufgabe und nehmen die Änderungen vor. Speichern Sie diese über die Schaltfläche *Speichern & schließen*.

Aufgaben erledigen

Wenn Sie eine Aufgabe erfüllt haben, sollten Sie diese als erledigt markieren. Dadurch verschwindet sie aus der Ansicht Vorgangsliste, aus dem Aufgabenpopup und aus der Aufgabenleiste. Das sorgt für mehr Übersichtlichkeit, da nur Aufgaben mit Handlungsbedarf angezeigt werden.

■ Durch anklicken des roten Fähnchens am Ende der Aufgabe direkt im Ansichtsbereich, wird die Aufgabe als erledigt gekennzeichnet (siehe Bild 5.9).

■ Alternativ markieren Sie die Aufgabe und klicken auf *START* ▶ Gruppe *Aufgabe verwalten* ▶ *Als erledigt markieren* (bzw. *AUFGABENTOOLS - AUFGABENLISTE* ▶ Gruppe *Aufgabe verwalten* ▶ *Als erledigt markieren*).

Erledigte Aufgaben werden in der Vorgangsliste nicht mehr angezeigt. In anderen Aufgaben-Ansichten sind die erledigten Aufgaben weiterhin integriert. Wählen Sie *START* ▶ Gruppe *aktuelle Ansicht* ▶ *Ansicht ändern* ▶ *Einfache Liste* aus. Hier werden die erledigten Aufgaben durchgestrichen angezeigt (siehe Bild 5.10).

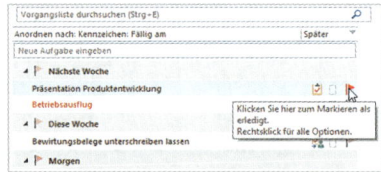
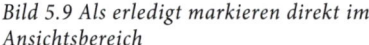
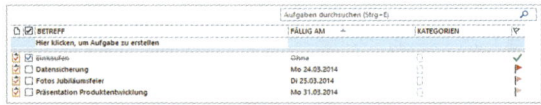

Bild 5.9 Als erledigt markieren direkt im Ansichtsbereich   *Bild 5.10 Erledigte Aufgaben in der Ansicht Einfache Liste*

Fälschlicherweise als erledigt markierte Aufgaben können in der Ansicht *Einfache Liste* wieder zurückgenommen werden. Klicken Sie auf das Kontrollkästchen vor der erledigten Aufgabe oder auf das grüne Häkchen dahinter. Die Aufgabe erscheint nun wieder mit Fälligkeitsdatum in sämtlichen Übersichten.

Aufgaben, die bis zur Fälligkeit nicht als erledigt markiert wurden, werden automatisch in roter Schriftfarbe dargestellt. Diese werden in der Vorgangsliste bzw. Aufgabenliste in der Gruppe *Heute* angezeigt. Der Farbwechsel unterscheidet zwischen Aufgaben (schwarz), die tatsächlich heute fällig sind und Aufgaben (rot), deren Fälligkeitstag schon verstrichen ist, also sozusagen überfällige.

Zur Anzeige aller Aufgaben, deren Fälligkeit abgelaufen ist, wählen Sie *ANSICHT* ▸ Gruppe *Aktuelle Ansicht* ▸ *Ansicht ändern* ▸ *Überfällig* aus. Nun werden nur überfällige Aufgaben angezeigt.

Aufgaben löschen

Markierte Aufgaben werden über *START* ▸ *Löschen* ▸ *Löschen* entfernt. Dadurch werden sie in den Ordner *Gelöschte Elemente* verschoben.

Aufgaben, die Sie erledigt haben, sollten Sie als solche markieren und nicht löschen. Im Zweifelsfall haben Sie so immer die Möglichkeit, zu kontrollieren, ob die Aufgabe abgeschlossen wurde. Löschen Sie die Aufgabe, verzichten Sie auf eine wichtige Dokumentationsfunktion.

Merke!

Aufgaben kategorisieren

Aufgaben können wie Termine und E-Mails mit einer Farbkategorie hinterlegt werden. Markieren Sie die Aufgabe, die eine Farbe erhalten soll und wählen Sie in *START* ▸ *Kategorien* ▸ *Kategorisieren* eine Kategorie aus. Alle weiteren Funktionen wurden schon in der Lektion 2 erläutert.

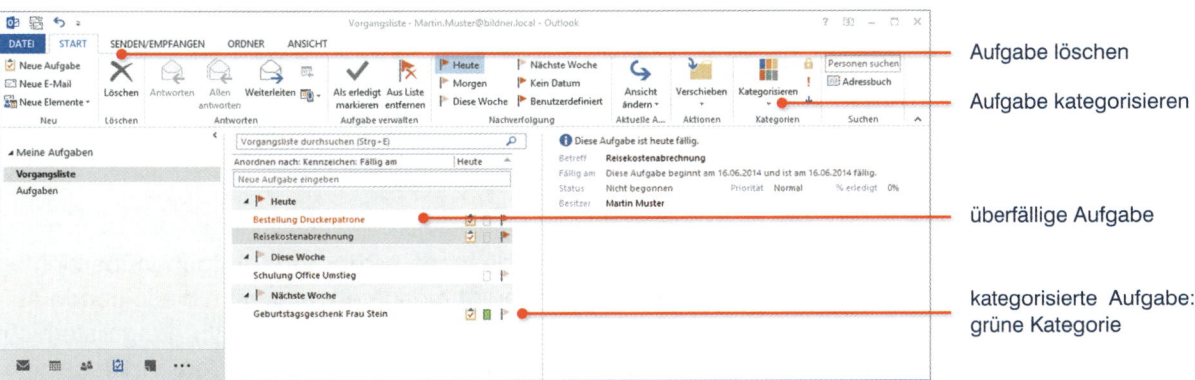

Bild 5.11 Zusammenfassung Modul Aufgaben

5.4   Aufgabenserien

Eine Aufgabe, die in einem festgelegten Muster wiederkehrt, wird als Aufgabenserie gespeichert. Dadurch müssen Sie die Aufgabe nicht für jedes Fälligkeitsdatum extra eingeben und ersparen sich viel Arbeit.

Aufgabenserie erstellen

Beispiel: Eine Aufgabe soll festgelegt werden, die Sie daran erinnert, jede Woche freitags Ihren Ordner Dokumente zu sichern.

1 Öffnen Sie ein Aufgabenformular und tragen Sie als Betreff „Dokumente sichern" ein. Beginn und Ende der Aufgabe fallen in diesem Beispiel auf einen Tag. Tragen Sie bei *Beginnt am* das Datum des nächsten Freitags ein. Bei *Fällig am* wird das Datum übernommen.

2 Klicken Sie auf *AUFGABE* ▸ Gruppe *Serie* ▸ *Serientyp*.

3 Tragen Sie das Serienmuster und gegebenenfalls das Serienende ein. Das Serienmuster ist in unserem Beispiel *Wöchentlich*, ein Enddatum muss nicht festgelegt werden. Da im vorigen Fenster ein Datum als Beginn eingetragen wurde, ist der korrekte Wochentag mit einem Häkchen versehen und der Beginn der Seriendauer bereits eingetragen.

4 Bestätigen Sie die Auswahl über die Schaltfläche *OK* und klicken Sie im Aufgabenformular auf die Schaltfläche *Speichern & schließen*, um die Aufgabenserie zu übernehmen. Sie erkennen die festgelegte Serie am Kreissymbol aus zwei Pfeilen.

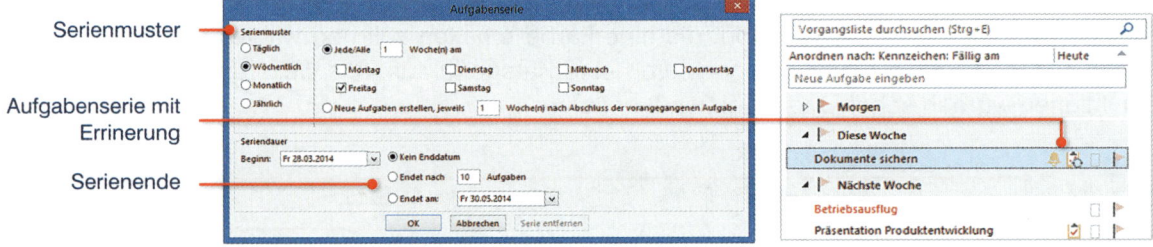

Bild 5.12 Aufgabenserie   *Bild 5.13 Vorgangsliste: Aufgabenserie*

Merke!   Nur die erste Aufgabe einer Aufgabenserie wird in den Aufgabenübersichten angezeigt! Sobald Sie diese als erledigt markieren, erscheint die folgende Aufgabe der Serie. Diese Darstellungsform ist sinnvoll, um die Vorgangsliste nicht mit Aufgabenserien zu überlasten. Sie irritiert allerdings zu Beginn, da der Eindruck entsteht, die Serie wäre nicht fortlaufend.

Aufgabenserie ändern

Klicken Sie doppelt auf die Aufgabe einer Serie in der Vorgangsliste. Das Aufgabenformular öffnet sich und Sie können Änderungen vornehmen. Bestätigen Sie Ihre neue Eingabe über die Schaltfläche *Speichern & schließen*.

Eine Aufgabe der Serie überspringen

Möchten Sie eine Aufgabe einer Aufgabenserie nicht erledigen, so sollten Sie diese Aufgabe überspringen. Ansonsten wird die nicht erledigte Aufgabe der Serie nach Ablauf des Fälligkeitsdatums immer beim aktuellen Datum angezeigt. Außerdem wird, wie oben beschrieben, die nächste Aufgabe der Serie, die Sie termingerecht erledigen könnten, nicht angezeigt. Um eine Aufgabe zu überspringen, öffnen Sie das Aufgabenformular der Serie und klicken Sie auf *AUFGABE* ▶ Gruppe *Serie* ▶ *Aufgabe dieser Serie überspringen*. Damit überspringen Sie die kommende Aufgabe, die übernächste Aufgabe wird wieder angezeigt.

Aufgabenserie löschen

Markieren Sie die Aufgabe einer Serie und klicken Sie auf die Schaltfläche *START* ▶ Gruppe *Löschen* ▶ *Löschen* oder betätigen Sie die Entf-Taste.

Alle löschen	Die gesamte Aufgabenserie wird gelöscht.
Diese Aufgabe löschen	Alle weiteren Elemente der Aufgabenserie bleiben erhalten.

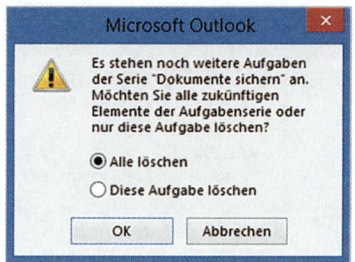

Bild 5.14 Rückfrage beim Löschen

5.5 Aufgaben übertragen

Aufgaben können an andere Personen delegiert werden. Dabei weisen Sie entweder eine bestehende Aufgabe zu oder erstellen eine neue Aufgabe.

Aufgabenanfrage erstellen

1 Öffnen Sie ein neues Aufgabenformular und tragen Sie die notwendigen Informationen ein. Falls die Aufgabe schon erstellt wurde, öffnen Sie diese durch einen Doppelklick. Da die Aufgabe zugewiesen wird, ist es sinnvoll, im Notizenfeld einen kurzen Text zur Erläuterung hinzuzufügen.

2 Klicken Sie auf *AUFGABE* ▶ Gruppe *Aufgabe verwalten* ▶ *Aufgabe zuweisen*. Der Inhalt des Formulars wird erweitert, das Menüband geändert.

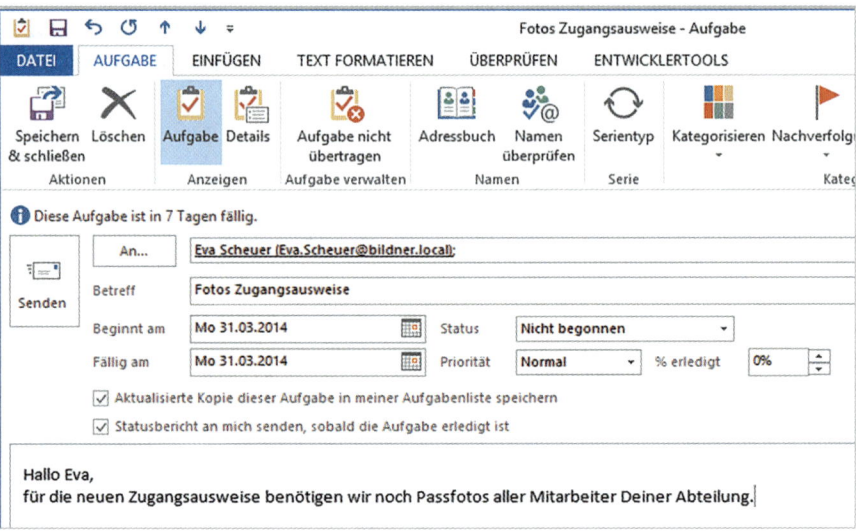

Bild 5.15 Aufgabenanfrage

■ Wählen Sie bei *An* die E-Mail-Adresse der Person aus, der Sie die Aufgabe zuweisen möchten. Im Notizenfeld geben Sie einen Text ein, der die Aufgabe näher beschreibt.

■ Die Option *Aktualisierte Kopie dieser Aufgabe in meiner Aufgabenliste speichern:* sollte aktiviert sein. Falls nicht, setzen Sie ein Häkchen. Dadurch erscheint eine Kopie der Aufgabe in Ihrem Ordner *Aufgaben*. Falls die Option nicht aktiviert wird, verschwindet die Aufgabe aus Ihrem Ordner *Aufgaben* und Sie verlieren den Überblick.

■ Option *Statusbericht an mich senden, sobald die Aufgabe erledigt ist*: Obwohl Sie die Aufgabe delegieren, sind Sie in der Regel für Ihre Erledigung verantwortlich. Deshalb ist es wichtig, zu erfahren, ob und wann die Aufgabe erledigt wurde. Belassen Sie auch hier das Häkchen.

3 Verschicken Sie die Aufgabenanfrage über die Schaltfläche *Senden*. Im Ordner *Gesendete Elemente* überprüfen Sie, ob die Aufgabenanfrage versandt wurde. Eine Kopie der Aufgabe erscheint in der Vorgangsliste. Diese ist als zugewiesene Aufgabe zu erkennen am blauen Pfeil und dem Piktogramm einer Person.

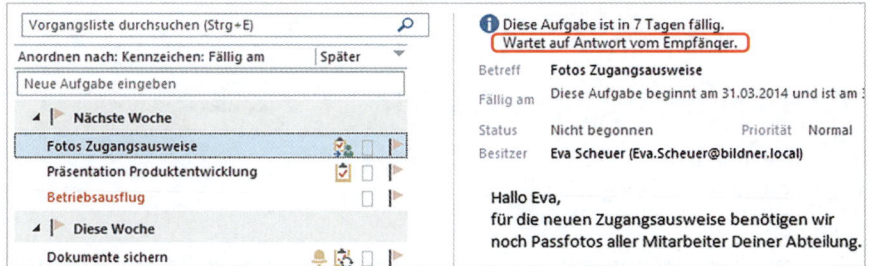

Bild 5.16 Zugewiesene Aufgaben in der Vorgangsliste

Zugewiesene Aufgabe wird angenommen und erledigt

Sobald der Empfänger der Nachricht die Übernahme der Aufgabe zugesagt hat, erhalten Sie eine E-Mail. Nach Erhalt der E-Mail, ändert sich der Status Ihrer Aufgabenkopie. Klicken Sie die Aufgabenkopie im Ordner *Aufgaben* an. Im Lesebereich erhalten Sie folgende Information:

Bild 5.17 Aufgabe wurde übernommen

Kennzeichnet der Empfänger eine zugewiesene Aufgabe als erledigt, wird automatisch eine weitere E-Mail an Sie versandt. Gleichzeitig wird die Aufgabenkopie aus der Vorgangsliste entfernt. In der Ansicht *Einfache Liste* des Ordners *Aufgaben* wird die zugewiesene Aufgabe als erledigt dargestellt.

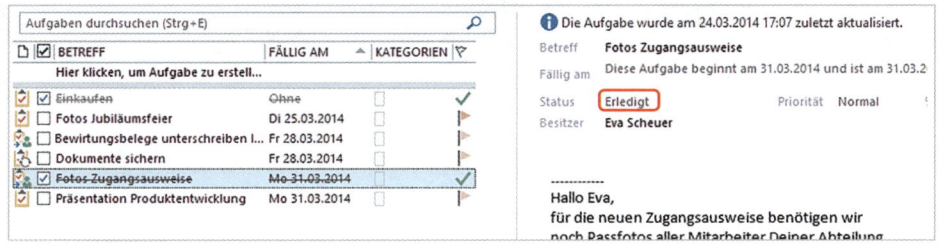

Bild 5.18 Zugewiesene Aufgabe wurde erledigt

Zugewiesene Aufgabe wird abgelehnt

Lehnt der Empfänger die Übernahme der Aufgabe ab, so erhalten Sie ebenfalls eine E-Mail. Im Lesebereich der Aufgabe wird vermerkt, dass diese abgelehnt wurde. Jetzt sind Sie wieder selbst für die Erledigung zuständig.

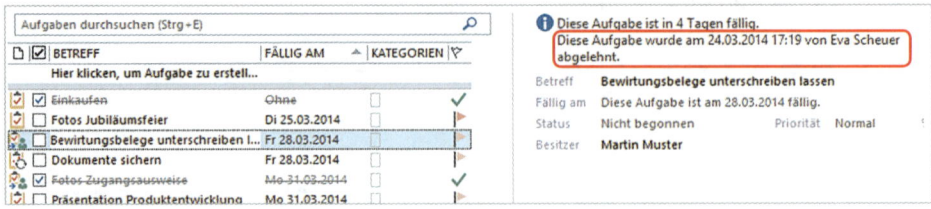

Bild 5.19 Aufgabe wurde abgelehnt

Die Aufgabenkopie verbleibt in den Ordnern *Vorgangsliste* und *Aufgaben* und wird weiterhin mit dem Symbol einer delegierten Aufgabe ausgewiesen. Um Verwechslungen vorzubeugen, sollten Sie die Aufgabenkopie wieder in eine Aufgabe umwandeln.

Öffnen Sie die Aufgabenkopie mit einem Doppelklick und wählen Sie *Aufgabe* ▸ Gruppe *Aufgabe verwalten* ▸ *Zur Aufgabenliste zurückkehren* aus. Damit kehren Sie zum Aufgabenformular zurück. Speichern Sie die Änderung über die Schaltfläche *Speichern & schließen*. In der Vorgangsliste wird die zugewiesene Aufgabe nun wieder als reguläre Aufgabe angezeigt.

Aufgabenanfrage erhalten

Aufgabenanfrage

Die Aufgabenanfrage ist im Posteingang des Empfängers mit dem Aufgaben-symbol und einer Hand gekennzeichnet. Sie haben die Möglichkeit, eine Auf-gabenanfrage anzunehmen oder abzulehnen. Zu diesem Zweck enthält die E-Mail zur Aufgabenanfrage zwei Schaltflächen, die im Lesebereich bzw. im geöffneten Anfragenfenster (Doppelklick auf die E-Mail) angezeigt werden.

Aufgabe zusagen oder
ablehnen

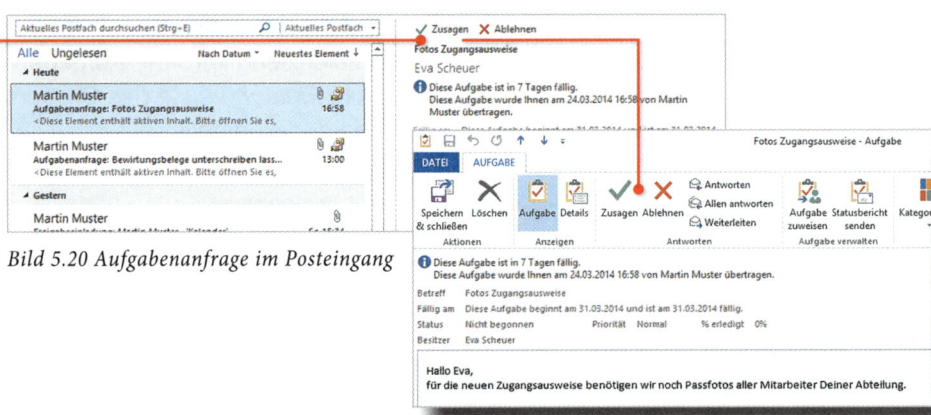

Bild 5.20 Aufgabenanfrage im Posteingang

Bild 5.21 Aufgabenanfrage in geöffnetem Fenster

Aufgabenanfrage zusagen

Klicken Sie auf *Zusagen,* so erhalten Sie in folgendem Fenster die Möglichkeit, die Antwort sofort zu senden oder dieser einen Text hinzuzufügen. Mit der Zusage wird die Aufgabenanfrage in den Ordner *Aufgaben* des Empfängers verschoben.

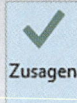

In der Vorgangsliste des Eigentümers der Aufgabe wird die angenommene Aufgabe mit diesem Symbol gekennzeichnet 🔲 . In der Vorgangsliste der Person, die die Aufgabe angenommen hat, erkennt man die delegierte Aufgabe an diesem Symbol 🔲 .

Aufgabenanfrage ablehnen

Sie lehnen die Aufgabenanfrage über die Schaltfläche *Ablehnen* ab. Auch hier haben Sie die Möglichkeit, vor dem Senden der Nachricht einen Text hinzuzufügen. Die Aufgabenanfrage wird vom Ordner *Posteingang* in den Ordner *Gelöschte Elemente* verschoben. Im Ordner *Aufgaben* wird nichts eingetragen.

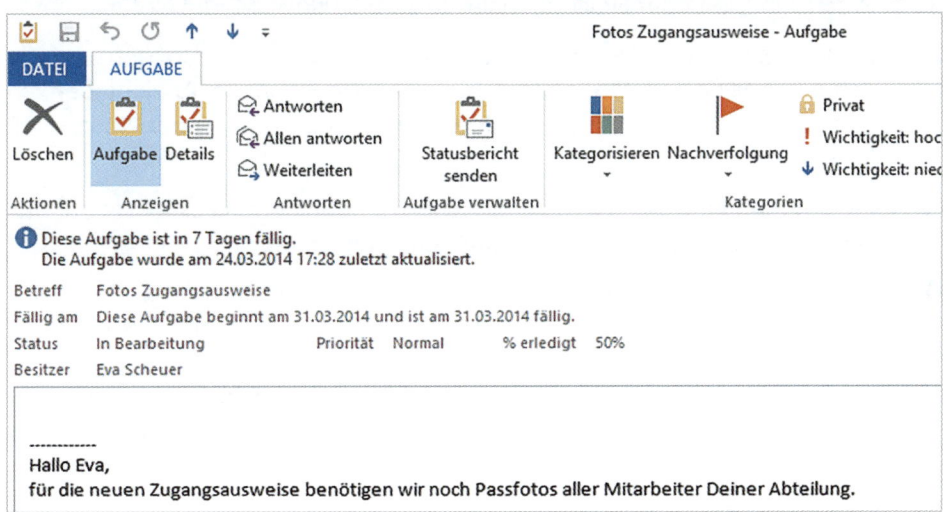

Bild 5.22 Statusinformation nach Reaktion auf Aufgabenanfrage

5.6   Notizen verwalten

Notizen sind Merkzettel, auf die Sie kurze Informationen notieren, z. B. „Peter 2 € zurückgeben" oder „Frau Schmid zurückrufen". Viele benutzen Haftnotizen oder Schmierzettel, um solcherlei Gedächtnisstützen zu verfassen. Outlook bietet Ihnen mit den Notizen eine Möglichkeit, dieser „Zettelwirtschaft" zu entgehen.

Allerdings sollten Sie Notizen mit Bedacht anlegen, da Informationen auch in einer Vielzahl von elektronischen Notizen untergehen können. Besonders, da viele Features, die Sie aus anderen Outlook-Modulen kennen, hier nicht oder nur in eingeschränktem Maße verfügbar sind. Fragen Sie sich also immer, ob die Notiz nicht besser unter Aufgaben oder Termine aufgehoben wäre.

Notizen erstellen

1   Wechseln Sie in der Navigationsleiste zum Outlook-Modul *Notizen*.

2   Klicken Sie auf *START* ▸ Gruppe *Neu* ▸ *Neue Notiz*. So geht's noch schneller: Mit einem Doppelklick auf eine freie Fläche im Ansichtsbereich des Outlook-Moduls *Notizen*, öffnet sich ebenfalls ein leerer Notizzettel, in Form eines Popups.

3   Geben Sie einen Text ein. Um die Notiz zu speichern, klicken Sie auf das Schließen-Symbol rechts oben auf dem Notizzettel.

4   Die Notiz wird im Ordner *Notizen* gespeichert und angezeigt. Standardmäßig werden Notizen in der Ansicht *Symbole* dargestellt. Der eingegebene Text der Notiz ist unterhalb des Symbols sichtbar. Ob der gesamte Text einer Notiz angezeigt wird, hängt davon ab, ob Sie bei der Texteingabe einzelne Teile durch einen Zeilenumbruch (Drücken der Enter-Taste) trennen. Der gesamte Text vor dem ersten Zeilenumbruch wird angezeigt, der Rest nicht.

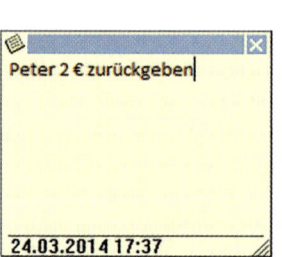

Bild 5.23 Notiz als Popup

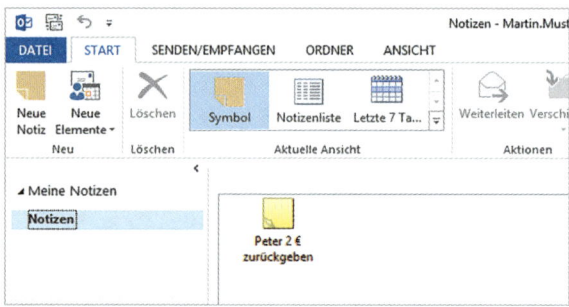

Bild 5.24 Notiz als Element im Ansichtsbereich

Notizen bearbeiten und löschen

■ Mit einem Doppelklick öffnen Sie die Notiz, die Sie bearbeiten möchten.

■ Eine markierte Notiz wird durch Anklicken von *START* ▶ *Löschen* entfernt. Natürlich können Sie die Notiz auch mit der Entf-Taste löschen. Gelöschte Notizen werden in den Ordner Gelöschte Elemente verschoben.

■ Notizen werden mit *START* ▶ Gruppe *Kategorien* ▶ *Kategorisieren* andere Farben zugewiesen, während nicht-kategorisierte immer gelb dargestellt werden.

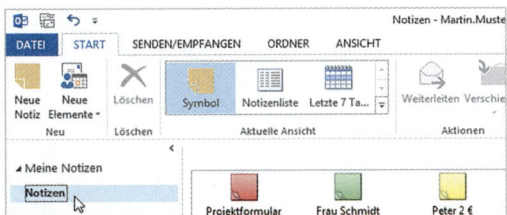

Bild 5.25 Kategorisierte Notizen

5.7 Zusammenfassung

■ Sie erstellen eine neue Aufgabe im Outlook-Modul Aufgaben über das Aufgaben-Popup oder über die Aufgabenleiste.

■ Im Gegensatz zum Termin ist eine Aufgabe nicht an ein bestimmtes Datum oder eine Uhrzeit gebunden.

■ Wurde eine Aufgabe erfüllt, sollte Sie als erledigt markiert und nicht gelöscht werden.

■ Aufgaben, deren Fälligkeit in der Vergangenheit liegt, werden rot dargestellt und als Aufgabe angezeigt, die heute zu erledigen ist. Sie sind überfällig.

■ Erstellte Aufgaben können anderen Personen via E-Mail zugewiesen werden. Über einen Statusbericht werden Sie über die Erledigung der Aufgabe informiert.

■ Wird Ihnen eine Aufgabe zugewiesen, können Sie diese über Schaltflächen der Aufgabenanfrage annehmen oder ablehnen.

■ Notizen sind eine Möglichkeit, um schnell kurze Gedächtnisstützen zu erstellen und zu speichern.

Notizen:

6 Outlook verwalten

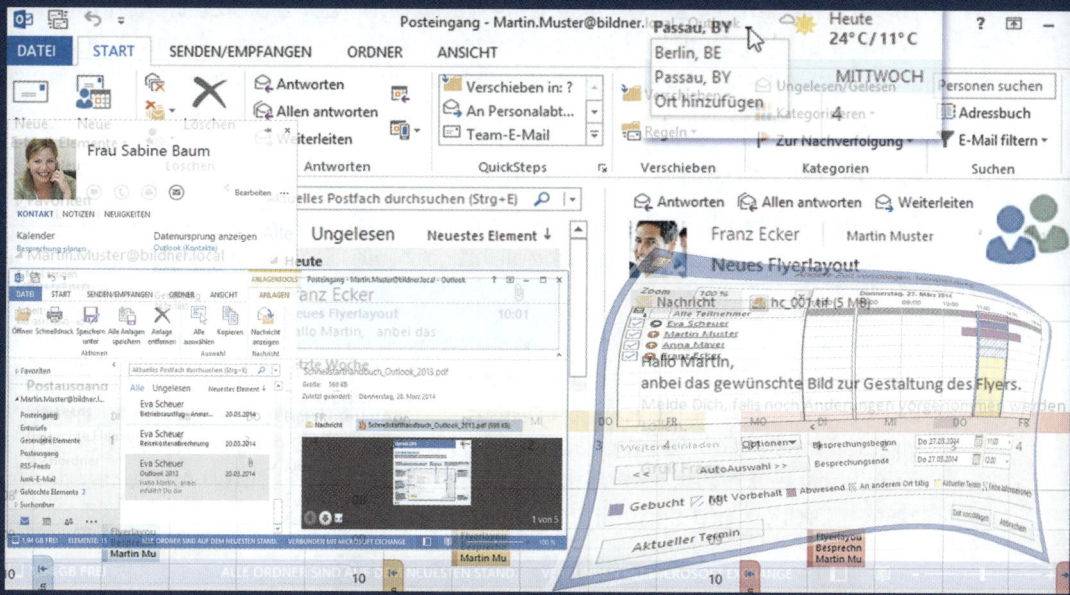

In dieser Lektion lernen Sie...

- Outlook Elemente zu archivieren
- Persönliche Outlook-Ordner zu sichern
- den Datenaustausch mit anderen Programmen kennen
- suchen mit der Sofortsuche
- das Erstellen von Suchordnern zum Auffinden von E-Mails

Diese Kenntnisse sollten Sie bereits mitbringen...

- Outlook-Grundlagen

6.1   Archivierung

Bei intensiver Nutzung wächst der Inhalt Ihrer Outlook-Ordner, was besonders den Programmstart immer langsamer und schwerfälliger macht. Elemente zu löschen ist eine Möglichkeit, diesem Problem entgegenzuwirken. Doch oftmals müssen E-Mails, Termine oder Aufgaben zu Dokumentationszwecken aufbewahrt werden. Und nicht zuletzt bestehen für eine Reihe von E-Mails gesetzliche Aufbewahrungspflichten.

Outlook bietet mit der Archivierungsfunktion eine Möglichkeit, ältere Elemente zu verschieben. Dabei behalten Sie den Zugriff auf die archivierten Informationen über das Outlook-Fenster. Outlook stellt Ihnen zwei Archivierungsmöglichkeiten zur Verfügung: Die manuelle Archivierung und die AutoArchivierung.

AutoArchivierung

Gemäß der Standardeinstellung für die AutoArchivierung wird alle 14 Tage eine Archivierung der Ordner durchgeführt, auf die Sie durch eine Meldung aufmerksam gemacht werden.

Im Zuge der ersten AutoArchivierung werden Archivordner angelegt, die denselben Namen wie die Originale tragen. Sie sehen diese in der Regel im Ordnerbereich des Outlook-Moduls *E-Mail*. Falls nicht, klicken Sie in der Navigationsleiste auf das Symbol *Ordner*, um die Ordnerliste anzuzeigen. In die Archivordner werden alle alten Elemente verschoben. Durch Anklicken der einzelnen Ordner wird deren Inhalt wie gewohnt angezeigt.

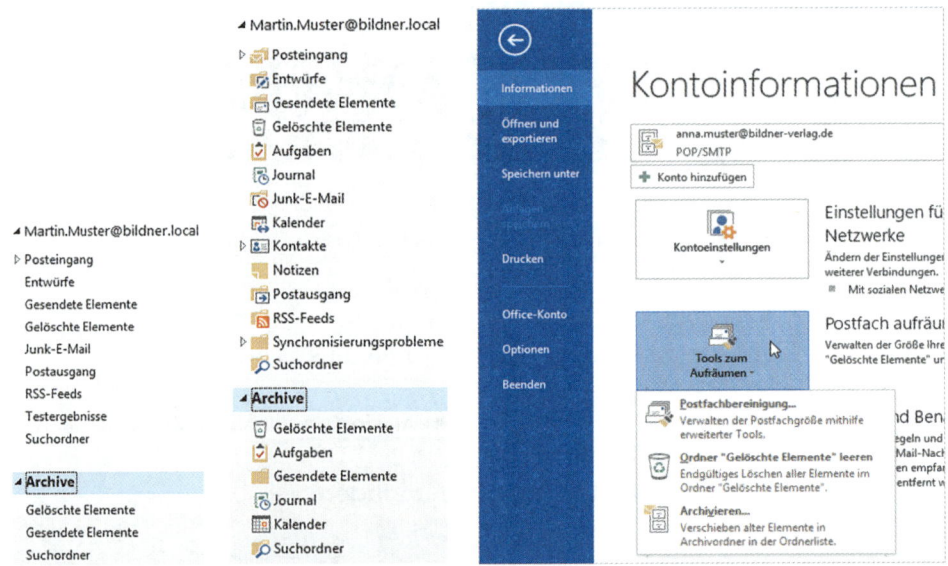

Bild 6.1 Archiv-Ordner Modul E-Mail und Ordnerliste   *Bild 6.2 Postfachbereinigung*

Manche Ordner sind von der Archivierung ausgenommen, z. B. der Ordner *Kontakte*, da die Verwendung von Kontaktdaten nicht abhängig vom Erstelldatum ist. Auch der Ordner *Posteingang* wird nicht automatisch archiviert. Hier bleibt es dem Benutzer überlassen, festzulegen, bis zu welchem Zeitpunkt er E-Mails vom *Posteingang* in den Archivordner verschieben möchte.

Nur in der Ordnerliste sehen Sie alle Archivordner. Im Ordnerbereich des Outlook-Moduls *E-Mail* sind nur die bereits archivierten E-Mail-Ordner sichtbar, nicht aber die Archivordner *Kalender* und *Aufgaben*.

Tipp!

AutoArchivierung starten

1   Falls noch keine Archivierung für Outlook durchgeführt wurde, wechseln Sie zur Registerkarte *DATEI*. Klicken Sie auf *Informationen* ▸*Tools zum Aufräumen* ▸ *Postfachbereinigung* (siehe vorherige Seite, Bild 6.2).

2   Im Fenster *Postfach aufräumen* klicken Sie auf die Schaltfläche *AutoArchivieren.* (siehe Bild 6.3).

3   Ohne eine weitere Meldung startet die Archivierung. Die Archivordner erscheinen nun im Ordnerbereich.

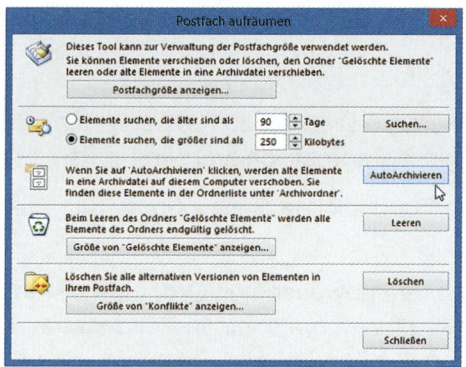

Bild 6.3 Fenster Postfach aufräumen

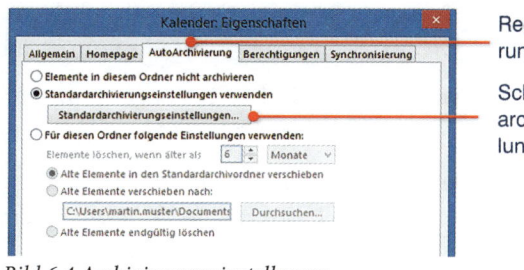

Register AutoArchivierung

Schaltfläche Standard-archivierungseinstellungen

Bild 6.4 Archivierungseinstellungen

Standardeinstellung für die Archivierung ändern

Informieren Sie sich über die Standardeinstellungen der Archivierung, indem Sie mit der rechten Maustaste auf den jeweiligen Ordner (nicht die Archivordner) klicken und im Kontextmenü *Eigenschaften* auswählen. Im Fenster *Eigenschaften* wechseln Sie zum Register *AutoArchivierung* (siehe Bild 6.4). Hier sehen Sie, ob der aktuelle Ordner grundsätzlich für die AutoArchivierung vorgesehen ist (*Standardarchivierungseinstellungen verwenden*) oder nicht (*Elemente in diesem Ordner nicht archivieren*). Letzteres gilt beispielsweise für den Ordner *Posteingang*.

Die *Eigenschaften* des Ordners *Kontakte* enthalten kein Register *AutoArchivierung*, da dieser, wie schon erwähnt, nicht archiviert wird.

Über die Schaltfläche *Standardarchivierungseinstellungen* gelangen Sie zu den gewünschten Informationen. Im Fenster AutoArchivierung muss vor *AutoArchi-*

vierung alle ## Tage ein Häkchen gesetzt sein, damit die Archivierung aktiv ist. Alle Archivierungseinstellungen können Sie über diese beiden Fenster Ihren Wünschen anpassen (siehe Bild 6.5).

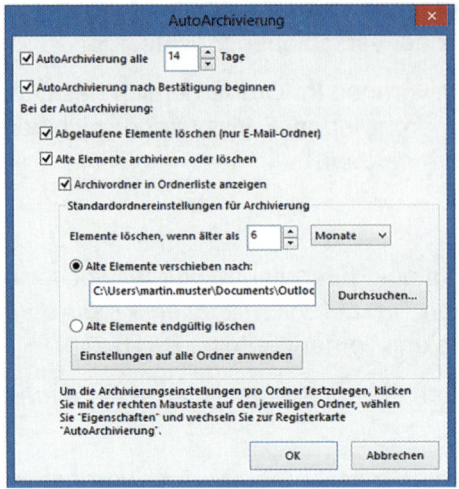

Bild 6.5 Standard-Archivierungseinstellungen   *Bild 6.6 Manuelles Archivieren*

Manuell archivieren

Ordner können auch manuell archiviert werden. Dies gilt zum Beispiel für den Ordner *Posteingang* der standardmäßig nicht automatisch archiviert wird.

- Wechseln Sie zu *DATEI ▶ Information* und klicken Sie auf *Tools zum Aufräumen ▶ Archivieren*.

- Markieren Sie im Fenster *Archivieren* den gewünschten Ordner und wählen Sie bei *Elemente archivieren, die älter sind als:* einen Zeitpunkt aus, bis zu dem Sie den Ordner archivieren möchten. Alle Elemente, die vor diesem Zeitpunkt im Ordner gespeichert wurden, werden archiviert.

Den Ordner *Posteingang* manuell zu archivieren, birgt den Vorteil, dass Sie bei jeder Archivierung individuell den Zeitpunkt bestimmen können, bis zu dem Sie archivieren möchten. Nachteil ist sicherlich, dass Sie nicht vergessen sollten, den Ordner überhaupt zu archivieren.

6.2 Outlook-Ordner sichern

Eine Sicherung kann aus verschiedenen Gründen erforderlich sein:

■ Um von wichtigen Elementen, z. B. Kontaktdaten, regelmäßig Sicherungskopien zu erstellen

■ Um die Daten von Outlook auf einen anderen Computer zu übertragen

■ Um die Outlook-Daten in einer neuen Version von Outlook zu nutzen

Ordner exportieren

Zu oben genannten Zwecken können Sie den Inhalt Ihrer Outlook-Ordner in eine Datei exportieren.

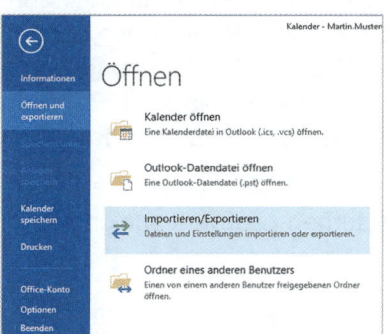 

Bild 6.7 Importieren/Exportieren *Bild 6.8 Auswahl der Import/Export-Aktion*

1 Wechseln Sie zu *DATEI ▶ Öffnen und exportieren ▶ Importieren/Exportieren*.

2 Im Dialogfenster des Import/Export-Assistenten markieren Sie die Aktion *In Datei exportieren* und klicken auf die Schaltfläche *Weiter*.

3 Als Dateityp wählen Sie im nächsten Schritt *Outlook-Datendatei (.pst)* aus. Klicken Sie auf *Weiter*.

4 Im nächsten Schritt markieren Sie den Ordner, den Sie exportieren möchten. Achten Sie darauf, das Kontrollkästchen *Unterordner einbeziehen* zu aktivieren, wenn Sie auch die enthalten Unterordner sichern wollen. Um alle Ordner zu exportieren, markieren Sie das Postfach (siehe Bild 6.9 auf der nächsten Seite). Klicken Sie auf *Weiter*.

5 Nun wählen Sie mit der Schaltfläche *Durchsuchen* noch aus, wo und unter welchem Dateinamen Ihre Datei gespeichert werden soll. Standardmäßig schlägt Outlook *backup.pst* als Dateinamen vor. Mit der Schaltfläche *Fertig stellen* schließen Sie die Auswahl ab (siehe Bild 6.10).

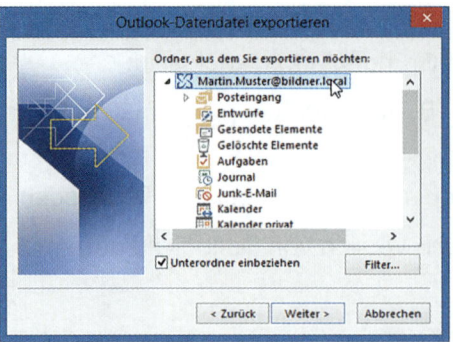 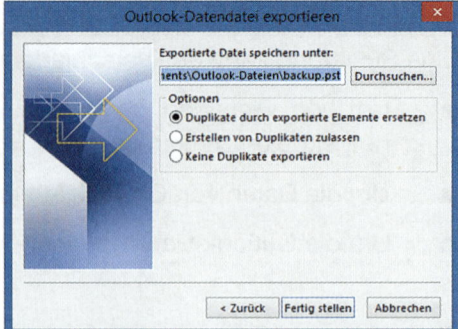

Bild 6.9 Auswahl der zu exportierenden Ordern   *Bild 6.10 Speicherort und Dateiname festlegen*

6   Im nächsten Fenster können Sie Ihre Outlook-Datendatei mit einem Kennwort sichern. In der Datendatei sind viele sensible Informationen gespeichert, z. B. Adressinformationen und E-Mails, die die Sicherung durch ein Kennwort erforderlich machen können. Möchten Sie kein Kennwort vergeben, lassen Sie die Felder frei und klicken auf die Schaltfläche *OK*.

Eine zum Zweck der Sicherung von Daten erstellte Datei sollten Sie im Anschluss auf CD/DVD brennen oder auf einem externen Laufwerk speichern.

Datei importieren

Um Daten aus einer Outlook-Datendatei zu importieren, verwenden Sie ebenfalls den Befehl *DATEI* ▸ *Öffnen und exportieren* ▸ *Importieren/Exportieren*.

1   Wählen Sie die Aktion *Aus anderen Programmen oder Dateien importieren* aus und klicken Sie auf *Weiter*.

2   Als zu importierenden Dateityp markieren Sie den Eintrag *Outlook-Datendatei (.pst).* Klicken Sie dann auf *Weiter*.

3   Mit der Schaltfläche *Durchsuchen* wählen Sie die Datei aus, die Sie importieren möchten. Unter *Optionen* legen Sie fest, wie Sie mit doppelt vorkommenden Elementen (Duplikaten) verfahren wollen.

4   Zuletzt wählen Sie noch den Ordner, aus dem importiert werden soll und klicken auf *Fertig stellen*.

Datei einbinden

Sie können eine Archiv- oder Backupdatei mit der Endung .PST auch permanent in den Ordnerbereich integrieren. So haben Sie auf deren Inhalt Zugriff, ohne Importieren bzw. Exportieren zu müssen. Die Archivdatei ist nach erfolgter AutoArchivierung schon integriert, allerdings kann es einmal nötigt sein, diesen Verweis zu erneuern:

Verwenden Sie hierzu den Befehl *DATEI ▸ Öffnen und exportieren ▸ Outlook-Datendatei öffnen*. Suchen und markieren Sie im folgenden Dialogfenster die gewünschte Datei und schon ist sie integriert.

Um eine auf diese Weise intergierte Datei aus dem Zugriff zu entfernen, klicken Sie den Ordner im Ordnerbereich mit der rechten Maustaste an, z. B. Archive oder Outlook-Datendatei. Wählen Sie im Kontextmenü den Befehl "*Archive schließen*" bzw. "*Outlook-Datendatei*" *schließen* aus.

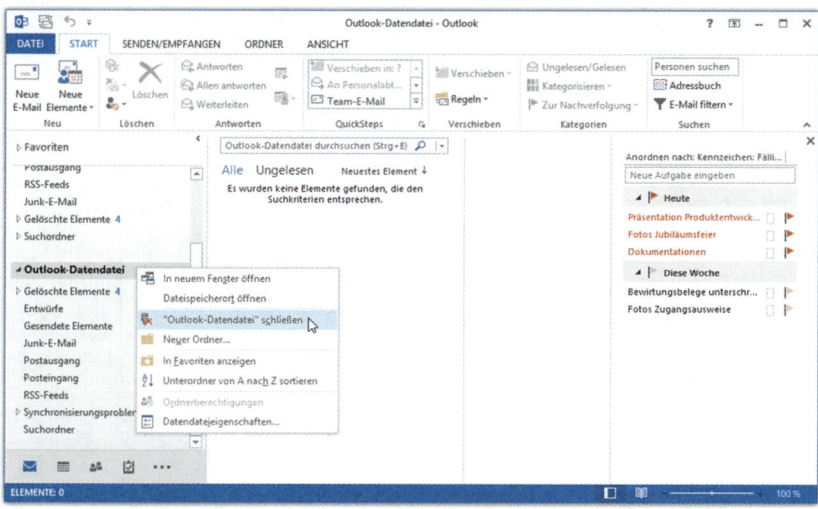

Bild 6.11 Outlook-Datendatei aus Zugriff entfernen

6.3   Datenaustausch mit anderen Anwendungen

Über Importieren und Exportieren können Sie auch Daten mit anderen Anwendungen, beispielsweise Microsoft Excel oder Microsoft Access, austauschen. Sie exportieren Ihre Daten dann nicht in eine Outlook-Datendatei, sondern in das neutrale Format CSV.

Hierzu verwenden Sie ebenfalls den Befehl *DATEI ▸ Öffnen und exportieren ▸ Importieren/Exportieren*. Als Aktion wählen Sie für den Import *Aus anderen Programmen oder Dateien importieren* oder für den Export von Daten *In Datei exportieren*. Als Dateityp steht hierfür nur *Durch Trennzeichen getrennte Werte* zur Verfügung.

6.4   Elemente suchen

Zum Auffinden von E-Mails, Terminen oder Kontaktdaten bietet Outlook eine leistungsstarke Suche, die in jedem Modul zur Verfügung steht. Wird regelmäßig nach bestimmten Elementen gesucht, lohnt sich das Anlegen eines Suchordners, der mit einem Klick die gewünschten Ergebnisse anzeigt.

Die Sofortsuche

In jedem Outlook-Modul finden Sie über das Feld Sofortsuche die gesuchten Elemente. Sobald Sie in das Suchfeld klicken, um die Suchbegriffe einzugeben, wird im Menüband die kontextbezogene Registerkarte *SUCHTOOLS - SUCHEN* angezeigt. Dieses enthält Befehle zur Spezifizierung bzw. Ausweitung der Suche. Nach Beendigung der Suche erhalten Sie eine Trefferliste. Erst wenn die Suche gelöscht wird, kehren Sie wieder in die vorherige Ansicht zurück und alle Elemente werden angezeigt.

Suchtools Modul E-Mail

Feld Sofortsuche

Trefferliste

Suche schließen

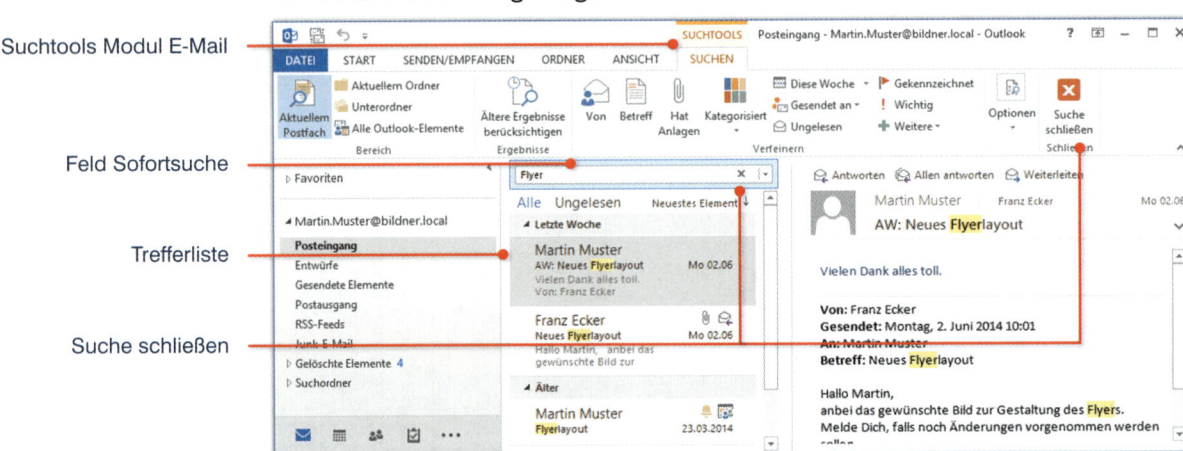

Bild 6.12 Sofortsuche im Modul E-Mail

Suche eingeben

- Wechseln Sie zum gewünschten Outlook-Modul und klicken Sie in das Suchfeld oder drücken Sie STRG + E.

- Geben Sie in das Feld Sofortsuche den Suchbegriff ein, z. B. den Namen einer Person für die Suche nach einer E-Mail oder eines Kontakts oder den Betreff einer E-Mail, eines Termins oder einer Aufgabe. Es werden auch Begriffe gefunden, die im Notizenbereich des Terminformulars oder im Nachrichtentext einer E-Mail enthalten sind.

- Sie können mehrere Worte, aber auch nur Wortteile, eingeben. Die Suche erfolgt sofort und muss nicht bestätigt werden.

Was wird durchsucht?

■ Beachten Sie, dass sich die Sofortsuche zunächst nur auf Elemente des aktuellen Outlook-Moduls bezieht. Sie sollten also nicht im Modul *Kalender* nach E-Mails suchen.

■ Im Outlook-Modul *E-Mail* wird standardmäßig das *aktuelle Posftfach* durchsucht, d.h. die Ordner *Posteingang* und *Gesendete Elemente*. In diese Suche werden nicht der Ordner *Gelöschte Elemente* oder Unterordner, die Sie beispielsweise im Posteingang angelegt haben, einbezogen.

■ Grundsätzlich wird der aktuelle Ordner durchsucht, d.h. durch Anklicken eines Ordners beschränken Sie die Suche auf diesen Ordner, z. B. durch Anklicken des Ordners *Gelöschte Elemente* durchsuchen Sie nur diesen Inhalt. Falls Sie einen anderen Ordner durchsuchen möchten, nehmen Sie diese Auswahl vor der Eingabe des Suchbegriffs vor.

Dies gilt auch für die anderen Outlook-Module. Arbeiten Sie mit mehreren Kontaktordnern, wählen Sie durch Anklicken im Ordnerbereich den Ordner aus, der durchsucht werden soll. Verwenden Sie mehrere Kalender - eigene oder freigegeben - so zeigen Sie den Kalender an, den Sie durchsuchen möchten.

Tipp!

Vor Eingabe des Suchbegriffs sehen Sie im Suchfeld, was durchsucht wird.

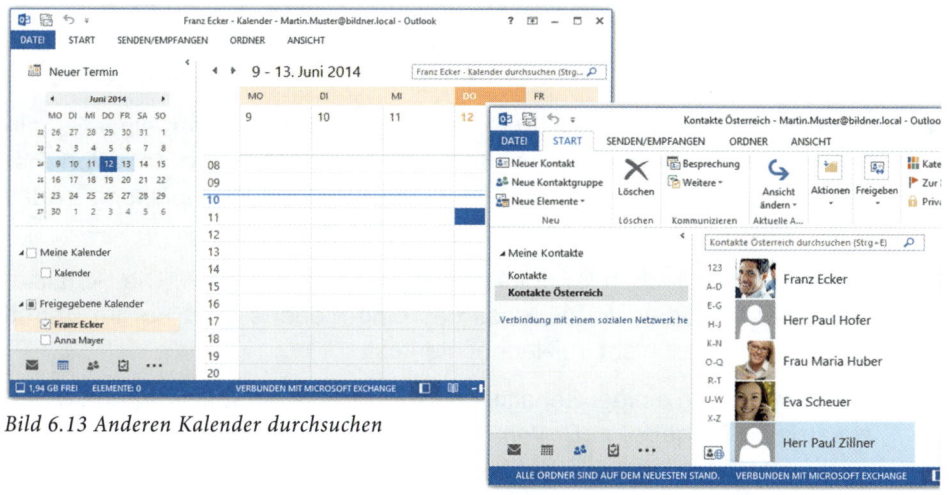

Bild 6.13 Anderen Kalender durchsuchen

Bild 6.14 Auswahl anderer Kontaktordner

Ergebnisse am Beispiel des Moduls E-Mail

Im Anzeigebereich sehen Sie eine Trefferliste aller E-Mails, die mit der Suchanfrage übereinstimmen. Dabei wird der gefundene Suchbegriff gelb hervorgehoben. Durch Anklicken der Nachrichten wird deren Inhalt im Lesebereich angezeigt. Sie können die gefundenen E-Mails wie gewohnt weiterleiten oder beantworten. Schließen Sie die Suchanfrage über das Feld *Schließen* (*x*), um wieder die gesamte Ansicht des Ordners zu erhalten. Alternativ klicken Sie im Register *SUCHTOOLS - SUCHEN* auf *Suche schließen*.

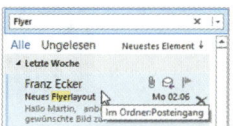

Zeigen Sie auf die E-Mail, um zu erfahren, in welchem Ordner diese gespeichert ist.

Suche spezifizieren oder erweitern

Auf der Registerkarte *SUCHTOOLS - SUCHEN* erhalten Sie verschiedene Befehle zur erweiterten Bearbeitung der Sofortsuche. Die Registerkarte enthält je nach ausgewähltem Outlook-Modul andere Schaltflächen.

Suche verfeinern am Beispiel von E-Mails

Bei der Eingabe einzelner oder allgemeiner Suchbegriffe, z. B. des Nachnamens eines E-Mail-Absenders, kann die Trefferliste sehr lang werden. Um nicht zu viele Treffer zu erhalten, geben Sie, wenn möglich, mehrere Begriffe in das Suchfeld ein. Darüberhinaus stehen mit *SUCHTOOLS - SUCHEN* ▶ Gruppe *Verfeinern* verschiedenste Möglichkeiten zur Verfügung, um eine Suchanfrage einzugrenzen:

 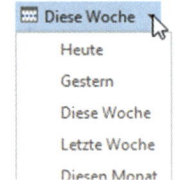

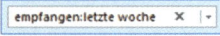

■ Nur eine Schaltfläche verwenden: Sollen z. B. nur E-Mails angezeigt werden, die letzte Woche eingegangen sind, klicken Sie in das Suchfeld und wählen in der Gruppe *Verfeinern* ▶ *Diese Woche* ▶ *Letze Woche* aus.

■ Kombination von Text im Feld Sofortsuche und Verwenden einer Schaltfläche: Sie suchen beispielsweise nach einer E-Mail, die das Wort *Planung* enthält und eine Anlage hat. Geben Sie das Wort *planung* in das Suchfeld ein und klicken Sie dann auf die Schaltfläche *Hat Anlagen*.

■ Mehrere Schaltflächen kombinieren, z. B. *Von* und *Betreff*. Die Schaltfläche *Betreff* hat den Vorteil, dass das eingegebene Wort nur im Betreff gesucht wird und nicht im Nachrichtentext.

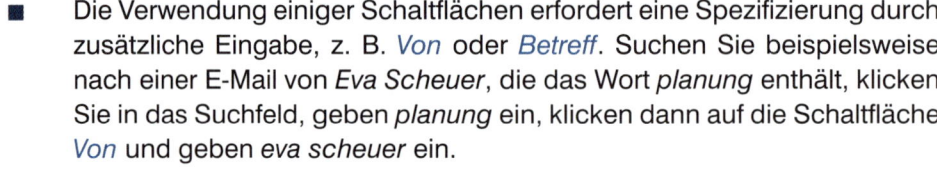
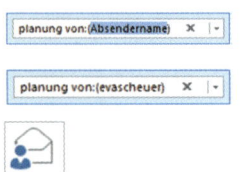

■ Die Verwendung einiger Schaltflächen erfordert eine Spezifizierung durch zusätzliche Eingabe, z. B. *Von* oder *Betreff*. Suchen Sie beispielsweise nach einer E-Mail von *Eva Scheuer*, die das Wort *planung* enthält, klicken Sie in das Suchfeld, geben *planung* ein, klicken dann auf die Schaltfläche *Von* und geben *eva scheuer* ein.

Alternativ könnten Sie auch in das Suchfeld *eva scheuer planung* eingeben. Dann würden allerdings unter Umständen auch E-Mails angezeigt, die Sie an *Eva Scheuer* geschrieben haben und die das Wort *Planung* enthalten. Dies wiederum würden Sie verhindern, in dem Sie die Suche auf den Ordner *Posteingang* beschränken.

Tipp!   Wann immer möglich, grenzen Sie den Zeitraum Ihrer Suche über die Schaltfläche *Diese Woche* ein.

Suche erweitern am Beispiel des Outlook-Moduls E-Mail

Hat die Sofortsuche nicht das gewünschte Ergebnis erbracht, sollten Sie andere Ordner in die Suche einbeziehen. In *SUCHTOOLS - SUCHEN* ▸ Gruppe *Bereich* finden Sie Möglichkeiten, um die Suche zu erweitern.

Im Outlook-Modul *E-Mail* erfolgt die Suche standardmäßig im *Aktuellen Postfach*. Die Suche kann auch auf *Alle Outlook-Elemente* erweitert werden oder mit der Schaltfläche *Unterordner* werden Unterordner in die Suche einbezogen.

Der Ordner Gelöschte Elemente wird in keine Suche einbezogen. Soll ein einzelner Ordner durchsucht werden, klicken Sie den Ordner im Ordnerbereich an und geben im Feld Sofortsuche den gewünschten Suchbegriff ein.

Diese Vorgehensweise funktioniert nicht für den Ordner Posteingang. Trotz Anklicken des Ordners wird weiterhin das gesamte Postfach durchsucht. Um nur den Posteingang zu durchsuchen, markieren Sie den Ordner Posteingang im Ordnerbereich und klicken in das Feld Sofortsuche. Wählen Sie dann *SUCHTOOLS - SUCHEN* ▸ Gruppe *Bereich* ▸ *Aktuellem Ordner*.

Zuletzt verwendete Suchvorgänge

Haben Sie in letzter Zeit nach einem bestimmten Element gesucht, so können Sie über die Schaltfläche *SUCHTOOLS - SUCHEN* ▸ Gruppe *Optionen* ▸ *Zuletzt verwendete Suchvorgänge* die Suche erneut starten, ohne die Suchbegriffe wieder eingeben zu müssen.

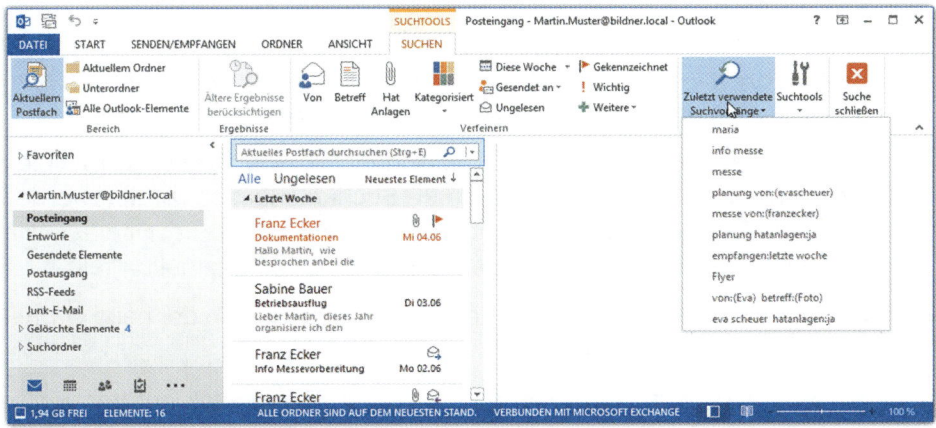

Bild 6.15 Zuletzt verwendete Suchvorgänge

6.5   Arbeiten mit Suchordnern

Suchordner sind keine echten Ordner, sondern Sie filtern E-Mails des *Posteingangs* und des Ordners *Gesendete Elemente* und zeigen nur die Nachrichten an, die einem bestimmten Kriterium entsprechen. Das Kriterium wird von Ihnen festgelegt. Die Suchordner werden im Outlook-Modul E-Mail und in der Ordnerliste angezeigt.

Im Gegensatz zur Sofortsuche bleibt ein Suchordner erhalten. Durch Anklicken des Suchordners werden alle E-Mails, die dem Kriterium entsprechen, im Anzeigebereich dargestellt. Die angezeigten E-Mails werden nicht in den Suchordner verschoben, sie verbleiben im Ordner Posteingang bzw. Gesendete Elemente.

Suchordner erstellen: Beispiel: Da Sie regelmäßig alle E-Mails gemeinsam anzeigen möchten, die im Betreff oder im Text das Wort „Reklamation" enthalten, erstellen Sie einen Suchordner.

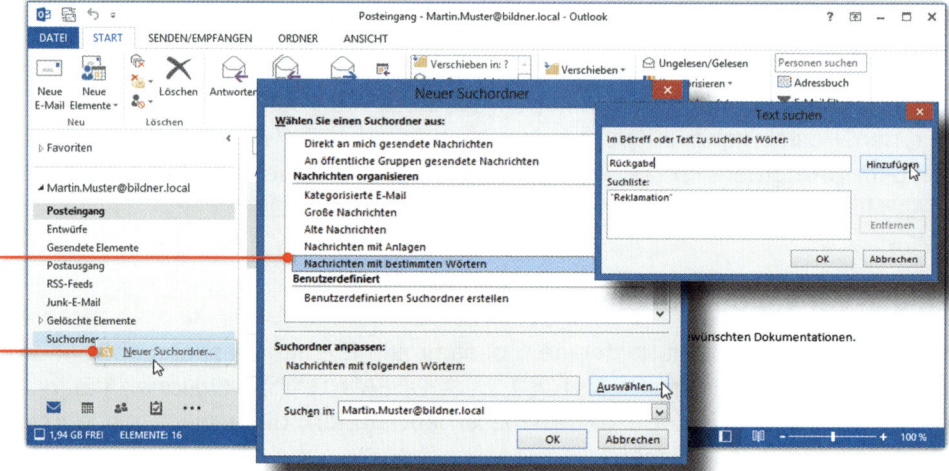

2 Suchkriterium auswählen und eingeben

1 Neuer Suchordner

1   Klicken Sie im Ordnerbereich den Eintrag *Suchordner* mit der Rechten Maustaste an und wählen Sie dann den Befehl *Neuer Suchordner*.

2   Im Dialogfenster *Neuer Suchordner* finden Sie eine Vielzahl vordefinierter Suchordner, die nur noch durch Ihr Suchkriterium spezifiziert werden müssen. Markieren Sie den Suchordner *Nachrichten mit bestimmten Wörtern* und geben über die Schaltfläche *Auswählen* „Reklamation" ein.

3   Bestätigen Sie die Auswahl. Zu den Suchordnern wurde der neue Ordner *Enthält Reklamation* hinzugefügt.

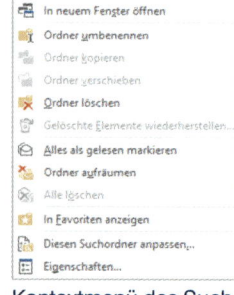

Kontextmenü des Suchordners

Suchordner bearbeiten und löschen: Mit einem Rechtsklick auf den Suchordner erhalten Sie die Befehle zum löschen oder umbenennen eines Suchordners. Über *Diesen Suchordner anpassen - Kriterien* legen Sie zusätzliche oder andere Suchbegriffe fest.

6.6 Speicherplatz und Löschen von Elementen

Wie Sie Nachrichten, Termine oder Kontakte löschen, haben Sie bereits in den einzelnen Kapiteln erfahren. Der Ordner *Gelöschte Elemente* dient allen Outlook-Modulen zur Aufbewahrung gelöschter Elemente. Hier befinden sich gelöschte E-Mails aber auch gelöschte Termine, Kontakte oder Aufgaben. Den Ordner *Gelöschte Elemente* sollten Sie von Zeit zu Zeit leeren, da Outlook nur ein begrenzter Speicherplatz zur Verfügung steht. Hier ist es ebenfalls sinnvoll, wenn möglich im Posteingang und im Ordner Gesendete Elemente E-Mails mit großen Dateianhängen zu löschen.

Gelöschte Elemente leeren: Klicken Sie im Ordnerbereich mit der rechten Maustaste auf diesen Ordner und wählen Sie im Kontextmenü den Eintrag *Ordner leeren* aus.

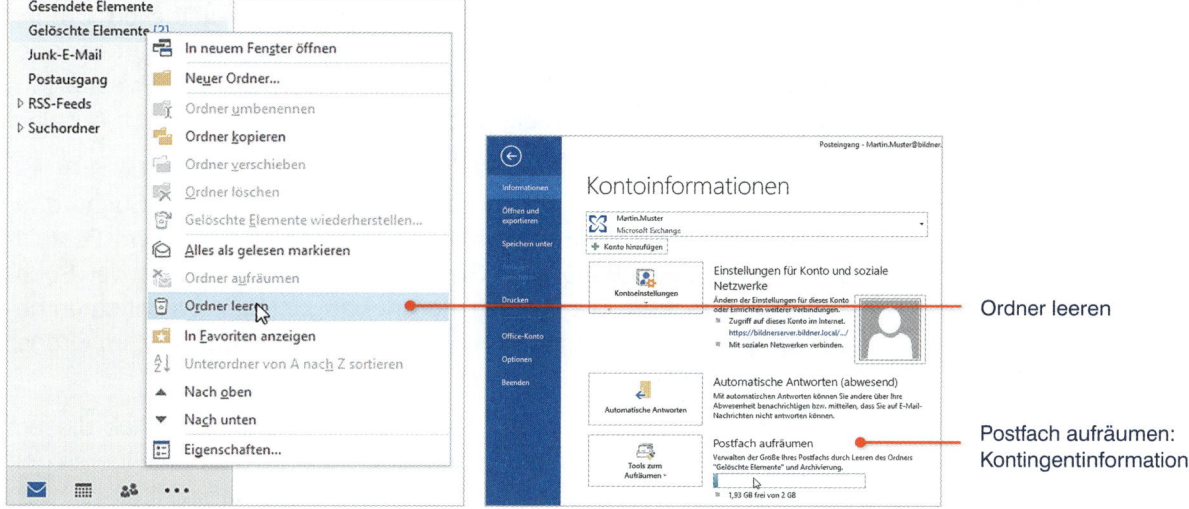

Bild 6.16 Papierkorb leeren

Bild 6.17 Information zur Größe des Postfachs

In früheren Versionen wurde der Ordner *Gelöschte Elemente* als *Gelöschte Objekte* bezeichnet. Unter Umständen, z. B. bei einer Migration auf Outlook 2013, wurde dieser Ordnername in Ihrem Postfach beibehalten.

Wie viel Speicherplatz ihrem Postfach zur Verfügung steht, entnehmen Sie der Anzeige in der Statuszeile am linken unteren Rand des Fensters (nur mit Microsoft Exchange). Unter Umständen muss die Darstellung erst noch aktiviert werden: Klicken Sie mit der rechten Maustaste auf die Statusleiste und aktivieren Sie im Kontextmenü *Kontingentinformationen*.

Alternativ finden Sie diese Informationen auch unter *DATEI - Informationen* im Abschnitt *Postfach aufräumen* (siehe Bild 6.17). Je weniger freier Speicher vorhanden ist, umso notwendiger ist es, unwichtige Nachrichten zu löschen.

6.7   Zusammenfassung

■ Outlook speichert alle Elemente in einer einzigen Datei. Regelmäßige Nutzung von Outlook führt dazu, dass diese Datei sehr umfangreich wird und Outlook selbst beim Starten immer schwerfälliger. Aus diesem Grund sollten Sie die Inhalte Ihrer Ordner in regelmäßigen Abständen archivieren. Ältere Elemente werden aus den Outlook-Ordnern in Archivordner verschoben. Auf diese kann jederzeit zugegriffen werden.

■ Um Daten aus Outlook auf einen anderen Computer zu übertragen und zur Datensicherung exportieren Sie den Inhalt von Ordnern in eine Outlook-Datendatei. Aus dieser Datei können die Elemente auch wieder importiert werden. Ebenso ist ein Datenaustausch mit anderen Anwendungen möglich.

■ Mit der Sofortsuche finden Sie schnell Elemente im aktuellen Ordner. Über die Registerkarte SUCHEN kann die Suche auf andere Ordner oder alle Outlookelemente erweitert werden. Erbringt die Sofortsuche eine umfangreiche Trefferliste, kann die Suche verfeinert werden. Durch Auswahl mehrerer Kriterien schränken Sie die Trefferliste weiter ein.

■ Wenn Sie dieselbe Suche öfter durchführen, legen Sie einen Suchordner an. Der Suchordner zeigt dauerhaft alle Nachrichten aus dem Posteingangsordner bzw. dem Ordner Gesendete Elemente an, die der Suchanfrage entsprechen. Die vom Suchordner angezeigten Nachrichten befinden sich physisch immer noch im Posteingangsorder bzw. im Ordner Gesendete Elemente.

■ Outlook verfügt nur über einen begrenzten Speicherplatz. Aus diesem Grund sollten Sie regelmäßig den Ordner Gelöschte Elemente leeren und E-Mails mit großen Anlagen löschen, um wertvolle Kapazitäten nicht zu verschwenden.

Notizen:

....

....

....

....

....

Glossar

Anzeigebereich	Der Anzeigebereich steht in einigen Outlook-Modul rechts neben dem Ordnerbereich zur Verfügung. Im Modul E-Mail enthält er die Liste aller Nachrichten. Im Modul Aufgaben werden im Anzeigebereich die festgelegten Aufgaben sortiert nach Fälligkeit angezeigt.
Aufgabenleiste	Die Aufgabenleiste enthält einen Datumsnavigator und zeigt aktuelle Termine und Aufgaben an. Sie befindet sich am rechten Rand des Programmfensters.
AutoArchivieren	Outlook Elemente können mit der automatischen Archivierung in regelmäßigen Abständen in eine Datei verschoben werden. Die Archivdatei erscheint ebenfalls in der Ordnerliste.
AW:	Dieses Kürzel fügt Outlook automatisch vor dem Betreff einer Antwort auf eine E-Mail ein.
Bcc	Blind carbon copy: Empfänger einer so genannten „blinden" Kopie sind für alle anderen Empfänger im Nachrichtenkopf nicht sichtbar.
Cc	Carbon copy, in dieses Feld können Sie eintragen, wer eine Kopie der Nachricht erhalten soll.
Dateianlage	Dateien können als Anlage an E-Mails angefügt werden. Anlagen erkennen Sie im Posteingang am Büroklammersymbol.
Drag & Drop	Englisch für Ziehen & Fallenlassen. Es handelt sich um die Bezeichnung für das Ziehen und Verschieben bei gedrückter linker Maustaste.
E-Mail	Ein E-Mail Konto speichert alle Informationen, die für das Senden und Empfangen von E-Mail Nachrichten erforderlich sind. Dazu gehören E-Mail-Adresse, Benutzername und Passwort. Mindestens ein Konto muss in Outlook eingerichtet sein, damit Sie E-Mails versenden und empfangen können.
Entwürfe	Noch nicht gesendete E-Mail Nachrichten können mit dem Befehl Speichern im Ordner Entwürfe gespeichert werden.
Ereignis	Aktivitäten, die mindestens 24 Stunden dauern und als ganztägig gekennzeichnet sind, werden in Outlook als Ereignis bezeichnet.

Glossar

Exchange Active Sync	Ein Dienst der E-Mails, Kalendertermine und Kontaktdaten eines externen E-Mail Kontos (z. B. von outlook.com) mit Outlook synchronisiert.
Exchange Server	Ein Exchange Server ist eine Serversoftware, die Outlook u. a. mit zusätzlichen Funktionalitäten ausstattet, z. B. Abwesenheitsmeldungen, gemeinsame Aufgaben und Terminplanung. Sie ermöglicht auch die zentrale Ablage der Daten, die Nutzung globaler Adressbücher oder Kalender und den Zugriff auf seine Daten per Outlook Web App.
Filter	Filter werden im Gegensatz zur Suche dauerhaft mit der jeweiligen Ansicht gespeichert.
HTML	HTML steht für Hyper Text Markup Language. Eine Seitenbeschreibungssprache, die in erster Linie für die Gestaltung von Webseiten verwendet wird aber auch für E-Mails benutzt werden kann. Nicht alle E-Mail Programme können E-Mails im HTML-Format öffnen und anzeigen!
Junk-E-Mail	Als Junk-E-Mails bezeichnet Outlook unerwünschte E-Mails, meist Werbung. Diese E-Mails werden häufig auch als Spam bezeichnet.
Kategorie	Standardmäßig stellt Outlook 2013 sechs verschiedene Farbkategorien zur Verfügung mit denen E-Mails, Aufgaben, Termine oder Kontakte zur besseren Unterscheidung farbig hinterlegt werden können.
Kontaktgruppe	In Kontaktgruppen speichern Sie E-Mail-Adressen eines Personenkreises, an den Sie häufig Nachrichten senden.
Kontextmenü	Das Kontextmenü enthält objektbezogene Befehle und erscheint, wenn Sie mit der rechten Maustaste auf ein Element klicken.
Lesebereich	Als Lesebereich bezeichnet Outlook einen Bereich, in dem Sie den Inhalt einer markierten Nachricht lesen können, der Lesebereich kann über das Menü Ansicht ein- bzw. ausgeblendet werden.
Lesebestätigung	Eine Lesebestätigung kann beim Senden einer E-Mail angefordert werden und wird automatisch gesendet, sobald die Nachricht vom Empfänger geöffnet wird und er der Übersendung der Bestätigung zustimmt.
Nur-Text	Nachrichten im Nur-Text Format enthalten ausschließlich Zeichen, keine Formatierungen. E-Mails im Nur-Text Format können von allen E-Mail Programmen angezeigt werden.

Öffentliche Ordner	In einer Netzwerkumgebung stehen Ihnen je nach Berechtigung auch öffentliche Ordner zur Verfügung, die von mehreren Netzwerkteilnehmern gemeinsam genutzt werden können.
Offline-Modus	Im Offline-Modus besteht keine Verbindung zum Internet. Ausgehende E-Mails werden in diesem Fall im Ordner Postausgang gespeichert, bis eine Verbindung hergestellt wird und Sie den Befehl Senden und Empfangen verwenden.
Ordnerbereich	Der Ordnerbereich zeigt alle Outlookmodule an und ermöglicht den Wechsel zwischen ihnen.
Persönliche Ordner	Die persönlichen Ordner werden von Outlook beim ersten Starten automatisch angelegt und stehen ausschließlich dem angemeldeten Benutzer zur Verfügung.
POP3	POP3 steht als Abkürzung für Post Office Protocol und ist ein Protokoll, das verwendet wird, um eingegangene Nachrichten vom Server abzurufen.
Popup	Ein Popup bietet Ihnen eine Vorschau auf aktuelle Termine, fällige Aufgaben und favorisierte Kontakte. Diese werden angezeigt, wenn Sie mit der Maus auf ein Modul der Navigationsleiste bzw. ein Symbol der Kompaktnavigation zeigen.
Rich-Text	Das Richt-Text-Format stellt ein Outlook-spezifisches Nachrichtenformat dar, das auch Schriftformatierungen, nicht aber das Einfügen von Bildern erlaubt. Das Rich-Text Format wird auch von den Programmen Microsoft Word und WordPad unterstützt (Dateinamenserweiterung .rtf)
RSS-Feeds	RSS-Feeds sind Informationen von Webseiten (z. B. Nachrichten), die Sie abonnieren können. Sie erhalten dann automatisch aktuelle Informationen zu verschiedenen Themen.
Serie	Termine, Ereignisse oder Aufgaben, die sich nach einem bestimmten Muster täglich, wöchentlich, monatlich oder jährlich wiederholen können als Serie gespeichert werden.
Server	Als Server bezeichnet man Rechner, genauer Programme, die für die Bereitstellung von Diensten im Internet verantwortlich sind. Mailserver übernehmen die Weiterleitung und Zwischenspeicherung von E-Mails.

Short-Cuts	Short-Cuts sind Tastenkombinationen, bestehend aus Strg-Taste, Umschalt-Taste oder Alt-Taste und einem Buchstaben oder einer Zahl. Diese Tasten müssen gemeinsam gedrückt werden, um den Befehl auszuführen. Beginnen Sie mit den Strg-, Umschalt- oder Alt-Tasten, halten Sie diese gedrückt und drücken dann gemeinsam mit den erwähnten Tasten die Zahl oder den Buchstaben. Outlook führt die gängigsten Tastenkombinationen im Infotext der Schaltflächen auf.
Signatur	Als Signatur bezeichnet Outlook beliebigen Text, beispielsweise Grußformeln oder Absenderinformationen, die gespeichert und in ausgehende E-Mails eingefügt werden. Signaturen können auch als Textbausteine für E-Mail-Nachrichten verwendet werden.
Skripte	Skripte sind kleine ausführbare Programme, beispielsweise in der Sprache JavaScript, die für die Anzeige einiger Inhalte von Webseiten erforderlich sind. Sie können aber auch auf Ihrem Computer Schaden anrichten.
SMTP	Simple Mail Transfer Protocol, ein Protokoll mit dem E-Mails verschickt werden.
Tägliche Aufgabenliste	Die tägliche Aufgabenliste befindet sich im Ordner Kalender und wird am unteren Rand des Programmfensters angezeigt. Hier werden fällige Aufgaben für die einzelnen Kalendertage angezeigt.
WG:	Dieses Kürzel wird beim Weiterleiten einer E-Mail automatisch vor dem Betreff eingefügt.
ZIP-Archiv / Dateiarchiv	Zip-Archive oder Dateiarchive sind Dateien, die mit einem Pack- oder Komprimierungsprogramm, beispielsweise WinZip komprimiert wurden.

Tastenkombinationen

Zwischen den Outlook-Modulen wechseln

Modul E-Mail anzeigen	STRG+1
Modul Kalender anzeigen	STRG+2
Modul Personen anzeigen	STRG+3
Modul Aufgaben anzeigen	STRG+4
Modul Notizen anzeigen	STRG+5
Ordnerliste im Ordnerbereich anzeigen	STRG+6

Erstellen von Elementen

Diese Tastenkombinationen können Sie in jedem Modul verwenden, um eines der folgenden Elemente zu erstellen:

Neuer Termin	STRG+UMSCHALT+A
Neuer Kontakt	STRG+UMSCHALT+C
Neue Kontaktgruppe	STRG+UMSCHALT+L
Neue Besprechungsanfrage	STRG+UMSCHALT+Q
Neue E-Mail	STRG+UMSCHALT+M
Neue Notiz	STRG+UMSCHALT+N
Neuer Suchordner	STRG+UMSCHALT+P
Neue Aufgabe	STRG+UMSCHALT+K

Allgemeine Befehle

Alles auswählen z. B. im Anzeigebereich alle E-Mails auswählen oder alle Kontakte etc.	STRG+A
Rückgängig	STRG+Z oder UMSCHALT+F12
Wiederholen	STRG + Y
Drucken	STRG+P
Kopieren des markierten Texts oder Elements	STRG + C
Ausschneiden des markierten Texts oder Elements	STRG + X
Einfügen aus der Zwischenablage (Text oder Element	STRG + V
Anwendung / Fenster schließen	ALT + F4

Befehle zur Suche von Elementen

Wechsel zur Sofortsuche	STRG+E oder F3
Suche löschen	ESC
Erweitern der Suche auf Alle E-Mail-Elemente, Alle Kalenderelemente oder Alle Kontaktelemente, je nachdem, in welchem Modul Sie sich befinden	STRG+ALT+A
Verwenden der Erweiterten Suche	STRG+UMSCHALT+F
Erstellen eines Suchordners	STRG+UMSCHALT+P
Suchen und Ersetzen	F4

Arbeiten im Modul E-Mail

Neue E-Mail erstellen (im Modul E-Mail)	STRG+N
Wechseln zu Posteingang	STRG+UMSCHALT+I
Wechseln zu Postausgang	STRG+UMSCHALT+O
E-Mail Senden	ALT+S
Antworten auf die markierte Nachricht	STRG+R
Allen Empfängern einer Nachricht eine Antwort senden	STRG+UMASCHALT+R
Antworten mit Besprechungsanfrage	STRG+ALT+R
E-Mail weiterleiten	STRG+F
E-Mail als Anlage weiterleiten	STRG+ALT+F
Nachverfolgunng: Markierte E-Mail zur Nachverfolgung kennzeichnen	STRG+UMSCHALT+G
E-Mail als gelesen markieren	STRG+Q
E-Mail als ungelesen markieren	STRG+U
Markierte Auswahl fett formatieren*	STRG + UMSCHALT + F
Markierte Auswahl kursiv formatieren*	STRG + UMSCHALT + K
Markierte Auswahl untertreichen*	STRG + UMSCHALT +U
Rechtschreibprüfung*	F7

* im Nachrichtenformular

Arbeiten im Modul Kalender

Erstellen eines Termins (im Modul Kalender)	STRG+N
Erstellen eines Termins (in einer beliebigen Ansicht von Outlook)	STRG+UMSCHALT+A
Erstellen einer Besprechungsanfrage	STRG+UMSCHALT+Q
Anordnung Kalender: 1 Tag anzeigen	ALT+1
Anordnung Kalender: 2 Tage anzeigen	ALT+2
Anordnung Kalender: 3 Tage anzeigen	ALT+3
Anordnung Kalender: 4 Tage anzeigen	ALT+4
Anordnung Kalender: 5 Tage anzeigen	ALT+5
Anordnung Kalender: 6 Tage anzeigen	ALT+6
Anordnung Kalender: 7 Tage anzeigen	ALT+7
Anordnung Kalender: 8 Tage anzeigen	ALT+8
Anordnung Kalender: 9 Tage anzeigen	ALT+9
Bestimmtes Datum anzeigen	STRG+G
Wechseln zur Monatsansicht	ALT+= oder STRG+ALT+4
Wechseln zum nächsten Tag	STRG+NACH-RECHTS-TASTE
Wechseln zur nächsten Woche	ALT+NACH-UNTEN-TASTE
Wechseln zum nächsten Monat	ALT+BILD-AB-TASTE
Wechseln zum vorherigen Tag	STRG+NACH-LINKS-TASTE
Wechseln zur vorherigen Woche	ALT+NACH-OBEN-TASTE
Wechseln zum vorherigen Monat	ALT+BILD-AUF-TASTE

Wechseln zum Anfang der Woche	ALT+POS1
Wechseln zum Ende der Woche	ALT+ENDE
Wechseln zur Ansicht der vollen Woche	ALT+MINUSZEICHEN oder STRG+ALT+3
Wechseln zur Ansicht der Arbeitswoche	STRG+ALT+2
Wechseln zum vorherigen Termin	STRG+KOMMA oder STRG+UM-SCHALT+KOMMA

Arbeiten im Modul Personen

Neuer Kontakt (im Modul Kontakte)	STRG + N
Eingeben eines Namens im Feld Adressbücher suchen	F11
Weiterleitung markierter Kontakte per E-Mail	STRG+F
Neue Kontaktgruppe	STRG+UMSCHALT+L
Aktualisieren einer Liste mit Mitgliedern der Kontaktgruppe	F5

Arbeiten im Modul Aufgaben

Neue Aufgabe (im Modul Aufgaben)	STRG+N
Erstellen einer Aufgabenanfrage	STRG+UMSCHALT+ALT+U
Kennzeichen eines Elements als erledigt	EINFG

Tastatur

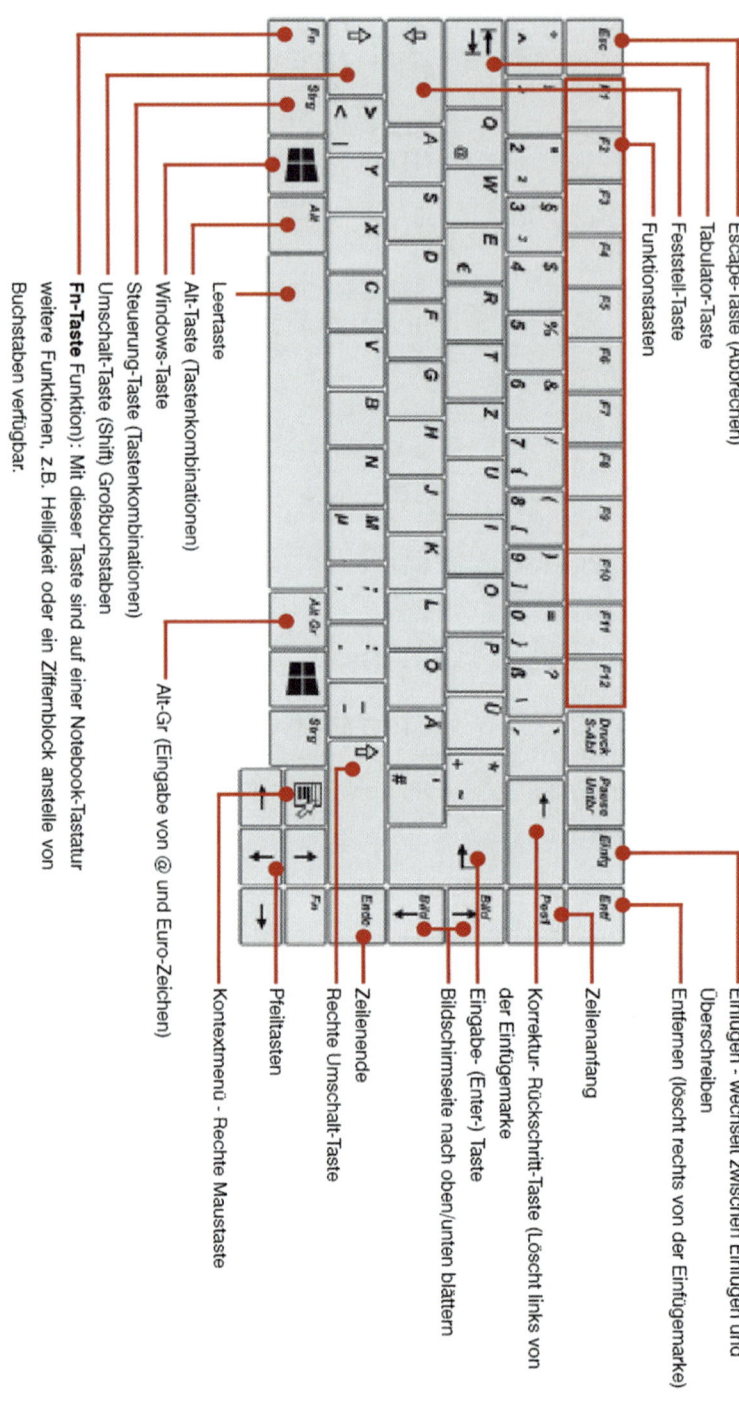

Escape-Taste (Abbrechen)

Tabulator-Taste

Feststell-Taste

Funktionstasten

Einfügen - wechselt zwischen Einfügen und
Überschreiben

Entfernen (löscht rechts von der Einfügemarke)

Zeilenanfang

Korrektur- Rückschritt-Taste (Löscht links von
der Einfügemarke

Eingabe- (Enter) Taste

Bildschirmseite nach oben/unten blättern

Zeilenende

Rechte Umschalt-Taste

Kontextmenü - Rechte Maustaste

Pfeiltasten

Alt-Gr (Eingabe von @ und Euro-Zeichen)

Leertaste

Alt-Taste (Tastenkombinationen)

Windows-Taste

Steuerung-Taste (Tastenkombinationen)

Umschalt-Taste (Shift) Großbuchstaben

Fn-Taste Funktion): Mit dieser Taste sind auf einer Notebook-Tastatur
weitere Funktionen, z.B. Helligkeit oder ein Zifferblock anstelle von
Buchstaben verfügbar.

Index

Index

Index

BILDNER

Wo&Wie

unsere Schnellübersichten

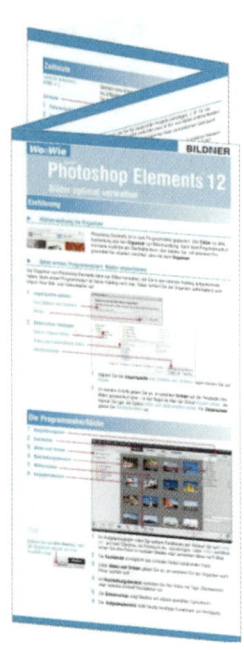

➤ Strukturierte Gedächtnisstütze

➤ Sechs farbige Seiten im handlichen Faltkartenformat

➤ Robust und „abwischbar" für den harten Büroeinsatz

Wo&Wie: Photoshop Elements 12 - Bilder optimal verwalten
ISBN 978-3-8328-0104-5 | RP-00125 | A3-6 Seiten | 4,90 €